BASTEI
LÜBBE
TASCHENBUCH

Weiterer Titel der Autorin:

Was mit Jodie geschah

Über die Autorin:

Cathy Glass ist das Pseudonym einer britischen Autorin und Pflegemutter, die seit über 25 Jahren besonders herausfordernde Kinder beherbergt. Sie hat drei eigene Kinder, von denen eines adoptiert ist. Über ihre Erfahrungen schreibt Cathy Glass – mit großem Erfolg. Sie erfreut sich einer großen Fangemeinde, viele ihrer Bücher sind Bestseller.

Cathy Glass

Die Engel sollen bei dir sein

Mein Pflegekind verlor seine
Eltern und bewahrte doch
den Glauben an das Leben

Aus dem Englischen von
Elisa Valérie Thieme

BASTEI
LÜBBE
TASCHENBUCH

BASTEI LÜBBE TASCHENBUCH
Band 61230

MIX
Papier aus verantwortungsvollen Quellen
FSC® C083411
FSC
www.fsc.org

Dieser Titel ist auch als E-Book erschienen

Vollständige Taschenbuchausgabe

Deutsche Erstausgabe

Titel der englischen Originalausgabe: »The Night The Angels Came«
Originalverlag: HarperCollins Publishers Ltd.

Umschlaggestaltung: Tanja Østlyngen
Satz: hanseatenSatz-bremen, Bremen
Gesetzt aus der Adobe Garamond Pro
Druck und Verarbeitung: CPI books GmbH, Leck – Germany
ISBN 978-3-404-61230-7

2 4 5 3

Sie finden uns im Internet unter
www.luebbe.de
Bitte beachten Sie auch: www.lesejury.de

Pflegefamilien bieten Schutz für die Schwächsten der Gesellschaft. Sie werden gebraucht, wenn Kinder Opfer von Gewalt oder schwerer Vernachlässigung werden und ihr Zuhause verlassen müssen. Ab und an kommt es jedoch auch vor, dass ein oder beide Elternteile versterben und deshalb ein neues Heim gefunden werden muss. So war es in Michaels Fall: Seine Mutter erkrankte früh an Krebs, und auch sein Vater blieb von der Krankheit nicht verschont. Mit gerade einmal acht Jahren stand Michael kurz davor, Vollwaise zu werden.

Als Cathy gefragt wird, ob sie Michael aufnehmen möchte, zögert sie. Die Herausforderung scheint zu groß. Aber sobald sie Michael und seinen Vater kennenlernt, ist Cathy von deren Tapferkeit, ihrem unerschütterlichen Glauben und ihrer positiven Lebenseinstellung überwältigt. Sie verspricht, die beiden auf jede erdenkliche Weise zu unterstützen.

Danksagung

Mein Dank gilt meiner Lektorin Anne, meinem Agenten Andrew Lownie, Carole und dem gesamten HarperCollins-Team.

Vorwort

Im Regelfall werden Kinder in Pflegefamilien aufgenommen, wenn sie Opfer von Gewalt oder schwerer Vernachlässigung geworden sind. Ab und an muss ein Kind jedoch sein Heim verlassen, weil ein oder beide Elternteile todkrank sind.

Dies ist die wahre Geschichte von Michael, dessen Tapferkeit, unerschütterlichen Glauben und Kraft ich nie vergessen werde.

Erstes Kapitel

Das Leben ist grausam

»Cathy«, sagte Jill vorsichtig. »Ich muss dich etwas fragen, und du solltest vorher wissen, dass du Nein sagen darfst.«

»Alles klar. Schieß los, Jill. Ich kann gut Nein sagen«, gab ich unbeschwert zurück.

Jill stieß ein kleines Lachen aus, aber ich merkte gleich, dass es irgendwie gedämpft und nicht so fröhlich wie sonst klang. Jill ist meine zuständige Sozialarbeiterin bei *Homefinders*, der Pflegevermittlung, für die ich arbeite, und wir verstehen uns bestens.

»Wir suchen eine Pflegefamilie für einen kleinen Jungen namens Michael«, fuhr sie fort. »Er ist erst acht. In den letzten sechs Jahren hat sein Vater sich alleine um ihn gekümmert, da seine Mutter gestorben ist, als er gerade mal zwei war.« Jill verstummte. Es schien so, als brauche sie einen Moment, um sich für das nun Folgende zu wappnen. Ich nahm an, dass der Junge misshandelt und vernachlässigt worden war oder dass sein Vater eine neue Lebensgefährtin hatte und das Kind loswerden wollte. Ich hatte das Gespräch im Wohnzimmer angenommen und saß auf dem Sofa, bereit, weitere Einzelheiten über die schwierige Situation des Jungen zu hören. Einzelheiten, die mich entsetzen würden, obwohl ich bereits seit neun Jahren Kinder in meine Obhut nahm. Was Jill mir dann erzählte, erschreckte mich jedoch aus einem völlig anderen Grund.

»Cathy«, sagte sie ernst, »Michaels Vater Patrick stirbt. Er hat Kontakt zum Sozialamt aufgenommen und darum gebeten, eine Pflegefamilie für seinen Sohn zu finden.«

Jill hielt inne und wartete auf meine Reaktion. Ich wusste nicht recht, was ich sagen sollte. »Ach je«, entgegnete ich schließlich lahm, während Bilder und Gedanken auf mich einstürmten und ich versuchte, das Gehörte zu erfassen.

»Patrick liebt seinen Sohn über alles«, fuhr Jill fort. »Und hat ihm eine möglichst schöne Kindheit geboten. Seit zwei Jahren kämpft er jetzt gegen den Krebs. Er gilt allerdings als austherapiert und bekommt nur noch palliative Pflege. Er hat kaum noch Kraft, und es wird nicht mehr lange dauern, bis er endgültig ins Krankenhaus oder Hospiz muss. Patrick wünscht sich, dass Michael seine Pflegefamilie kennenlernt, bevor es so weit kommt.«

»Ach je«, sagte ich erneut. Leise fuhr ich fort: »Wie unfassbar traurig. Gibt es denn keine Angehörigen, die Michael bei sich aufnehmen könnten?« Das ist normalerweise die beste Lösung, wenn Eltern sich nicht mehr selbst um ihre Kinder kümmern können.

»Scheinbar nicht«, sagte Jill. »Die Großeltern sind verstorben und Patrick hat keine Geschwister, sondern nur eine Tante irgendwo in Wales. Aber Patrick meinte, sie stünden sich nicht sehr nah. Sie hat Michael schon seit er ein Baby war nicht mehr gesehen und Patrick glaubt nicht, dass sie sich um ihn kümmern will. Das Sozialamt wird natürlich weitere Nachforschungen anstellen, aber … Patrick stammt ursprünglich aus Irland. Es könnte also länger dauern, und ihm bleibt nicht mehr viel Zeit.«

»Wie lange hat er noch?«, fragte ich zögernd.

»Etwa drei Monate.«

Ich verstummte, und auch Jill sagte nichts mehr. Das war einer der traurigsten Anlässe für die Suche nach einem Pflegeplatz, der mir je untergekommen war. »Weiß Michael, wie schlecht es um seinen Vater steht?«, fragte ich schließlich.

»Ich bin mir nicht sicher. Er weiß auf jeden Fall, dass sein Dad sehr krank ist. Ob er auch weiß, dass Patrick bald sterben wird, weiß ich nicht. Ich versuche, es herauszubekommen, und werde auch noch einmal nachfragen, ob psychologische Unterstützung angeboten wurde. Das ist natürlich eine heikle Situation, und ich kann mir denken, was wir dir und deiner Familie damit abverlangen. Es ist schlimm genug, wenn jemand im eigenen Umfeld stirbt, aber sich bewusst in eine solche Situation hineinzubegeben ist natürlich noch einmal etwas vollkommen anderes.« Sie stieß ein trockenes Lachen aus.

Ich antwortete nicht gleich, sondern sah durch die Verandatür in den Garten, in dem gerade die Frühlingsblumen zu blühen begonnen hatten. Strahlend gelbe Osterglocken reckten neben blauen und weißen Hyazinthen ihre Köpfchen aus dem saftig grünen Gras. Dass die Natur in frischen Farben erstrahlte, während ein Menschenleben langsam zugrunde ging, wirkte wie bittere Ironie. Obwohl ich Michael und seinen Vater nicht kannte, fühlte ich mit ihnen. Vor allem der kleine Junge, der seinen Vater verlieren und völlig allein zurückbleiben würde, tat mir leid.

»Wonach wir suchen«, erklärte Jill, »ist eine Betreuungsperson, die Michael kennenlernt, solange er noch zu Hause lebt und sich anschließend um ihn kümmert, wenn sein Vater ins Krankenhaus oder Hospiz kommt. Falls sich kein Verwandter findet, der Michael ein dauerhaftes Heim bietet, werden wir natürlich nach einer Langzeitpflegefamilie suchen müssen. Aber damit setzen wir uns erst dann genauer auseinander, wenn es so weit ist. Sein Vater hat gesagt, er würde den Betreuer zunächst gern allein treffen, um die Bedürfnisse, den Alltag, die Vorlieben und Abneigungen seines Sohnes zu besprechen. Das klingt vernünftig, finde ich. Eine Sozialarbeiterin würde das Treffen sobald wie möglich organisieren.«

»Jill«, unterbrach ich sie. »Ich muss darüber nachdenken. Ich meine, hier geht es ja nicht nur um die Betreuung eines Kindes, oder? Abgesehen von der emotionalen Herausforderung mache ich mir auch Sorgen, wie es Adrian und Paula damit gehen würde.

Ihr Vater hat uns ja erst letztes Jahr verlassen. Ich bin mir nicht sicher, wie sie mit der Situation zurechtkommen würden. Adrian ist so alt wie Michael und sehr sensibel. Er wird schrecklich unter Michaels Verlust leiden. Ich weiß nicht, ob ich das meiner Familie zumuten kann.«

»Das verstehe ich natürlich«, sagte Jill. »Ich war mir nicht mal sicher, ob ich dich überhaupt fragen soll.« Für einen kurzen Moment hätte ich am liebsten geantwortet: »Ich wünschte, du hättest es nicht getan«, da ich nun schon von Michael und seinem Vater wusste und ihnen gegenüber eine gewisse Verantwortung spürte. Ich wusste, dass mir eine Absage schwerfallen würde.

»Bis wann brauchst du eine Antwort?«, fragte ich Jill.

»Bis morgen, bitte. Schlaf vielleicht am besten drüber und sag mir dann Bescheid.«

»Ja, mache ich. Ich weiß noch nicht, ob ich mit Adrian und Paula darüber sprechen werde. Paula ist ja erst vier. Sie weiß noch nicht, was Sterben bedeutet.«

»Weiß das überhaupt jemand?«, fragte Jill leise. Da fiel mir wieder ein, dass sie im Jahr zuvor ihren Bruder verloren hatte.

»Das Leben ist manchmal schrecklich grausam«, sagte ich. »Ich denke darüber nach, Jill, und melde mich dann wieder.«

»Vielen Dank, Cathy. Und entschuldige bitte, falls ich dich in eine Zwickmühle gebracht habe. Ich weiß, dass es schwierig ist.«

Wir verabschiedeten uns und legten auf. Ich blieb auf dem Sofa sitzen, starrte ins Leere und dachte an Patrick, der seit dem Tod seiner Frau ganz allein für seinen Sohn verantwortlich gewesen war. Wie schrecklich musste es gewesen sein, als ihm die Krebsdiagnose gestellt wurde! Die Vorstellung, seine Kinder im Stich zu lassen, ist der Albtraum jedes Alleinerziehenden. Es beeindruckte mich, dass Patrick sich trotz einer kräftezehrenden Chemotherapie weiterhin um Michael gekümmert hatte. Woher er die Energie nahm, angesichts solch einer Situation noch Vorbereitungen für Michaels Zukunft zu treffen, war mir nicht klar. Aber war ich die Richtige, um Michael und seinem Vater zu helfen? Wäre es richtig, die Trauer in unser Haus einkehren zu lassen? Wollte ich das wirklich?

Spontan lehnte ich die Vorstellung ab. Ich stand auf, wischte eine Träne fort und begann mit der Hausarbeit. Nur so konnte ich mich von der überwältigenden Betroffenheit über das gerade Gehörte ablenken.

Zweites Kapitel

Mutterstolz

Als ich Adrian später von der Schule und Paula von einer Freundin abholte, umarmte ich sie besonders fest. Das Leben ist so kurz, jeder Moment ist kostbar, und man sollte nichts als selbstverständlich hinnehmen. Vielleicht muss man daran manchmal erinnert werden, damit man seine Lieben umso mehr zu schätzen weiß und aus jedem Tag das Beste macht.

Es war ein warmer Aprilnachmittag, und ich schlug vor, einen Abstecher in den Park zu machen, statt – wie sonst – direkt nach Hause zu gehen. Adrian und Paula stimmten begeistert zu. Scheinbar waren auch andere Mütter auf den Gedanken gekommen, denn im Park wimmelte es vor Kindern. Adrian rannte direkt zur großen Rutsche hinüber, während Paula und ich in den Kleinkindbereich schlenderten. Ich beobachtete sie auf dem kleinen Drehkarussell und ging zu ihr hinüber, als sie Hilfe auf der Schaukel brauchte. Während ich Paula auf den Sitz hob, hörte ich Adrian rufen: »Guck mal, Mum!«

Ich drehte mich in seine Richtung und sah ihn auf einer der größeren Schaukeln. Er bemühte sich sichtlich, so weit wie möglich nach oben zu fliegen, und wollte, dass ich seinen Mut bewunderte. Ich lächelte und nickte ihm anerkennend zu. Dann folgte meine übliche Warnung: »Halt dich bitte gut fest!« Daraufhin schaukelte er natürlich noch höher. Aber so ist Adrian eben: ein typischer Junge.

Paula mochte es lieber, sanft angestupst zu werden. Während

ich ihr half, beobachtete ich Adrian. Er war von der Schaukel gesprungen und wackelte nun über ein Seil, das Teil des Geschicklichkeitsparcours war. Meine Gedanken wanderten immer wieder zu Michael. Ob er sich noch an so einfachen Dingen wie Fangen und Spielen im Park erfreuen konnte? Oder war sein Leben von der Krankheit seines Vaters dominiert? Ohne die Liebe und Unterstützung von Freunden und Verwandten drehte sich bestimmt alles darum. Ich schaute wieder zu Adrian hinüber, und für den Bruchteil einer Sekunde sah ich vor mir, wie sein Gesicht langsam zusammenfallen würde, wenn ihm jemand sagen würde, ich sei sterbenskrank. Ich bebte vor Entsetzen und lenkte meine Gedanken in eine andere Richtung. Patrick hatte um ein Treffen mit der potenziellen Betreuungsperson gebeten. Ich war mir nach wie vor nicht sicher, ob ich diese Bürde würde schultern können. Mit einem sterbenden Mann über die Zukunft seines Sohnes zu sprechen schien mir eine zu große Herausforderung. Vielleicht wäre es einfacher, wenn ich Trost im Glauben finden würde. Allerdings war ich nicht besonders religiös. Wie so viele andere auch versuchte ich dennoch, mir ein Leben nach dem Tod vorzustellen. Ganz überzeugt war ich aber nicht davon. Der Tod erschien mir daher fürchterlich endgültig, und ich vermied tunlichst, darüber nachzudenken.

Als wir schließlich nach Hause gingen, fühlte ich mich recht niedergeschlagen bei dem Gedanken, Michael nicht helfen zu können. Doch dann passierte etwas Seltsames …

Während ich das Abendessen vorbereitete, sahen Adrian und Paula eine Kindersendung. Ich konnte sie bis in die Küche hören. Es war eine Dramaserie – in etwa das Kinderäquivalent zu den Seifenopern im Vorabendprogramm. Meistens handelte es von Alltagsproblemen oder Familienkrisen: Themen bisher waren ein neues Geschwisterkind, Arztbesuche, Krankenhausaufenthalte, Scheidungen und Leben mit einem alkoholabhängigen Elternteil. Zu meiner Überraschung handelte die neue Folge von dem Tod eines geliebten Menschen. Ich setzte mich zu den Kindern auf das Sofa. Zwar ging es in der Folge nicht um ein Eltern-, sondern ein Großelternteil, aber das Timing der Folge war dennoch unglaublich. Die Show endete mit dem schönen Satz »Er wird in unseren Erinnerungen lebendig bleiben«.

Gedankenversunken kehrte ich in die Küche zurück und machte mich wieder an die Vorbereitung des Abendessens. Trotz der Sendung blieb ich unschlüssig, ob ich die Richtige war, um Michael und seinem Vater beizustehen. Wie ich Jill erklärt hatte, wollte ich Adrian und Paula derzeit nicht noch mehr belasten. Schließlich entschied ich jedoch, das Thema zumindest kurz anzusprechen und vorsichtig vorzufühlen, was Adrian und Paula von der Sache hielten. Schließlich würde Michael in unser gemeinsames Zuhause einziehen und Teil ihres Lebens werden.

»Ihr wisst ja, dass wir manchmal Kinder bei uns aufnehmen, richtig?«, fragte ich möglichst unbeschwert.

»Ja«, sagte Paula. Adrian nickte zustimmend.

»Wollen wir damit weitermachen?« Diese Frage hatte ich schon ein paar Mal gestellt, da die Zustimmung der beiden für mich keine Selbstverständlichkeit war.

Adrian nickte erneut und wandte sich dann wieder hingebungsvoll seinem Abendessen zu. Paula schielte verstohlen zu mir hinüber. Scheinbar wollte sie sichergehen, dass ich nicht mitbekam, wie sie ihre Erbsen auf dem Teller zusammenschob, statt sie zu essen.

»Iss zumindest ein paar«, ermunterte ich sie. »Gemüse ist wichtig.« Seit ihre beste Freundin eine Raupe in ihrem Brokkoli entdeckt hatte, weigerte sich Paula, grünes Essen zu sich zu nehmen. Dazu zählte natürlich das meiste Gemüse. »Prima!«, lobte ich sie, als sie eine einzelne Erbse mit der Gabel aufspießte. »Und du bist auch einverstanden, wenn wir wieder ein Kind bei uns aufnehmen?«

»Ja, das finde ich gut«, bestätigte Paula.

Da keine grundsätzlichen Einwände bestanden, wagte ich mich noch ein Stück weiter vor.

»Jill hat vorhin angerufen«, setzte ich an. »Es ging um einen kleinen Jungen namens Michael, der bald eine Pflegefamilie braucht.«

»Super! Ein Junge«, rief Adrian. Mehr schien ihn nicht zu interessieren. »Wie alt ist er?«

»So alt wie du: acht.«

»Toll. Dann können wir zu Hause spielen.«

»Das ist nicht fair«, klagte Paula. »Ich will ein Mädchen, das so alt ist wie ich.«

»Ich kann leider keine Kinder auf Knopfdruck bestellen«, sagte ich. »Es geht darum, wer ein Zuhause braucht.« Das wussten die beiden eigentlich. »In der Vergangenheit war es doch immer in Ordnung, egal ob Junge oder Mädchen.«

»Wann kommt er?«, fragte Adrian. Die Vorstellung, einen gleichaltrigen Jungen im Haus zu haben, schien ihm sehr zu gefallen. Paula untersuchte in der Zwischenzeit ihre Erbsen auf Tierbefall.

»Ich weiß noch nicht, ob er zu uns kommen wird«, antwortete ich vorsichtig. »Jill hat mich gebeten, nichts zu überstürzen. Michaels Vater ist sehr krank und wird sich nicht mehr lange um ihn kümmern können. Daher wird nun eine Pflegefamilie gesucht. Ich bin mir nicht sicher, ob es eine gute Idee ist, ihn zu uns zu holen.«

Adrian sah mich verblüfft an. »Warum sollte er nicht zu uns kommen, während sein Vater sich erholt?«

Mir wurde flau im Magen, als ich mich auf das Kommende vorbereitete. »Leider ist Michaels Vater sehr, sehr krank und wird nie mehr gesund. Wie in der Sendung gerade. Da ging es doch auch um einen lieben Menschen, der stirbt.«

Adrian hörte auf zu essen und starrte mich entsetzt an. »Sein Vater stirbt, und Michael ist gerade mal so alt wie ich?«, fragte er. »Dann kann er ja noch nicht besonders alt sein.«

»Nein, ist er auch nicht. Es ist schrecklich traurig.«

»Sein Dad muss so alt wie du sein«, stellte Adrian sichtlich geschockt fest.

Ich nickte.

»Kann seine Mum sich nicht um ihn kümmern?«, fragte Adrian.

»Leider ist seine Mutter schon gestorben, als Michael noch sehr klein war.«

Adrian sah mich weiterhin aufmerksam an. Sein Gesichtsausdruck war ernst und sehr traurig. Mit einer Unschuld, die mich nahezu zum Weinen brachte, sagte Paula: »Mach dir keine Sorgen. Die Ärzte machen Michaels Daddy gesund.«

Ich lächelte traurig. »Manchmal werden Menschen so krank, dass die Ärzte ihnen nicht mehr helfen können.«

»Ärzte haben nicht immer recht«, sagte Adrian mit Nachdruck. »Letzte Woche war ein Mann im Fernsehen, dem gesagt wurde, er hätte nur noch sechs Monate zu leben. Das war vor zehn Jahren!«

Ich lächelte ihn an. »Ja, manchmal liegen sie daneben und stellen die falsche Diagnose. Aber das passiert nicht oft.«

»Aber sie könnten auch jetzt danebenliegen«, sagte Paula. Sie schien das Gespräch nicht ganz zu verstehen, wollte aber auch etwas dazu beitragen. Adrian nickte.

»Das könnte sein, aber ich halte es für sehr unwahrscheinlich. Michaels Vater ist sehr krank«, sagte ich. Natürlich wünschte ich, meine Kinder hätten mit ihrem Verdacht einer Fehldiagnose recht. Aber den beiden falsche Hoffnungen zu machen kam nicht infrage.

Schweigend aßen wir weiter. Ich bedauerte, das Thema angesprochen zu haben. »Nun gut«, sagte ich nach einer Weile. »Ich werde Jill sagen, dass wir Michael leider nicht bei uns aufnehmen können.«

»Warum?«, fragte Adrian.

»Weil es zu viel für uns ist. Zu viel nach … all dem anderen.«

»Du meinst, zu viel, nachdem Dad uns verlassen hat.«

»Genau. Aber auch zu viel sonstige Belastung. Ich möchte nicht traurig sein. Ich will glücklich sein.«

»Ich denke, dass Michael das auch will«, gab Adrian zurück. Wir blickten uns an. In diesem Moment schien mir kein achtjähriger Junge, sondern ein weiser Mann gegenüberzusitzen. »Ich denke, dass Michael zu uns kommen sollte«, sagte er. »Wir können ihm helfen. Paula und ich wissen, wie es ist, seinen Vater zu verlieren. Scheidung ist natürlich was anderes, wir können Dad ja immer noch sehen. Aber als er seine Sachen gepackt hat und gegangen ist, war es ein bisschen so, als wäre er gestorben.«

In solchen Momenten bin ich sehr stolz auf meine Kinder. Meine Augen kribbelten.

»Siehst du das auch so?«, fragte ich Paula.

Sie nickte. »Wir helfen Michael, wenn er seinen Daddy vermisst und weint.«

»Hast du viel geweint, als Daddy gegangen ist?«, fragte ich.

Paula nickte. »Nachts im Bett. Heimlich.«

Ich brauchte einen Augenblick, bevor ich weitersprechen konnte. »Du hättest mit mir reden sollen«, flüsterte ich schließlich und nahm Paula in den Arm. »Vielen Dank, dass ihr mir gesagt habt, wie ihr euch fühlt. Jetzt muss ich noch ein bisschen nachdenken und entscheiden, ob ich Michael wirklich helfen kann.«

»Das kannst du, Mum«, sagte Adrian leise.

»Danke, mein Schatz. Das ist lieb von dir. Ich bin mir aber nicht ganz sicher.«

Drittes Kapitel

»Stirbst du auch?«

Am folgenden Morgen rief ich Jill an. Adrian hatte ich bereits zur Schule und Paula in den Kindergarten gebracht. Sie erwartete meinen Anruf und begrüßte mich freundlich.

»Wurde inzwischen ein Verwandter von Michael gefunden?«, fragte ich hoffnungsvoll, obwohl ich wusste, dass das unwahrscheinlich sein würde.

»Nein«, entgegnete Jill.

Ich zögerte. Es fiel mir schwer, die richtigen Worte zu finden. Und das, obwohl ich die ganze Nacht an nichts anderes gedacht hatte.

»Jill, ich habe natürlich viel an Patrick und Michael gedacht und auch mit Adrian und Paula darüber gesprochen.«

Ich unterbrach mich erneut, während Jill geduldig auf meine Antwort wartete. »Die Kinder denken, dass wir Michael bei uns aufnehmen sollten. Ich habe aber weiterhin große Bedenken. Daher würde ich gern etwas vorschlagen.«

»Ja?«, fragte Jill.

»Du hast gesagt, Patrick würde die Betreuer gerne im Vorfeld kennenlernen, richtig?«

»Ja.«

»Ich nehme mal an, dass er anschließend auch beurteilen könnte, ob die Person die richtige ist?«

»Ich denke schon. Wobei Patrick es sich offen gestanden nicht leisten kann, besonders wählerisch zu sein. Es stehen derzeit nur wenige Pflegefamilien zur Verfügung, und er weiß, dass ihm nicht mehr viel Zeit bleibt.«

»Verstehe. Ich schlage vor, dass ich Patrick treffe und wir anschließend entscheiden, ob Michael zu unserer Familie passt. Was hältst du davon?«

»Ich glaube, dass du damit eine wichtige Entscheidung hinauszögerst, und bin mir nicht sicher, ob das Patrick gegenüber fair ist. Aber ich rede mit der zuständigen Sozialarbeiterin und frage nach, was sie davon hält. Ich melde mich wieder, sobald ich mit ihr gesprochen habe.«

Ich bedankte mich kleinlaut und legte auf.

Anschließend saß ich noch eine Weile auf dem Sofa und starrte in die Luft. Als ob sie mein Dilemma spüren könnte, sprang unsere Katze Toscha auf meinen Schoß und begann sanft zu schnurren. In einer Sache hatte Jill recht: Ich verschleppte die Entscheidung in der Hoffnung, dass doch noch ein Verwandter gefunden werden würde oder Patrick mich für unsympathisch und ungeeignet halten könnte. Normalerweise kommt es im Vorhinein zu keiner Begegnung zwischen Pflegern und Eltern. Sein Gegenüber einem Eignungstest zu unterziehen ist ein unpraktikabler Luxus. Normalerweise trifft das Kind einfach ein – oftmals recht spontan. Aber Michaels Fall war anders. Das wusste Jill, sonst hätte sie bestimmt nicht eingewilligt, mit der zuständigen Sozialarbeiterin zu sprechen. Ich hoffte, dass ich mich Patrick gegenüber nicht unfair verhielt. Schließlich wollte ich sein Leben bestimmt nicht noch schwieriger machen, als es ohnehin schon war.

Nach einer Weile hob ich Toscha von meinem Schoß, hievte mich vom Sofa und verließ beklommen das Wohnzimmer. Ich ging in die Küche, wo ich das Frühstücksgeschirr aufräumte und immer wieder an Patrick und Michael dachte. War mein Vorschlag egoistisch? Jill hatte das angedeutet. Der arme Mann hatte schon genug Sorgen, ohne sich noch um die Zweifel einer möglichen Betreuerin zu kümmern.

Eine Stunde später klingelte das Telefon. Jill war am Apparat. »In Ordnung, Cathy«, sagte sie. Ihre Stimme klang geschäftsmäßig. Keine Spur mehr vom kritischen Unterton. »Ich habe mit Michaels Sozialarbeiterin Stella gesprochen, und sie hat Patrick angerufen. Er ist mit deinem Vorschlag einverstanden. Tatsächlich meinte Stella sogar, er habe recht erleichtert geklungen. Scheinbar hat auch er leichte Vorbehalte, weil ihr keine Katholiken seid. Das wird auf jeden Fall ein Thema sein, über das wir sprechen müssen.«

Ich war beruhigt. »Alles klar, dann freue ich mich, ihn kennenzulernen«, sagte ich.

»Ja, und das sollte so bald wie möglich sein. Stella schlägt vor, dass wir uns morgen früh um zehn Uhr im Gemeindeamt treffen. Ihr, Patrick und mir passt die Zeit, und da Paula normalerweise im Kindergarten ist, hoffe ich, dass du auch kommen kannst.«

»Klingt gut«, sagte ich. »Ich werde da sein.«

»Ich bin mir nicht sicher, in welchem Raum wir uns treffen. Wir sehen uns am Empfang, in Ordnung?«

»Okay. Danke, Jill.«

»Kannst du für Patrick bitte ein paar Fotos von euch und eurem Haus mitbringen?«

»Mache ich.«

Als ich die Kinder später abholte, fragten sie als Erstes: »Kommt Michael zu uns?« Ich sagte, dass ich das noch nicht wüsste, mich aber am nächsten Tag mit Patrick und den beiden Sozialarbeiterinnen treffen würde und die Entscheidung danach fallen würde. Das Thema wurde im Laufe des Abends nicht noch einmal angesprochen, aber ich musste natürlich trotzdem immer wieder daran denken. Irgendwo in unserer Stadt, vielleicht sogar ganz in unserer Nähe, lebte ein kleiner Junge, der seinen Vater verlieren würde. Ich musste an meine eigene Sterblichkeit denken, und auch Adrian und Paula beschäftigte das Thema.

Als ich Paula ins Bett brachte, umarmte sie mich fest. Dann kuschelte sie sich an ihren Teddybären und sagte: »Mein Teddy ist sehr krank, Mummy. Aber die Ärzte machen ihn wieder gesund. Er wird nicht sterben.«

»Gut«, sagte ich. »So ist es meistens.«

Als ich zu Adrian hinüberging, um ihm eine gute Nacht zu wünschen, fragte er unumwunden: »Du wirst nicht so schnell sterben, oder?«

Das will ich verdammt noch mal hoffen!, dachte ich.

Ich nahm auf seiner Bettkante Platz und sah in sein besorgtes Gesicht. »Nein. Das wird noch viele Jahre dauern. Ich bin rundum gesund, mach dir also keine Sorgen um mich.« Natürlich wusste ich nicht, wann ich sterben würde. Aber ich wollte Adrian beruhigen und kein tiefschürfendes Gespräch anfangen.

Er lächelte matt und fragte dann nachdenklich: »Glaubst du, dass es einen Gott gibt?«

»Das weiß ich nicht, Süßer. Aber der Gedanke ist schön.«

»Aber falls es einen Gott gibt, warum lässt er dann schlimme Sachen geschehen? So wie die Krankheit von Michaels Dad, Erdbeben oder Mord?«

Ich schüttelte traurig den Kopf. »Das kann ich dir nicht sagen. Manche Menschen glauben, dass sie geprüft werden – um zu testen, ob ihr Vertrauen in Gott stark genug ist.«

Adrian sah mich an. »Testet Gott auch die, die nicht an ihn glauben?«

»Wer weiß«, sagte ich. Es war klar, wohin seine Frage führen würde.

»Ich hoffe nicht«, meinte Adrian mit betrübter Miene. »Ich möchte nicht geprüft werden, indem mir etwas Schlechtes passiert. Ich finde, wenn Gott gütig und gerecht ist, soll er machen, dass nichts Schlimmes mehr auf der Welt passiert. Es ist nicht fair, dass manche Menschen schreckliche Dinge erleben.«

»Das Leben ist nicht immer fair«, sagte ich sanft. »Egal ob man an Gott glaubt oder nicht. Wir wissen nie, was noch so passiert. Daher sollte man aus jedem Tag das Beste machen. Was wir, glaube ich, tun.«

Adrian nickte und lehnte sich dann in sein Kissen zurück. »Vielleicht sollte ich weniger fernsehen und stattdessen andere Sachen machen.«

Ich lächelte und streichelte über seine Stirn. »Es ist schon in Ordnung, wenn du deine Lieblingssendungen schaust. Du siehst ja nicht zu viel fern. Und mach dir bitte keine Sorgen, dass jemand von uns stirbt. Was Michael passiert, kommt nicht oft vor. Wie viele Kinder kennst du schon, die mit nur einem Elternteil aufgewachsen sind und dann auch noch das zweite verlieren? Denk mal an die Kinder an deiner Schule. Fällt dir jemand ein?« Ich wollte, dass er die Situation als ungewöhnlich begriff, da ich wusste, dass Adrian sich ansonsten Sorgen machen würde.

»Ich kenne niemanden«, sagte er.

»Richtig. Erwachsene leben normalerweise lange und werden richtig alt. Denk mal an Oma und Opa. Die sind kerngesund und dabei schon fast siebzig.«

»Ja, die sind echt alt«, stimmte Adrian zu. Obwohl ich nicht sicher war, ob meine Eltern mit dieser Bezeichnung einverstanden gewesen wären, war ich doch erleichtert, dass Adrian beruhigt war. Seine Gesichtszüge entspannten sich. Ich streichelte seine Stirn, bis seine Augen sich langsam schlossen. »Ich hoffe, dass Michael zu uns kommt«, murmelte er leise und schlief dann ein.

Viertes Kapitel

Ein tapferer Mann

Eigentlich lerne ich die Angehörigen eines Kindes erst kennen, nachdem es bei uns eingezogen ist. Ab und an trifft man sich, wenn Besuche vereinbart werden oder das Jugendamt spezielle Treffen arrangiert. Manchmal zeigen sich die Eltern sehr bemüht, und die Zusammenarbeit verläuft entsprechend harmonisch. Andere sind wütend auf die Pflegeperson und verstehen sie oder ihn als Teil des »Systems«, das ihnen das Kind weggenommen hat. In solchen Fällen versuche ich zum Wohl des Kindes alles in meiner Macht Stehende, um diese Vorurteile aus dem Weg zu räumen. Im Laufe der Jahre habe ich viel erlebt und einen reichen Erfahrungsschatz angesammelt. Trotzdem war ich noch nie so nervös und unsicher wie an dem Morgen, als ich mich am Empfang des Gemeindeamts nach Jill umsah.

Zum Glück entdeckte ich sie umgehend auf einem Eckplatz im Wartebereich. Sie sah mich auch, stand auf und kam zu mir hinüber. »Ist alles in Ordnung?«, fragte sie und berührte mich sanft am Arm. Ich nickte und atmete tief ein. »Mach dir keine Sorgen. Das wird schon. Wir treffen uns im Gesprächsraum 2. Er ist recht klein, aber wir sind auch nur zu viert. Stella, die andere Sozialarbeiterin, und Patrick sitzen schon drin. Ich habe sie gerade kurz begrüßt.«

Wieder nickte ich. Jill drehte sich um und marschierte zum Empfang zurück. Dahinter befand sich eine große Tür, die zum Treppenaufgang führte. Von meinen vergangenen Besuchen wusste ich bereits, dass die Gesprächsräume im ersten Stock waren. Unsere Absätze verursachten mit jedem Schritt ein lautes Klacken auf den steinernen Stufen, und ich merkte, wie mein Herz mit jedem Tritt lauter klopfte. Mir war übel vor Sorge. Ich hatte Angst, etwas Falsches zu Patrick zu sagen und ihn vor den Kopf zu stoßen. Oder dass ich kein Wort herausbringen würde. Oder dass ich direkt in Tränen ausbrechen würde.

Als wir im ersten Stock ankamen, stieß Jill zwei Flügeltüren auf, und ich folgte ihr in einen langen Gang, von dem zu allen Seiten Räume abgingen. Gesprächsraum 2 befand sich hinter der zweiten Tür rechter Hand. Ich atmete tief ein, als Jill anklopfte und dann die Tür öffnete. Mein Blick fiel sofort auf einen kleinen Stuhlkreis in der Mitte des Zimmers, wo ein Mann und eine Frau mit Sicht zur Tür saßen.

»Hallo zusammen, das ist Cathy«, sagte Jill fröhlich.

Stella lächelte mir zu, und Patrick stand auf und schüttelte meine Hand. »Schön, Sie kennenzulernen«, sagte er. Er hatte eine angenehme Stimme und sprach mit irischem Akzent.

»Gleichfalls«, sagte ich. Ziemlich erleichtert, da die befürchtete Blamage noch nicht eingetreten war.

Patrick war groß, bestimmt über 1,80 m, und elegant gekleidet. Er trug eine dunkelblaue Hose, ein hellblaues Hemd und ein dazu passendes Jackett. Es fiel auf, dass er stark abgenommen hatte. Die Kleidungsstücke waren sichtlich zu groß, und auch der Hemdkragen saß extrem locker. Sein Gesicht wirkte eingesunken, und die Wangenknochen standen hervor. Was mir jedoch am stärksten auffiel, waren seine Augen. Tiefblau, sanft und lächelnd. Vom Schmerz und Leid seiner aktuellen Situation war darin nichts zu lesen.

Wir setzten uns.

»Sollen wir mit einer kleinen Vorstellungsrunde beginnen?«, fragte Stella. So laufen diese Treffen immer ab, auch wenn die Anwesenden eigentlich wissen, wer die anderen im Raum sind.

»Ich bin Stella, die Sozialarbeiterin von Patrick und Michael«, legte sie los.

»Ich bin Jill, Cathys Sozialarbeiterin von der Pflegevermittlung Homefinders«, sagte Jill in Richtung Patrick.

»Ich heiße Cathy«, stellte ich mich vor und lächelte Patrick zu. »Und bin eine Pflegemutter.«

»Patrick, Vater von Michael«, schloss Patrick mit sonorer Stimme.

»Vielen Dank«, meinte Stella und sah in die Runde. »Der Anlass unseres Treffens ist bekannt: Wir sind hier, um die Betreuung von Michael zu besprechen. Ich werde ein paar Notizen für unsere Akten machen, es wird jedoch kein detailliertes Protokoll geben. In Ordnung?«

Patrick und ich nickten, und Jill sagte: »Ja.« Auch Jill hatte ihr Notizbuch schon aufgeschlagen. Wie immer würde sie Stichpunkte zu allem machen, was während der Betreuung wichtig sein könnte. Ich entspannte mich etwas. Mein Herz pochte nicht mehr so stark, obwohl ich noch immer nervös war. Alle anderen wirkten sehr locker. Sogar Patrick, dessen Hände ruhig auf seinen Knien lagen.

»Cathy«, sagte Stella und sah mich an. »Ich glaube, es wäre gut, wenn Sie ein bisschen über sich und Ihre Familie erzählen würden. Und dann könnten Sie, Patrick«, fügte sie hinzu und blickte zu ihm hinüber, »Cathy von sich und Michael berichten?«

Patrick nickte. Ich setzte mich aufrecht hin und versuchte, einen klaren Kopf zu bekommen. Ich bin nicht besonders gut in Vorträgen – obwohl ich mich im Laufe der Jahre schon stark gebessert habe. Früher war ich so aufgeregt, dass ich keinen Ton herausbrachte und nichts von dem sagen konnte, was ich eigentlich erzählen wollte.

»Ich arbeite seit neun Jahren als Pflegemutter«, fing ich an. »Und habe auch zwei eigene Kinder. Einen Jungen und ein Mädchen, die acht und vier Jahre alt sind. Ich war verheiratet, lebe aber inzwischen seit zwei Jahren getrennt. Meine Kinder sind mit anderen Pflegekindern aufgewachsen und mögen es, wenn wir jemanden bei uns aufnehmen. Sie können den Kindern oft helfen, sich schnell bei uns einzuleben. Natürlich ist es für jedes Pflegekind zunächst eine ungewohnte Situation. Oft bauen sie erst Vertrauen zu Adrian und Paula auf, bevor sie sich mir gegenüber öffnen.« Ich zögerte und wusste nicht recht, was ich noch sagen sollte.

»Könntest du vielleicht noch ein bisschen darüber erzählen, was ihr so am Wochenende macht?«, schlug Jill vor.

»Ja, natürlich. Wir unternehmen fast immer etwas und gehen zum Beispiel in den Park oder ins Museum. Manchmal sehen wir auch einen Film im Kino. Und wir treffen uns regelmäßig mit meinen Eltern, meinem Bruder und meinen Cousinen und Cousins. Sie leben alle nicht weit entfernt von uns.«

»Es ist schön, Zeit mit der Familie zu verbringen«, meinte Patrick.

»Stimmt«, erwiderte ich. »Wir stehen uns sehr nah. Daher lernt jedes Pflegekind meine Familie kennen und nimmt an unseren gemeinsamen Unternehmungen teil. Es ist mir wichtig, dass jedes Kind ein schönes Weihnachtsfest bei uns erlebt und eine tolle Geburtstagsfeier hat. Im Sommer fahren wir manchmal für ein paar Tage weg, meistens an eine der englischen Küsten.« Patrick nickte. »Ich bestärke die Kinder in ihren Hobbys und Interessen und sorge dafür, dass sie immer pünktlich in der Schule sind. Falls es Hausaufgaben gibt, sollen diese vor dem Spielen und Fernsehen erledigt werden.« Ich hielt inne und dachte darüber nach, was ich noch erzählen könnte. Es war nicht einfach, unser gesamtes Leben binnen weniger Minuten zu präsentieren.

»Hast du an die Fotos gedacht?«, fragte Jill.

»Oh, ja. Die hab ich fast vergessen.« Ich griff in meine Handtasche und zog einen Umschlag voller Bilder heraus, die ich heute Morgen noch hastig aus unseren Fotoalben gesammelt hatte. Ich gab sie Patrick, der sie in Ruhe durchsah. Es waren ungefähr zwölf Aufnahmen, die unsere Familie in verschiedenen Räumen und im Garten zeigten. Auch unsere Katze Toscha war dabei. Wenn ich mehr Zeit gehabt hätte, hätte ich ein kleines Album vorbereitet.

Patrick lächelte. »Vielen Dank«, sagte er, schob die Fotos wieder in den Umschlag und reichte sie mir zurück. »Sie haben eine nette Familie und ein sehr schönes Zuhause. Ich bin mir sicher, dass Michael sich bei Ihnen sehr wohl fühlen würde.«

»Danke schön«, sagte ich.

»Darf ich auch mal sehen?«, fragte Stella. Ich gab ihr den Umschlag. »Während ich mir die Bilder ansehe, würde ich Sie, Patrick, bitten, etwas über sich und Michael zu erzählen.«

Patrick nickte, räusperte sich und machte es sich auf seinem Stuhl bequem. Er sah mich an.

»Zunächst möchte ich mich bei Ihnen bedanken, dass Sie heute hergekommen sind und darüber nachdenken, sich um Michael zu kümmern, wenn ich es nicht mehr kann. An der Art, wie Sie sprechen, merkt man, dass Sie sehr fürsorglich sind, und ich bin mir sicher, dass Sie gut für Michael sorgen würden.« Ich lächelte und schluckte. Meine Kehle schnürte sich zu. Patrick war ein tapferer Mann. Es war deutlich, dass das Sprechen ihn sehr anstrengte. Er brauchte einen Moment, um Luft zu schöpfen. »Es wird Sie nicht überraschen, dass ich ursprünglich aus Irland stamme«, fuhr er dann fort und grinste. »Ich weiß, dass man es immer noch in jedem Wort hört. Und das, obwohl ich schon seit zwanzig Jahren hier lebe. Ich kam als Neunzehnjähriger nach England, um am Schienenausbau zu helfen. Es gefiel mir so gut, dass ich einfach dageblieben bin.« Er war also erst neununddreißig. »Leider sind meine Eltern beide an Krebs verstorben, als ich noch jung war. Cathy, Sie haben wirklich großes Glück, dass Ihre Eltern noch leben. Und Ihre Kinder, dass sie Großeltern haben. Ich hoffe, Sie wissen, dass das nicht selbstverständlich ist. Eltern sind ein besonderes Gottesgeschenk.«

»Ja, ich weiß«, sagte ich. Meine Augen kribbelten. *Reiß dich zusammen*, befahl ich mir.

»Obwohl ich sehr traurig war, so früh meine Eltern zu verlieren«, fuhr Patrick fort, »hatte ich ein gutes Leben. Ich habe genug Geld verdient und war oft mit meinen Kumpels unterwegs. Wir haben viel gefeiert, und Frauen waren auch immer ein Thema. Wie junge Iren halt so sind. Dann habe ich Kathleen kennengelernt, und es war schnell klar, dass sie meine große Liebe ist. Ich hab meine Frauengeschichten aufgegeben. Wir haben geheiratet und uns niedergelassen, ein Jahr später wurde unser wunderbarer Junge Michael geboren. Wir waren unendlich glücklich. Kathleen und ich waren beide Einzelkinder – was in irischen Familien nicht oft vorkommt. Und wir wollten beide eine große Familie mit mindestens drei Kindern. Leider sollte es nicht sein. Als Michael gerade ein Jahr alt war, wurde bei Kathleen Gebärmutterkrebs diagnostiziert. Sie starb ein Jahr später. Da war sie achtundzwanzig.«

Er verstummte und sah zu Boden, scheinbar versunken in bittersüßen Erinnerungen. Es war still im Raum. Jill und Stella vertieften sich in ihre Notizen, ich schaute auf den Umschlag, den ich immer noch in der Hand hielt. *So viel Verlust und Trauer innerhalb einer Familie*, dachte ich. Das war wirklich nicht gerecht. Aber so ist Krebs: Manche Familien trifft er hart, andere gar nicht.

»Wie dem auch sei«, meinte Patrick mit ruhiger Stimme. »Der liebe Gott scheint uns früh zu sich rufen zu wollen.«

Das verblüffte mich. Am liebsten hätte ich gefragt, ob er das tatsächlich glaubte, aber das schien wenig angemessen.

»Bis jetzt«, fuhr Patrick fort, »gab es also nur Michael und mich. Ich habe ein Foto von Michael dabei, das ich immer bei mir trage. Möchten Sie es sehen?«

Ich nickte. Er griff in sein Jackett und beförderte ein abgenutztes braunes Lederportemonnaie zutage. Es berührte mich zu sehen, wie seine ausgemergelten Finger leicht zitterten, als er sich abmühte, sein Portemonnaie zu öffnen und das Foto herauszuziehen. Schließlich hielt er mir ein kleines Bild entgegen.

»Danke sehr«, sagte ich. »Was für ein Prachtkerl!«

Patrick grinste. »Das ist sein aktuelles Schulporträt.«

Michael war in seiner Uniform abgebildet. Auf dem Bild sah man ihn kerzengerade sitzend, mit ordentlich gekämmtem Haar und ein wenig linkisch in die Kamera grinsend. Die Ähnlichkeit mit Patrick war unbestreitbar: Beide hatten blaue Augen, einen hellen Teint und einen freundlichen Gesichtsausdruck.

»Er sieht Ihnen wirklich sehr ähnlich«, meinte ich lächelnd und reichte das Bild an Jill weiter.

Patrick nickte. »Und er ist genauso ein Dickkopf wie ich. Man muss ihm also genau zeigen, wo es langgeht. Aber er gibt keine frechen Widerworte und hört auf das, was man ihm sagt. Seine Lehrer meinen, er wäre ein guter Schüler.«

»Das hat er sicher Ihnen zu verdanken«, sagte ich.

Jill zeigte Stella das Foto und reichte es dann an Patrick zurück. Patrick erzählte uns noch ein bisschen über Michaels Alltag und darüber, welches Essen er besonders mochte oder auch gar nicht mochte, welche Schule er besuchte und was er am liebsten im Fernsehen sah. Er nannte all die Dinge, die wichtig sind und nach denen ich ihn noch einmal genauer fragen würde, sollte Michael bei uns einziehen. Patrick gestand auch ein, dass Michael wenig Hobbys hatte, da Patricks Krankheit zuletzt den Alltag der beiden bestimmt hatte. Er sei jedoch Mitglied in der Computer AG. »Ich bin mir sicher, dass ich jede Menge vergessen habe«, sagte Patrick schließlich. »Fragen Sie mich also bitte alles, was Sie sonst noch wissen möchten.«

»Wenn ich an dieser Stelle unterbrechen darf«, warf Stella ein. Wir sahen sie an. »Ich denke, dass wir zunächst einmal auf das Thema Religion zu sprechen kommen sollten. Patrick und Michael sind Katholiken, Cathys Familie nicht. Wie geht es Ihnen bei dem Gedanken?« Sie sah zu Patrick hinüber.

»Nun ja, ich werde Cathy schon nicht bitten, extra zu konvertieren«, sagte er lachend. »Aber es wäre mir wichtig, dass Michael weiterhin den Sonntagsgottesdienst besucht. Wenn Cathy ihn zur Kirche bringt, können Freunde aus der Gemeinde während der Messe nach ihm sehen. Ich gehe seit vielen Jahren zur gleichen Kirche, und der Pfarrer weiß von meiner Krankheit. Er unterstützt uns, so gut er kann.«

»Wäre das in Ordnung für Sie?«, fragte Stella mich.

»Ja, selbstverständlich«, sagte ich. Obwohl ganztägige Sonntagsausflüge somit gestrichen wären.

»Wenn Sie etwas vorhaben an einem Sonntag«, sagte Patrick, »kann Michael natürlich auch mal einen Gottesdienst verpassen oder zur Frühmesse um acht Uhr gehen.« Er konnte scheinbar Gedanken lesen.

»Ja, das wäre möglich«, erwiderte ich.

»Vielen Dank«, sagte Patrick. Dann fügte er nachdenklich hinzu: »Ich hoffe, Michael wird noch zur Kirche gehen, wenn ich nicht mehr da bin. Aber das ist natürlich seine Entscheidung.«

»Können wir festhalten, dass wir uns diesbezüglich einig sind?«, fragte Stella und sah für einen Moment von ihren Notizen auf. »Patrick, es ist also in Ordnung, dass Cathy keine Katholikin ist, und es reicht, wenn sie Michael zur Kirche bringt?«

»Ganz genau«, antwortete er nickend.

»Und Cathy, Sie sind damit einverstanden und erklären sich auch bereit, Michaels Glauben zu unterstützen?«

»Ja, das bin ich.«

Sowohl Stella als auch Jill hielten das schriftlich fest. Während die beiden schrieben, lächelten Patrick und ich uns zu.

Stella sah auf und blickte mich an. »Falls Sie der Betreuung von Michael zustimmen, würde Patrick gern im Vorfeld einmal gemeinsam mit Michael vorbeischauen. Wäre das ebenfalls in Ihrem Sinne, Cathy?«

»Ja.«

»Vielen Dank, Cathy«, sagte Patrick. »Mir würde ein Stein vom Herzen fallen, wenn ich weiß, wo mein Sohn zukünftig schläft.«

»Und Sie können auch meine Kinder kennenlernen«, fügte ich hinzu.

Jill und Stella schrieben erneut. »Ein weiterer Aspekt, den wir besprechen sollten, sind Krankenhausbesuche«, fuhr Stella schließlich fort. »Wäre es möglich, dass Sie Michael zum Krankenhaus oder Hospiz begleiten, sobald das notwendig ist?«

»Ja. Dabei darf ich jedoch nicht meine beiden Kinder vergessen. Ich müsste dementsprechend planen. Sollen die Besuche jeden Tag stattfinden?«

»Ich würde Michael gern jeden Tag sehen. Am besten direkt nach der Schule«, bestätigte Patrick.

»Und am Wochenende?«, fragte Jill.

»Wenn möglich auch dann.«

Das wäre eine riesige Herausforderung. Natürlich konnte ich verstehen, dass ein Vater seinen Sohn jeden Tag sehen wollte. Allerdings bereitete mir die Umsetzung dieses Wunsches Kopfzerbrechen. Ich müsste Adrian und Paula jeden Tag nach der Schule einsammeln und zum Krankenhaus mitnehmen statt nach Hause zum Spielen und Entspannen.

»Soll Cathy währenddessen bleiben?«, hakte Jill nach. Sie schien meine Zweifel erkannt zu haben.

»Nicht unbedingt«, antwortete Patrick. »Cathy muss sich natürlich auch um ihre eigene Familie kümmern, und Michael ist alt genug, um allein bei mir zu bleiben. Es wäre nur schön, wenn sie ihn bringen und abholen könnte.«

»Falls Cathy das nicht jeden Tag bewerkstelligen könnte«, sagte Jill zu Patrick, »wären Sie dann damit einverstanden, wenn wir einen Fahrservice organisieren? Das machen wir ab und an. Alle Fahrer sind natürlich umfassend geprüft.«

»Ja, das wäre absolut in Ordnung«, sagte er. »Es sollte auch nicht ewig dauern. Ich plane, so lange wie möglich zu Hause zu bleiben. So lange, bis es einfach nicht mehr geht.« Als er das sagte, fühlte ich mich beschränkt und kleinlich, nicht augenblicklich zugestimmt zu haben.

»Das passt schon«, sagte ich schnell. »Ich sorge dafür, dass Michael jeden Tag zu Besuch kommt.«

»Vielen Dank, Cathy«, erwiderte Patrick. Und ergänzte dann mit einem schiefen Grinsen: »Immerhin habe ich meine Beerdigung schon selbst organisiert. Darum müssen Sie sich also nicht mehr kümmern.«

Ich sah ihn an und wusste nicht recht, was ich darauf antworten sollte. Jill und Stella enthielten sich ebenfalls eines Kommentars. Was sollte man dazu schon sagen?

»Also«, fragte Stella schließlich, »gibt es noch weitere Fragen oder Dinge, die geklärt werden sollten?«

Ich schüttelte den Kopf. »Ich glaube nicht«, sagte ich.

»Nein«, meinte auch Patrick. »Es würde mich freuen, wenn Cathy Michael bei sich aufnehmen könnte. Ich wäre ihr zutiefst dankbar.«

Ich sah zu Boden und dachte nach.

»Was meinen Sie, Cathy?«, fragte Stella. »Oder brauchen Sie noch ein bisschen, bis Sie sich entscheiden können?«

»Nein, schon in Ordnung«, entgegnete ich. »Ich glaube, dass Patrick eine schnelle Antwort verdient.« Alle sahen mich an. Ich spürte, dass Jill am liebsten eingeworfen hätte, ich solle mir mehr Zeit für meine Antwort lassen. »Ich werde mich um Michael kümmern«, sagte ich. »Es wäre mir eine Freude.«

»Vielen Dank«, antwortete Patrick. »Gott segne Sie.« Zum ersten Mal zitterte seine Stimme vor Rührung.

Fünftes Kapitel

Schatzsuche

Wenn ich eine Entscheidung getroffen habe, setze ich sie sofort um. Normalerweise. Als ich jedoch nun das Gemeindezentrum verließ, um Paula vom Kindergarten abzuholen, beschlichen mich Zweifel. War es richtig, Michael bei uns aufzunehmen? Oder hatte ich nur aus Mitleid zugesagt? Wie würde es Adrian und Paula damit gehen? Wie würde es mir damit gehen? Doch dann dachte ich wieder an Patrick und Michael und kam mir augenblicklich schuldig und selbstsüchtig vor.

Ich versuchte, die Sache pragmatisch zu betrachten: Morgen würden Patrick und Michael zu Besuch kommen. Ich überlegte, wie ich die Hausbesichtigung möglichst angenehm für die beiden gestalten könnte. Obwohl mich schon einmal Eltern vor dem Einzug ihres Kindes besucht hatten, war das kein übliches Vorgehen. Das eine Mal kam eine Mutter vorbei, bevor sie ins Krankenhaus musste (niemand anders konnte sich in der Zeit um ihre Tochter kümmern), und ein Elternpaar besuchte uns, ehe ihr verhaltensauffälliger Sohn im Rahmen einer pädagogischen Maßnahme zu uns kam. In beiden Fällen hatten die Eltern sich freiwillig zu diesem Arrangement entschlossen und behielten gemäß der *Voluntary Care Order* sämtliche Rechtsansprüche und Verantwortung. Diese Regelung griff auch bei Michael – doch damit endeten die Parallelen. Schließlich konnten die anderen Kinder letzten Endes nach Hause zu ihren Eltern zurückkehren. Entsprechend kurz waren diese Besuche ausgefallen. Ich hatte den Eltern lediglich das Haus gezeigt und unseren Alltag erklärt. Wenn Patrick und Michael vorbeikämen, würde ich länger mit ihnen sprechen und mich bemühen, ihnen ein Gefühl für unser Zuhause zu vermitteln. Vermutlich würde es das Beste sein, sich ganz »normal« zu verhalten. Allein bei dem Gedanken hatte ich Sorge, dass Patrick und Michael auf dem Sofa sitzen und Adrian und Paula sie schweigend anstarren würden.

Als ich wenig später gemeinsam mit Adrian und Paula zu Abend aß, erzählte ich ihnen, dass Michael am folgenden Tag zu Besuch kommen und das Haus besichtigen würde. »Wir sollten sie möglichst herzlich willkommen heißen und vorher gründlich aufräumen«, sagte ich und sah zu Adrian hinüber.

Er blickte schuldbewusst zurück. Natürlich sind achtjährige Jungen nicht gerade für ihren Ordnungssinn bekannt, aber das, was Adrian manchmal an Chaos verursachte, war noch mal etwas anderes. Man konnte häufig nicht einmal sein Zimmer durchqueren, weil so viele Spielsachen auf dem Boden lagen, die alle dringend an Ort und Stelle bleiben mussten, um seinen Spaß nicht zu ruinieren. Ich war mir nie ganz sicher, was da vor sich ging. In jedem Fall schienen all seine Spielzeugautos, Dinofiguren, Actionmännchen und Modellplaneten dringend benötigt zu werden. Oft flogen sie überall herum, und Adrian sammelte sie mit einem laut quietschenden Spielzeugbagger ein. Das schien ihm, Paula und allen Freunden riesigen Spaß zu machen. Sie verbrachten in letzter Zeit Stunden damit, sodass ich den Teppich nur noch zum Staubsaugen komplett sah.

»Dann räum ich wohl besser mal auf«, murmelte Adrian. Er hatte meine Andeutung verstanden.

»Das wäre toll«, bekräftigte ich.

»Wird Michael dann bei uns einziehen?«, fragte Paula.

»Ja, aber noch nicht morgen. Erst mal sehen er und sein Vater sich unser Zuhause an.«

»Und wann zieht er dann ein?«, hakte Adrian noch einmal nach.

»Das weiß ich noch nicht. Es wird von seinem Vater abhängen. Ich habe ihn heute kennengelernt: Er ist ein lieber Mann. Manchmal muss er ein bisschen langsamer reden, damit er wieder zu Atem kommt.« Es war mir wichtig, das anzukündigen, damit die Kinder nicht starren oder – noch schlimmer – sich danach erkundigen würden. Adrian war alt genug, es besser zu wissen, aber Paula ... Ich konnte mir genau ausmalen, wie sie Patrick fragen würde, warum er »so komisch« redet.

»Warum spricht er langsam?«, fragte sie jetzt.

»Weil er krank ist«, antwortete Adrian.

»Richtig«, sagte ich. »Manchmal kostet es Patrick viel Kraft, zu sprechen.«

»Verstehe«, flüsterte Paula. Dann aßen wir weiter.

Am folgenden Tag brachte ich Adrian zur Schule und Paula in den Kindergarten. Dann fuhr ich weiter zum Supermarkt. Nachdem ich die Einkäufe zu Hause einsortiert hatte, war es auch schon wieder Zeit, Paula abzuholen. Auch der Nachmittag verstrich im Nu, während ich mit Paula spielte und Hausarbeiten erledigte. Dann war es Zeit, Adrian von der Schule abzuholen. Diejenigen, die keine Kinder haben, fragen sich manchmal, was Hausfrauen (oder -männer) den ganzen Tag über machen. Ich selbst war früher nicht anders. Doch dann habe ich aufgehört zu arbeiten, um mich um meine Kinder zu kümmern und Pflegekinder bei uns aufzunehmen. Jetzt weiß ich es besser!

Um 17.40 Uhr aßen die Kinder zu Abend. Plötzlich läutete es an der Tür. »Esst bitte in Ruhe auf«, sagte ich und stand auf. »Vielleicht sind Michael und Patrick ein bisschen eher gekommen.«

Obwohl wir seit dem Vorabend nicht mehr über Michael und seinen Vater gesprochen hatten, musste ich ständig an die beiden denken. Insbesondere als ich das Gästezimmer am Nachmittag vorbereitet und es so schön wie möglich für Michael zurechtgemacht hatte.

Als ich nun zur Haustür ging, kehrten all meine Ängste und Sorgen zurück. Wie vor dem Gespräch mit Patrick und den Sozialarbeiterinnen hoffte ich, nichts Dummes oder Unangemessenes zu sagen, das Patrick und Michael aufregen könnte.

Ich atmete tief ein und öffnete dann lächelnd die Tür. »Hallo«, sagte ich mit ruhiger Stimme. »Schön, euch beide zu sehen.«

»Gleichfalls«, antwortete Patrick. »Das ist Michael.« Patrick stand dicht hinter seinem Sohn und war erneut sehr schick gekleidet. Wieder trug er ein Jackett und dazu passende Hosen. Michael war ebenfalls wie aus dem Ei gepellt, schaute aber etwas nervös drein.

»Hallo, Michael«, sagte ich. »Komm rein. Und mach dir keinen Kopf. Für mich ist das auch ein bisschen komisch.«

Er stieß ein nervöses Lachen aus und zuckte mit den Schultern, als er in den Flur trat. Patrick schüttelte meine Hand und küsste mich auf die Wange. Ich nahm an, dass er so seine weiblichen Bekannten begrüßte. »Schön haben Sie es hier.«

»Vielen Dank. Kommen Sie doch herein. Ich würde euch gern Adrian und Paula vorstellen.«

Ich lächelte Michael noch einmal zu und führte die beiden dann den Flur entlang zu den Kindern, die gerade ihr Abendessen beendeten.

»Wir stören beim Essen«, stellte Patrick bedrückt fest.

»Keine Sorge, sie sind fast fertig. Das ist Adrian, und das ist Paula. Und das hier sind Michael und sein Vater Patrick«, stellte ich alle Anwesenden vor.

»Schön, euch kennenzulernen«, begrüßte Patrick Adrian und Paula.

»Hallo«, antwortete Adrian und sah von seinem Teller auf. Michael blieb stumm.

»Michael, sag Hallo«, forderte Patrick.

»Hallo«, murmelte Michael zögerlich.

»Warum können wir kein Mädchen haben?«, brummelte Paula.

Patrick sah mich verwundert an. »Das ist Paulas Art, Scherze zu machen«, lenkte ich schnell ein und warf ihr einen warnenden Blick zu.

Patrick grinste Paula an, und ich fragte Michael: »Hattest du einen guten Tag in der Schule?« Ich war mir nicht sicher, wer nervöser war, die Kinder oder die Erwachsenen.

Michael vergrub seine Hände in den Hosentaschen und zuckte mit den Schultern.

»Gib Cathy eine Antwort«, forderte ihn Patrick auf.

»Ja, danke«, gab Michael steif zurück.

»Dein Vater hat mir erzählt, dass du sehr gut in der Schule bist«, fuhr ich fort, um ihn ein wenig zu entspannen und das Gespräch am Laufen zu halten.

Michael vergrub seine Hände noch tiefer in den Taschen und zuckte erneut mit den Schultern.

»Nimm deine Hände aus den Taschen«, verlangte Patrick und holte tief Luft. Dann wandte er sich mir zu. »Es tut mir leid, Cathy. Er scheint seine Zunge verschluckt zu haben. Normalerweise ist er sehr gesprächig.«

»Kein Problem«, entgegnete ich. »Ich glaube, alle sind ein bisschen angespannt. Das Eis wird bestimmt bald brechen.« Adrian und Paula hatten aufgegessen und beäugten Michael nun. Nicht unfreundlich, sie nahmen den Neuankömmling nur genau unter die Lupe.

»Sollen wir mit einem Rundgang beginnen?«, fragte ich Patrick. »Danach könnten die Kinder noch ein bisschen zusammen spielen.«

»Klingt gut«, erwiderte Patrick lächelnd. Michael sagte nichts.

Adrian und Paula blieben sitzen, während wir anderen in die Küche gingen. »Sehr schön«, meinte Patrick.

»Und hier«, erklärte ich und ging voraus, »ist schon das Wohnzimmer. Man hat einen schönen Blick auf den Garten und die Schaukeln.« Patrick stellte sich neben mich ans Fenster. Michael hielt sich im Hintergrund.

»Ihr Garten sieht sehr hübsch aus«, bemerkte Patrick. »Kümmern Sie sich ganz alleine darum?«

»Ja, so halte ich mich in Form«, antwortete ich grinsend. »Meistens arbeite ich im Garten, wenn die Kinder draußen spielen. Der untere Teil der Fläche, wo auch die Schaukeln stehen, ist ihr Bereich. Ich habe dort absichtlich nichts gepflanzt, damit sie sich austoben können, ohne das etwas kaputtgeht.«

»Gute Idee. Komm mal rüber und sieh dir das an, Michael«, sagte Patrick ermutigend. »Was für ein schöner großer Garten.«

Michael kam ein paar Schritte näher, zuckte wieder mit den Schultern und blieb still. Es tat mir leid zu sehen, wie unangenehm Michaels Verhalten für Patrick war. Patrick war so bemüht, und ich merkte, dass er genau wie ich einen guten Eindruck hinterlassen wollte. Aber mir war auch klar, dass Michaels Verhalten ganz normal war. Natürlich wollte er nicht hier sein. In diesem Haus sollte er leben, wenn sein Vater sich nicht mehr um ihn kümmern könnte. Ich fragte mich, wie viel die beiden schon darüber gesprochen hatten, und nahm mir vor, Patrick danach zu fragen.

»Hier unten gibt es nur noch ein weiteres Zimmer«, sagte ich und drehte mich um.

Ich führte die beiden aus dem Raum und ging mit ihnen in unser Vorderzimmer, eine Art zweites kleines Wohnzimmer. Anschließend führte ich sie nach oben und zeigte ihnen mein Schlafzimmer, die Kinderzimmer, das WC und das Badezimmer. Patrick machte über jeden Raum nette Bemerkungen. Michael schwieg.

Als wir in das Gästezimmer traten, das einmal Michaels Zimmer sein sollte, blieb er an der Tür stehen. »Sehr gemütlich«, bemerkte Patrick. Dann wandte er sich Michael zu. »Komm bitte her und schau dich um. Hier wirst du dich bestimmt wohl fühlen, mein Großer.«

Aber Michael reagierte nicht. Wieder zuckte er mit den Schultern, stieß die Hände tief in die Taschen und blieb wie angewurzelt stehen. Ich sah, dass sich Patricks Gesichtszüge verhärteten. Er wollte eindeutig ein ernstes Wörtchen mit Michael reden. Um ihn davon abzuhalten, berührte ich ihn leicht am Arm und schüttelte kaum merklich den Kopf. »Können wir gleich noch kurz sprechen?«, schlug ich vor.

Patrick nickte.

»Der Rundgang ist beendet«, verkündigte ich fröhlich. »Gehen wir nach unten zu Adrian und Paula.«

Ich ging voraus. Als ich an Michael vorbeikam, klopfte ich ihm kurz auf die Schulter. Ich wollte ihm zeigen, dass ich Verständnis für ihn hatte und nicht erwartete, dass er vor Freude tanzen und singen würde.

Unten schien Adrian etwas gelassener zu sein, und auch Paula hatte ihren Frust, kein Mädchen begrüßen zu können, scheinbar vergessen. Sie hatten ein paar Brettspiele aus dem Schrank gezogen und bauten gerade eins davon auf. Die Wahl schien genau richtig zu sein: Ich sah, wie Michaels Augen aufleuchteten. »Hast du vielleicht Lust, mit Adrian und Paula zu spielen«, schlug ich vor, »während dein Dad und ich uns im Wohnzimmer unterhalten?«

Michael nickte, nahm die Hände aus den Taschen und setzte sich mit an den Tisch. »Das hab ich schon mal gespielt«, sagte er begeistert. Ich warf Patrick einen wissenden Blick zu, und er zwinkerte zurück.

»Kann ich Ihnen etwas zu trinken anbieten?«, fragte ich ihn. »Tee, Kaffee?«

»Könnte ich bitte ein Glas Wasser haben?«

»Selbstverständlich. Michael«, fragte ich, »möchtest du auch etwas trinken? Oder vielleicht ein Eis?«

Michael sah vom Tisch auf, und zum ersten Mal lächelte er mich an.

»Ist das in Ordnung?«, fragte ich seinen Vater.

Er nickte.

»Möchten Sie auch ein Eis?«

»Nein, danke. Nur Wasser, bitte«, sagte Patrick. »Vielen Dank.«

Adrian und Paula brauchte ich gar nicht erst zu fragen. Ich wusste ohnehin, was sie antworten würden. Ich ging in die Küche hinüber, nahm drei abgepackte Eis am Stiel aus der Kühltruhe, rupfte drei Papiertücher ab und kehrte damit zurück. Anschließend schenkte ich Patrick ein Glas Wasser ein, und wir gingen hinüber ins Wohnzimmer. Die Tür schloss ich hinter uns, damit die Kinder nicht alles mithören konnten.

»Ich muss mich entschuldigen«, setzte Patrick an.

»Ach was. Das war ja fast zu erwarten.«

Patrick ließ sich auf dem Sofa nieder und stieß einen Seufzer aus, anscheinend froh, endlich zu sitzen. »Jetzt geht's mir besser. Ganz schön weit von der Bushaltestelle bis hierher.«

»Sie sind mit dem Bus gekommen?«, fragte ich überrascht.

Er nickte, trank einen Schluck Wasser und sagte: »Ich habe letzten Monat meinen Wagen verkauft. Dann brauchen sich Eamon und Colleen zumindest darum nicht mehr zu kümmern. Das sind enge Freunde, die sich um die Umsetzung meines Testaments kümmern werden. Ich versuche derzeit, alles, was ich nicht mehr brauche, loszuwerden, damit es etwas einfacher für sie wird.«

Patrick sprach so pragmatisch und sachlich über seinen Tod, als ginge es um die Planung einer Auslandsreise. Es half mir, ruhig zu bleiben.

»In dieser Hinsicht ist alles geregelt«, fuhr Patrick fort. »Mein bescheidenes Vermögen wird per Treuhand verwaltet und Michael an seinem einundzwanzigsten Geburtstag ausgezahlt. Ich habe außerdem noch ein kleines Haus, das ich ebenfalls verkaufen wollte. Aber der Zeitpunkt scheint doch etwas schlecht, da es Michael bestimmt noch mehr aufregen würde. Es war seit jeher sein Zuhause, und er muss ja ohnehin schon ausziehen, wenn ich ins Krankenhaus komme. Ich wollte nicht, dass er zweimal umziehen muss.«

»Nein«, stimmte ich zu. »Das war bestimmt die richtige Entscheidung.«

Eine kurze Pause trat ein, als Patrick einen weiteren Schluck Wasser trank und ich zu ihm hinübersah. Ich mochte den Mann und hatte den Eindruck, dass er gütig und fürsorglich war, aber auch stark und pragmatisch. Trotz seiner Krankheit hatte er Charisma und Charme. Ich konnte mir gut vorstellen, wie er als junger Kerl gemeinsam mit seinen Freunden um die Häuser gezogen und Frauen nachgestiegen war. Genau wie er es in unserem ersten Gespräch gesagt hatte. Und wie er dann ein treuer Ehemann und stolzer Vater geworden war.

»Ich finde, Sie halten sich unglaublich gut«, sagte ich. »Ich glaube nicht, dass ich das so könnte.«

»Doch, bestimmt. Das könnten Sie, wenn Sie müssten«, meinte er und sah mir tief in die Augen. »Sie wären genauso stark wie ich. Um Ihrer Kinder willen. Glauben Sie mir, wenn ich morgens in aller Frühe aufwache und für mich allein bin, wenn der Schmerz kommt und ich nach meinen Medikamenten greife, dann habe ich auch meine Zweifel. Dann werde ich wütend und frage den lieben Gott, was das soll.« Er lächelte mir traurig zu.

»Und was antwortet der liebe Gott dann?«, fragte ich leichthin und erwiderte sein Lächeln.

»Dass ich Vertrauen haben soll. Und dass sich gut um Michael gekümmert werden wird. Und dem muss ich wohl zustimmen. Schließlich wurden Sie uns geschickt.«

Ich spürte, dass meine Gefühle mich zu überwältigen drohten. Die Verantwortung war enorm. »Ich tu mein Bestes«, sagte ich, »aber ich bin kein Engel.«

»Für mich sind Sie einer.«

Ich schaute zur Seite. Derart überhöht zu werden war noch unangenehmer. »Gibt es denn wirklich gar keine Hoffnung mehr?«, fragte ich leise.

»Es müsste schon ein Wunder passieren«, antwortete Patrick. »Und davon gehe ich lieber nicht aus.«

Stille. Wir sahen beide auf den Boden und vermieden den Blick des anderen. »Ich hoffe, ich habe Sie nicht verletzt«, sagte ich nach einer Weile und sah auf.

»Nein«, Patrick blickte ebenfalls auf. »Es ist wichtig, dass wir offen miteinander sprechen, und Sie können alles fragen. Die nächsten Monate werden ziemlich heftig. Natürlich müssen wir über meinen Zustand sprechen. Ich wünschte, Michael wäre in der Hinsicht etwas offener.«

»Versteht Michael, wie schlecht es um Sie bestellt ist?«, fragte ich nun.

»Ich habe es ihm ehrlich gesagt. Er weiß, dass ich sehr krank bin, dass die Behandlung leider nicht anschlägt und es wahrscheinlich nicht mehr bergauf mit mir geht. Aber ich glaube nicht, dass er sich damit abgefunden hat.«

»Spricht er mit Ihnen über seine Sorgen?«

»Nein, er wechselt lieber das Thema. Es tut mir leid, dass er vorhin so unhöflich war. Er wollte nicht herkommen.«

»Das verstehe ich«, beruhigte ich ihn. »Sie müssen sich nicht entschuldigen. Hierherzukommen bedeutet für Michael, sich einer neuen Zukunft stellen zu müssen. Einer Zukunft ohne Sie. Ehrlich gesagt versuche ich mir auszumalen, wie es für Adrian und Paula in einer vergleichbaren Situation wäre. Und ich kann es einfach nicht. Ich kann nicht mal daran denken. Und wie soll Michael damit klarkommen, wenn nicht mal eine erwachsene Frau es schafft? Er ist ja erst acht.«

»Indem er so tut, als wäre alles in Ordnung«, meinte Patrick. »Er plant tatsächlich unseren Sommerurlaub. Wir fahren immer – ich meine, wir *fuhren* immer zusammen weg. Das wird dieses Jahr nicht passieren.«

»Vielleicht ja doch«, ermutigte ich ihn. »Man weiß ja nie.«

»Wer weiß. Ich möchte ihm jedenfalls keine falschen Hoffnungen machen.«

»Nein, das werde ich auch nicht«, stellte ich schnell klar.

Lautes Gelächter tönte aus dem Nebenzimmer, wo die Kinder noch immer miteinander spielten. »Ich glaube, sie haben den Schatz gehoben«, meinte ich.

Patricks Augen strahlten, als er mich ansah. »Ich glaube, das haben Michael und ich auch.«

Sechstes Kapitel

Einsam und verängstigt

Patrick und ich unterhielten uns noch eine Weile, während die Kinder miteinander spielten. Je mehr wir übereinander erfuhren, desto natürlicher und lockerer wurde auch das Gespräch. Über die Zukunft oder seine Krankheit redeten wir gar nicht mehr, sondern hielten uns stattdessen an unsere jeweilige Vergangenheit und die vielen positiven Dinge, die wir beide erlebt hatten. Er erzählte mir von seiner schönen Kindheit in Irland und davon, wie er seine Frau Kathleen kennengelernt hatte. Auch ich teilte ein paar Kindheitserinnerungen, sprach über die ersten Jahre mit meinem Exmann John und wie wir uns damals für die Pflege entschieden hatten. Ich erzählte ihm auch, wie entsetzt ich gewesen war, als John plötzlich die Trennung verkündet hatte. Patrick war ein sehr angenehmer Gesprächspartner.

»Im Nachhinein«, sagte ich über Johns Untreue, »glaube ich, dass es durchaus Anzeichen gegeben hat: Überstunden, Besprechungen am Wochenende. Die Klassiker eben. Aber ich habe sie sehenden Auges ignoriert.«

»Absolut nachvollziehbar«, meinte Patrick. »Du hast ihm vertraut. Das ist doch der Grundstein einer guten Ehe.«

»Inzwischen bin ich nicht mehr wütend. Aber es wird noch lange dauern, bis ich ihm verziehen habe«, gab ich zu.

Patrick nickte zustimmend.

Ich setzte Teewasser für uns auf, während die Kinder weitere Brettspiele spielten. Als die Dämmerung einsetzte, sagte Patrick:

»Also gut, Cathy. Ich könnte noch den ganzen Abend hier sitzen und mich mit dir unterhalten, aber ich glaube, wir müssen langsam los. Michael muss morgen früh zur Schule, und du hast bestimmt noch viel zu tun.«

»Ist Busfahren in Ordnung?«, fragte ich. »Oder soll ich euch nach Hause fahren?«

»Das geht schon, vielen Dank. Ich bin mir sicher, du möchtest auch gern allmählich die Kinder ins Bett bringen.«

Ich lächelte. Als Alleinerziehender wusste Patrick wahrscheinlich nur zu gut über die Gute-Nacht-Rituale kleiner Kinder Bescheid: Waschen, Zähneputzen, Vorlesen, Umarmen, Gutenachtküsschen … Er hatte recht: Es war wohl tatsächlich vernünftiger, die Kinder ins Bett zu bringen, als quer durch die Stadt zu fahren.

Wir gingen zu den dreien hinüber, die gerade inmitten einer Partie Monopoly steckten. »Wir müssen los, Sohnemann«, sagte Patrick.

»Oh, darf ich bitte erst fertig spielen?«, klagte Michael theatralisch. Ich war erleichtert zu sehen, wie entspannt und gutgelaunt er nun wirkte.

»Nächstes Mal«, versprach Patrick. »Du musst doch morgen in die Schule.«

Michael zog eine Grimasse und erhob sich widerstrebend. »Kann ich dir noch beim Aufräumen helfen?«, fragte er Adrian, was ich sehr aufmerksam fand.

»Mach dir keine Gedanken«, sagte ich. »Das erledigen wir schon. Du und dein Dad müsst jetzt losgehen, sonst verpasst ihr den Bus.«

Michael und sein Vater gingen noch schnell zur Toilette, dann begleiteten Adrian, Paula und ich sie zur Haustür und verabschiedeten uns.

»Danke, Cathy«, sagte Patrick, nahm meine Hand und küsste mich auf die Wange. »Es war ein schöner Abend, oder, Michael?«

Michael nickte. Er sah viel glücklicher aus als zu Beginn des Abends. Seine Wangen waren vor Aufregung gerötet. Auch Adrian und Paula wirkten so, als hätten sie die Zeit sehr genossen. Die Zeichen für ein harmonisches Zusammenleben schienen günstig.

»Ich melde mich«, sagte Patrick, bevor er und Michael die Auffahrt hinuntergingen. »Gute Nacht und Gott segne dich.«

»Und dich!«, rief ich.

Wir sahen den beiden hinterher, dann schloss ich die Haustür. »Alles paletti?«, fragte ich die Kinder. »Hattet ihr einen schönen Abend?«

»Ja«, antwortete Adrian. »Michael ist in Ordnung.«

»Zieht Michaels Daddy auch bei uns ein?«, wollte Paula wissen.

»Nein, nur Michael«, sagte ich. »Wie kommst du darauf?«

Paula dachte nach. »Na, wenn Michaels Daddy auch zu uns kommt, kannst du dich um ihn kümmern und machen, dass er wieder gesund wird. So wie bei mir. Und wenn es ihm wieder gut geht, können wir alle zusammenleben, und Michael hat wieder eine Mummy, und wir haben wieder einen Daddy.«

Adrian schnalzte mit der Zunge.

Ich lächelte und nahm sie in den Arm. *Wenn es doch nur so einfach wäre*, dachte ich. »Es ist leider etwas komplizierter«, sagte ich. »Und du hast doch einen Daddy. Er wohnt nur nicht mehr hier.«

Nachdem die Kinder ins Bett gegangen waren, schrieb ich einen kurzen Bericht über den Besuch von Patrick und Michael. Alle Pflegeeltern sind dazu verpflichtet, ein Protokoll zu führen, in dem sie täglich Notizen über ihr Pflegekind festhalten. Insbesondere Fortschritte, physische und psychische Gesundheit, Bildung und besondere Erlebnisse sind dabei wichtig. Das Protokoll beginnt üblicherweise mit dem ersten Kontakt und endet mit der Verabschiedung. Anschließend werden die Notizen dem Sozialamt übergeben, wo sie verwahrt und auf Wunsch dem Kind – wenn es älter ist – zugänglich gemacht werden. Das Protokoll ist dabei keine reine Pflichtübung, sondern eine wichtige Quelle über die Entwicklung eines Kindes. Die Aufzeichnungen über Michael hatte ich nach dem ersten Treffen mit Patrick aufgenommen und ergänzte sie nun um unser erstes Kennenlernen. Ich schrieb nur einen kurzen Abschnitt und hielt fest, wie lange die beiden geblieben waren, dass der Besuch gut verlaufen war und dass Michael zwar zu Beginn recht verschlossen gewirkt hatte, sich jedoch gut mit Adrian und Paula verstanden hatte und die drei miteinander gespielt hatten, während Patrick und ich uns unterhalten hatten. Als ich das schrieb, kam ich mir eher so vor, als würde ich einen Tagebucheintrag verfassen. Wir hatten uns so gut verstanden, dass es gar nicht wie ein Protokoll wirkte.

Am folgenden Nachmittag rief Jill an und erkundigte sich, wie der Besuch abgelaufen sei. »Ausgezeichnet«, sagte ich. »Viel besser als erwartet. Michael war zu Beginn recht still, ist aber im Beisein von Adrian und Paula langsam aus sich herausgekommen. Patrick ist sehr nett und ein ausgesprochen angenehmer Gesprächspartner. Er hat Michael wirklich toll erzogen.«

Vielleicht hörte Jill etwas heraus, möglicherweise kannte sie mich einfach inzwischen sehr gut – in jedem Fall wies sie nach einer kurzen Pause auf Folgendes hin: »Schön, schön. Aber du solltest professionellen Abstand zu Patrick wahren. Ich weiß, wie sehr du dich für die Kinder und ihre Familien aufopferst, und er wird bald sehr viel Hilfe benötigen. Vor allem, da ihm keine Angehörigen zur Seite stehen.«

»Deshalb ist er noch lange nicht bedürftig«, verteidigte ich Patrick. »Außerdem unterstützen ihn seine Freunde.«

»Prima«, sagte Jill. »Sei einfach vorsichtig. Ich möchte nicht, dass du verletzt wirst.«

»Okay, Jill. Ich hab's verstanden. Ich pass auf mich auf.«

Jill verlegte sich darauf, mir Stellas Feedback mitzuteilen. Die Sozialarbeiterin hatte am Morgen mit Patrick gesprochen. Auch sie hatte festgehalten, dass das Treffen zufriedenstellend abgelaufen war. Patrick hatte noch einmal seinen Dank zum Ausdruck gebracht und würde am folgenden Samstag erneut zu Besuch kommen, dann vermutlich länger. Es war Freitag, wir würden uns also in etwas mehr als einer Woche sehen.

»Die Einführung dauert ein wenig länger als gewöhnlich«, schloss Jill. »Aber wenn es Michael hilft, die Trennung von Patrick besser zu verarbeiten, halte ich es für angemessen.«

»Ja, ich bin auch damit einverstanden«, stimmte ich ihr zu. »Ich würde sie gern zum Abendessen einladen.«

»Wollen wir die Besuchszeit für zwei bis sechs Uhr festhalten?«

»Ja, oder vielleicht sogar zwei bis sieben Uhr, falls sie zum Essen bleiben.«

»Alles klar. Ich setze mich mit Stella in Verbindung und melde mich dann wieder. Falls ich sie heute nicht erreiche, melde ich mich spätestens am Montag. Habt ein schönes Wochenende!«

»Danke, Jill. Das wünsche ich dir auch.«

Als Jill mich am Montag anrief, fragte sie zunächst nach unserem Wochenende und bestätigte dann, dass Patrick und Michael zur vorgeschlagenen Zeit vorbeikommen würden. Obwohl es gar nicht nötig gewesen wäre, bedankte sie sich in Patricks und Stellas Namen für mein Entgegenkommen. Tatsächlich war es eher so, als würden Freunde zu Besuch kommen. Wie eine reguläre Einführung kam es weder mir noch Adrian oder Paula vor. Sobald wir aufgelegt hatten, überlegte ich, was ich am Samstag kochen sollte. Ich wusste, dass Patrick und Michael beide Fleisch aßen, da Patrick erzählt hatte, dass er nach dem wöchentlichen Kirchenbesuch gern einen Sonntagsbraten auftischte. Also entschied ich, dass Brathähnchen mit Gemüsebeilage eine gute Wahl wäre. Zum Nachtisch könnte ich vielleicht einen Brotpudding servieren. Den hatte ich schon ewig nicht mehr gemacht, und Adrian und Paula liebten ihn.

Den Rest des Tages und noch ein wenig darüber hinaus freute ich mich über meine Pläne.

Leider konnte ich sie nie in die Tat umsetzen.

Am Donnerstagnachmittag warteten Paula und ich auf dem Schulhof auf Adrian, als plötzlich mein Handy klingelte. Ich entschuldigte mich bei einer anderen Mutter, mit der ich mich gerade unterhalten hatte, und zog das Telefon aus der Tasche. Jills Büronummer wurde angezeigt. Ich ging ein wenig zur Seite, falls das Gespräch vertraulich werden würde.

»Cathy, wo bist du?«, fragte Jill, sobald ich abgehoben hatte. »Holst du gerade Adrian von der Schule ab?« Sie sprach schnell, es schien dringend.

»Ich stehe gerade auf dem Schulhof und warte, dass er rauskommt. Was ist los?«

»Patrick wurde eben ins Krankenhaus eingeliefert. Er ist bewusstlos geworden. Eine Nachbarin hat ihn gefunden und einen Krankenwagen gerufen.«

»Ach je. Geht es ihm gut?«, fragte ich, was wahrscheinlich etwas albern war.

»Ich weiß leider noch nicht mehr, aber könntest du bitte Michael von der Schule abholen und das Wochenende über nach ihm sehen? Leider geht jetzt alles schneller als geplant. Michael wird wahrscheinlich sehr aufgebracht sein, weil es so überstürzt ist. Seine Lehrer werden nach ihm sehen, bis du da bist. Ich rufe die Schule an und sage, dass du unterwegs bist. Weißt du, wo die St. Joseph Schule ist?«

»Ja«, antwortete ich. Auch ich war fassungslos angesichts dieser Neuigkeit. »Ich mache mich auf den Weg, sobald Adrian da ist. Wie steht es um Patrick?«

»Ich weiß nicht. Ich rufe Stella an, sobald ich mich mit der Schule in Verbindung gesetzt habe. Mal sehen, was ich rausfinden kann. Wir müssen uns auch noch um Wechselwäsche für Michael und die Organisation der Krankenhausbesuche kümmern.«

»Ja«, bestätigte ich. Meine Gedanken überschlugen sich. Die Schultüren wurden geöffnet, und Kinder stürmten aus dem Gebäude. »Ich werde in fünfzehn Minuten bei Michael sein«, versprach ich Jill, dann verabschiedeten wir uns hastig. Ich steckte das Handy zurück in die Tasche und nahm Paulas Hand. »Das war Jill«, erklärte ich. »Leider geht es Michaels Daddy nicht gut. Er ist im Krankenhaus. Wir holen jetzt Michael ab, und er bleibt übers Wochenende bei uns.« Dass Jill keinen längeren Zeitraum angekündigt hatte, tröstete mich etwas.

»Ich dachte, sie kommen am Samstag zum Essen?«, fragte Paula. Ich sah, dass Adrians Klasse auf dem Weg nach draußen war.

»Nein. Nun ja, Michael wird bei uns sein, aber seinem Dad geht es nicht gut genug.«

Ich entdeckte Adrian und winkte ihm zu. Er hüpfte zu uns herüber. »Darf Jack mit uns kommen?«

»Tut mir leid, heute geht es leider nicht«, antwortete ich, als Jack seine Mutter herbeizog. »Vielleicht nächste Woche?«

»Sicher«, sagte Jacks Mutter. »Ich hab ihm schon gesagt, dass es ziemlich spontan ist.«

Adrian schnitt eine Grimasse.

»Ich melde mich noch einmal, und dann legen wir einen Tag fest«, schlug ich Jacks Mutter vor.

»Klingt gut«, meinte sie. »Komm, Jack.«

Mit einem verstimmten Adrian auf der einen und Paula auf der anderen Seite verließ ich den Schulhof. »Es tut mir leid«, sagte ich zu Adrian, »aber du hättest mich erst fragen müssen. Jill hat gerade angerufen und …«

»Michaels Daddy ist im Krankenhaus«, warf Paula ein.

»Danke, Paula«, sagte ich angespannt. »Das wollte ich Adrian gerade erklären.« Ich merkte, wie mein Stresspegel stieg.

»Wir holen Michael jetzt von der Schule ab«, erklärte ich. »Sein Daddy wurde heute ins Krankenhaus gebracht, und Michael bleibt übers Wochenende bei uns. Ich weiß, dass das alles ziemlich kurzfristig ist, aber so ist es halt. Michael wird natürlich ganz schön durcheinander sein.«

Adrian sagte nichts. Aus seinem Gesicht war jedoch jeder Ausdruck von Wut und Unzufriedenheit gewichen. Stattdessen spiegelte sich Sorge um Michael darauf wider.

Wir gingen zum Auto, und die Kinder nahmen auf den Rücksitzen Platz. Ich half Paula beim Anschnallen, während Adrian seinen Gurt selbst einrasten ließ. Dann fuhr ich zu Michaels Schule – einer katholischen Grundschule –, die auf der anderen Seite der Stadt war. Ich fuhr einen Schleichweg, um nicht das Zentrum durchqueren zu müssen. Während der Fahrt waren wir still, besorgt um Michael und seinen Vater und voller Mitgefühl für den Jungen.

Vor der Schule standen nur wenig Autos, da die meisten Kinder inzwischen abgeholt worden waren. So konnte ich direkt in erster Reihe parken. Das Gebäude war eine typische kirchliche Schule aus viktorianischen Zeiten mit hohen Fensterbögen, einem steinernen Eingangsportal und einem kleinen Spielplatz vor der Tür, der von einem hohen Stacheldrahtzaun umrahmt wurde. Ich war zwar schon einmal an der Schule vorbeigekommen, hatte sie jedoch noch nie betreten. Anscheinend hatte uns jemand kommen sehen, denn sobald ich die schwere Holztür geöffnet hatte, ging eine Sicherheitstür im Eingangsbereich auf. Es erschrak mich, plötzlich einem Pfarrer im bodenlangen schwarzen

Talar gegenüberzustehen. Auch Adrian und Paula wichen überrascht zurück.

»Sind Sie hier, um Michael abzuholen?«, fragte der Pfarrer.

»Ja, ich bin Cathy Glass.«

»Kommen Sie mit. Michael wartet im Büro des Direktors.« Er drehte sich um und ging voraus.

Wir folgten dem Pfarrer entlang eines dunkelgetäfelten Korridors. Zu beiden Seiten hingen Gemälde in riesigen Goldrahmen. Alle Motive waren religiös, und wir liefen an Maria, Jesus Christus und vielen Engeln vorbei. Es kam mir vor, als sei ich in einer anderen Ära gelandet, so stark war der Kontrast zur hellen modernen Schule mit den Kinderzeichnungen an den Wänden, die Adrian besuchte. Alles wirkte konservativ, erzkatholisch und sehr strikt. Offen gestanden fühlte ich mich ein wenig eingeschüchtert. Auch Adrian und Paula sahen sich unsicher um.

»Patrick hatte die Schulleitung bereits über seine Krankheit unterrichtet«, sagte der Pfarrer. Wir hatten eine weitere schwere Holztür erreicht, an der ein bronzenes Schild verkündete, dass das Büro des Schuldirektors dahinterlag. »Wir schließen ihn und Michael in unsre Gebete ein.«

Ich nickte.

Der Pfarrer öffnete die Tür, und wir betraten ein geräumiges, wenngleich vollgestelltes Zimmer. Auch dieser Raum wirkte so, als habe sich innerhalb der letzten zweihundert Jahre wenig verändert. Am Fenster stand ein riesiger Tisch aus Eiche. Der Stuhl dahinter war nicht besetzt. Rechter Hand saß Michael etwas verloren auf einem antiken Kapitänsstuhl. Als er sich zu uns umwandte, begegneten sich unsere Blicke. Er sah so einsam und ängstlich aus, dass mir die Tränen in die Augen stiegen.

Siebtes Kapitel

Ohnmacht

Am liebsten hätte ich Michael fest in die Arme geschlossen und getröstet. Im Beisein des Pfarrers und in der steifen Atmosphäre des Direktorenbüros traute ich mich jedoch nicht. Stattdessen fragte ich: »Geht's dir gut, Süßer?« Ich durchquerte das Zimmer, bis ich neben Michael stand, der einsam in der Ecke saß.

Er nickte kaum wahrnehmbar, und ich tätschelte sanft seine Schulter.

»Cathy nimmt dich heute mit«, erklärte der Pfarrer. Er stand nach wie vor neben der Tür.

»Wie geht es Dad?«, fragte Michael.

»Im Krankenhaus wird gut nach ihm gesehen«, antwortete ich. »Wir erfahren bestimmt bald mehr. Versuch, dir keine Sorgen zu machen.«

»Kann ich ihn besuchen?« Ich war mir nicht sicher. Jill hatte gesagt, ich solle Michael abholen und mit nach Hause nehmen. Es war keine Rede davon gewesen, ihn zum Krankenhaus zu fahren.

»Nicht gleich«, sagte ich. »Ich frage nach, wann es geht.« Michael nickte.

»Vergiss deine Tasche nicht«, brummte der Pfarrer.

Michael griff nach seinem Schulranzen, der neben ihm auf dem Boden gelegen hatte. Dann stand er langsam auf.

»Fahren Sie Michael morgen her?«, erkundigte sich der Pfarrer. »Ich glaube, es ist besser, wenn er in die Schule geht, als wenn er zu Hause Trübsal bläst.«

»Ich muss mich diesbezüglich noch mit Michaels Sozialarbeiterin absprechen«, entgegnete ich. »Ich vermute mal, dass ich ihn nach Möglichkeit herbringe. Um wie viel Uhr ist Unterrichtsbeginn?«

»Die Türen werden um acht Uhr geöffnet. Der Morgenappell beginnt pünktlich um 8.15 Uhr.« Demzufolge könnte ich Michael herbringen, bevor ich Adrian zu seiner Schule brachte, wo der Unterricht erst um 8.50 Uhr begann. Dann würde es weiter zum Kindergarten gehen, wo ich Paula um neun Uhr absetzen konnte.

Michael sattelte seinen Schulranzen auf. Dann verließen wir das Büro und folgten dem Priester erneut die Gänge entlang. Am Eingangstor verabschiedete er sich: »Pass gut auf dich auf, Michael. Ich besuche deinen Vater, falls möglich. Wir alle schließen ihn in unsere Gebete ein.«

»Danke, Vater«, antwortete Michael respektvoll. Adrian und Paula sahen mich an. Später musste ich erklären, dass katholische Pfarrer von den Gemeindemitgliedern als »Vater« angesprochen werden.

»Wann kann ich Dad sehen?«, fragte Michael, als wir den Schulhof überquerten.

»Das weiß ich noch nicht, ich warte noch auf einen Anruf deiner Sozialarbeiterin. Sobald ich was Neues erfahre, sag ich Bescheid.« Ich hoffte, dass Jill oder Stella sich bald melden würden, damit ich Michael beruhigen konnte. Außerdem musste noch geklärt werden, wann und wie wir seine Wechselwäsche besorgen sollten.

»Falls du mich nicht fahren kannst, könnte ich auch mit dem Bus zum Krankenhaus fahren«, schlug Michael vor.

Ich lächelte ihn an. »Mach dir keine Sorgen, Süßer. Ich fahre dich hin, sobald ich etwas bezüglich der Besuchszeiten erfahre.« Natürlich musste auch geklärt werden, ob Patrick schon fit genug für Besucher war. Aber ich wollte Michael deswegen nicht noch mehr beunruhigen.

»Man muss sich nicht an Besuchszeiten halten, wenn jemand Krebs im Endstadium hat«, erklärte Michael. Es war unendlich traurig, dass ein Achtjähriger so etwas wusste.

»Was heißt Endstadium?«, fragte Paula unschuldig.

»Dass jemand sehr, sehr krank ist«, antwortete ich. Michael hätte es wahrscheinlich noch ausführlicher erklären können, schwieg aber.

»Hast du deinen Dad schon mal im Krankenhaus besucht?«, wollte Adrian wissen.

Michael schüttelte den Kopf. »Dad ist für seine Chemo ins Krankenhaus gegangen. Danach konnte er aber immer direkt wieder nach Hause. Manchmal ging es ihm danach nicht gut, dann habe ich seine Hand gehalten und ihm Wasser geholt.«

Meine Seele schmerzte bei der Vorstellung, dass Michael sich in solchen Phasen ganz allein um seinen Vater gekümmert hatte. »Chemo-Behandlungen sind ganz schön heftig«, erklärte ich und fragte mich innerlich, wie lange es nun dauern würde, bis Paula wissen wollte, was genau Chemo-Behandlungen sind.

»Was ist Chemo?«, fragte sie etwa eine Sekunde später.

»Das ist ein starkes Medikament, das macht, dass Menschen gesund werden«, sagte ich.

»Meinem Dad hat es nicht geholfen«, murmelte Michael leise.

Darauf wusste ich nichts zu antworten. Auch Adrian und Paula sprachen nicht. In seinem kurzen Leben hatte Michael schon so viel mehr ausstehen müssen als jedes durchschnittliche Kind.

Wir hatten das Auto erreicht. Ich öffnete die hintere Tür, und die Kinder stiegen ein. Die ganze Fahrt über blieben sie still, und auch ich war in Gedanken versunken. Ich war nicht nur wegen Michael besorgt, sondern auch wegen Patrick. Wie krank war er?

Jill hatte gesagt, dass er zusammengebrochen sei und eine Nachbarin ihn gefunden hatte. Das könnte so ziemlich alles bedeuten, von einer kleinen Ohnmacht bis hin zum Koma. Konnte er, wie von Jill angedeutet, das Krankenhaus tatsächlich schon nach dem Wochenende wieder verlassen? Oder würde er länger bleiben müssen? Bei unseren beiden Treffen hatte Patrick verhältnismäßig fit gewirkt, und ich konnte kaum glauben, dass das Abendessen am Samstag ausfallen würde, weil er nun im Krankenhaus war. Ich wusste, dass ich um Michaels willen meine Fassung wahren musste. Wie es ihm erging, mochte man sich kaum ausmalen …

Es wäre schön, behaupten zu können, dass Adrian und Paula zu Hause angekommen wieder ganz die Alten waren. Aber so war es nicht. Als ich die Haustür aufschloss und wir das Haus betraten, kehrte die dunkle Wolke der Verzweiflung mit uns ein. Michael stand im Flur, sein Schulranzen hing ihm schräg von der Schulter, und er sah furchtbar verloren und einsam aus. Adrian und Paula flitzten normalerweise direkt nach Betreten des Hauses zum Spielen davon. Heute jedoch standen sie beklommen dreinblickend zu beiden Seiten unseres neuen Gasts.

»Kommt, wir ziehen die Schuhe und Jacken aus«, schlug ich vor. »Michael, du kannst deinen Rucksack hier im Flur lassen oder mit hoch in dein Zimmer nehmen. Du entscheidest.«

Er ließ ihn dort stehen, wo ich gerade hingedeutet hatte: am Ende des Flurs. Dann zog er beide Schuhe und seine Jacke aus. Adrian und Paula taten es ihm nach. Schließlich sahen mich alle drei an.

»Adrian, hast du vielleicht Lust, ein Spiel aus dem Schrank zu holen? Vielleicht setzt ihr drei euch zusammen, während ich das Abendessen mache?«, schlug ich vor.

Er zuckte mit den Achseln. »Können wir auch fernsehen?«

»Ja, wenn ihr das lieber möchtet.«

Sie nickten. »Möchte jemand zuerst noch ein Glas Saft trinken und eine Kleinigkeit essen?«

Sie sahen sich an und zuckten dann wieder mit den Achseln. Anschließend führte Adrian die anderen ins Wohnzimmer, wo sie fernsahen. Ich ging in die Küche und begann mit den Essensvorbereitungen.

Nichts Neues über Patrick zu wissen war in mancherlei Hinsicht das Schlimmste, da meine Fantasie durchdrehte und ich mir allerlei Schreckensszenarios ausmalte. Ich hörte den Fernseher im Hintergrund und hoffte, dass die Kinder durch eine Sendung abgelenkt wurden. Etwa fünfzehn Minuten später, als ich gerade begonnen hatte, Kartoffeln zu schälen, kam Adrian in die Küche gestürmt.

»Mum, komm schnell!«, rief er. »Michael und Paula weinen.«

Ich ließ alles stehen und liegen und rannte ins Wohnzimmer. Michael saß auf der Couch, sah mit starrem Blick Richtung Fernseher und weinte leise. Paula kauerte neben ihm und hatte ihre kurzen Ärmchen um seine Schultern gelegt. Anscheinend versuchte sie, ihn zu trösten. Dabei war auch sie in Tränen ausgebrochen.

»Adrian, schaltest du bitte den Fernseher aus?«, bat ich. Dann ging ich zum Sofa hinüber und schob Paula ein wenig zur Seite, damit ich zwischen ihr und Michael Platz nehmen konnte. Meinen einen Arm legte ich um Michael, der kerzengerade sitzen blieb, und den anderen um Paula, die sich an mich kuschelte.

»Ist schon gut«, beruhigte ich sie sanft. »Es ist vollkommen in Ordnung, aufgebracht zu sein. Das verstehe ich.«

»Ich vermisse meinen Dad«, stieß Michael weinend hervor. »Ich will bei ihm sein.«

»Das weiß ich doch, Süßer. Wenn Stella sich nicht bald meldet, werde ich sie anrufen und fragen, ob es etwas Neues gibt und wann du ihn sehen kannst.«

»Dad braucht mich«, schniefte Michael. »Wir sind nie getrennt.«

»Die Ärzte und Krankenschwestern kümmern sich gut um deinen Dad«, versuchte ich ihn zu beruhigen. »Du hast schon so viel für ihn getan. Jetzt helfen sie weiter.«

»Warum wurde ich nicht angerufen? Warum hat man ihn ins Krankenhaus gebracht?«, fragte Michael. Er schien sich für alles verantwortlich zu fühlen. »Ich kümmere mich immer um ihn, wenn es ihm schlecht geht.«

»Natürlich tust du das, Schatz. Und das hast du ganz toll gemacht, aber manchmal müssen Menschen einfach ins Krankenhaus, wenn es ihnen nicht gut geht. Die Ärzte und Krankenschwestern können dann besser helfen.« Michael saß noch immer sehr steif neben mir. Es war, als versuche er seine Verzweiflung zu kontrollieren, ganz so als ob eine Umarmung ein Zeichen von Schwäche wäre.

»Können die Ärzte helfen?«, fragte Paula, noch immer eng an mich geschmiegt. Ich schien sie etwas beruhigt zu haben, und sie weinte kaum noch.

»Sie kümmern sich darum, dass es Patrick an nichts fehlt«, sagte ich vorsichtig. Eigentlich wusste ich ja immer noch nicht, wie es ihm ging.

»Und du rufst an, wenn wir nichts hören?«, hakte Michael noch einmal nach.

»Ja. Ich warte auf einen Anruf deiner Sozialarbeiterin, aber wenn sie sich bis zum Abendessen nicht meldet, rufe ich sie an.«

»Das macht sie echt«, bestätigte Adrian. Er saß uns gegenüber auf dem Sessel und beobachtete uns betrübt. »Mum macht immer das, was sie sagt.« Sein Vertrauen rührte mich.

»Wann genau rufst du an?«, fragte Michael.

Ich sah auf die Uhr. »Wenn ich nichts mehr höre, rufe ich um halb sechs an.« Das schien Michael ein wenig zu beruhigen. Er nickte knapp und wischte sich dann mit dem Ärmel über sein Gesicht. »Ich hol dir ein Taschentuch«, sagte ich.

Ich umarmte ihn und Paula noch einmal – er ließ es lediglich über sich ergehen –, dann stand ich auf und holte eine Packung Taschentücher. Michael und Paula nahmen jeder mehrere.

»Sollen wir den Fernseher wieder anmachen?«, fragte Adrian. »Oder wollen wir lieber spielen?«

Michael zuckte mit den Schultern. »Ist mir egal.«

»Warum zeigt ihr Michael nicht eure Spielsachen?«, schlug ich vor. Ich hoffte, dass ein Blick in die Schränke, Schubladen und Kisten voller Spielsachen und Kuscheltiere eine Ablenkung sein würde.

Adrian stand auf und ging mit den beiden anderen in den Wintergarten, wo das meiste Spielzeug lag. Ich kehrte in die Küche zurück und setzte die Vorbereitungen fort. Um 17.15 Uhr klingelte endlich das Telefon. Ich nahm in der Küche ab. Mein Magen krampfte sich kurz zusammen, als ich Stellas Stimme hörte.

»Es gibt gute und schlechte Nachrichten«, kündigte sie an. »Patrick ist wieder bei Bewusstsein. Er möchte aber nicht, dass Michael ihn besucht.«

Achtes Kapitel

Im Krankenhaus

»Patrick hat sehr wenige rote Blutkörperchen, deswegen ist er zusammengebrochen«, fuhr Stella fort. »Er bekommt jetzt Bluttransfusionen. Es geht ihm nicht besonders gut, und er ist auf der Intensivstation untergebracht. Michael soll ihn dort nicht sehen, damit er sich nicht noch mehr Sorgen macht. Wenn alles glattgeht, sollte Patrick schon Montag wieder entlassen werden. Anscheinend hat Michael ihn noch nie im Krankenhaus besucht, und Patrick möchte, dass es so lange wie möglich auch dabei bleibt.«

»Verstehe«, antwortete ich zweifelnd. »Ich bin mir allerdings nicht sicher, ob das eine gute Idee ist. Michael möchte seinen Vater unbedingt sehen. Ich glaube, ihn auf der Intensivstation zu besuchen ist weniger schlimm, als ihn gar nicht zu besuchen.«

»Ja, ich weiß. Ich sehe das ähnlich. Aber Patrick möchte Michael so gut wie möglich beschützen. Das müssen wir respektieren.« Damit hatte sie natürlich recht. »Patrick würde Michael gern heute noch anrufen. Darf ich Ihre Festnetznummer weitergeben?«

»Aber natürlich.«

»Können Sie Michael vielleicht weitergeben, was ich Ihnen gerade gesagt habe? Und sagen Sie ihm bitte, dass ich eine frische Schuluniform und ein paar andere Kleinigkeiten, die er am Wochenende brauchen könnte, vorbeibringen werde. Patrick hat mir telefonisch eine kleine Liste diktiert. Ich fahre jetzt bei ihnen zu Hause vorbei. Ein Nachbarpaar hat einen Schlüssel. Danach komme ich zu Ihnen. Ich sollte ungefähr in einer Stunde da sein. Einverstanden?«

»Ja. Hat Patrick im Krankenhaus alles, was er braucht?«, fragte ich. Da er bewusstlos eingeliefert worden war, hatte er vermutlich keine Reisetasche dabei.

»Eine Nachbarin bringt Sachen für ihn vorbei. Ich habe jetzt leider keine Zeit mehr, auch noch mit Michael zu sprechen. Sagen Sie ihm bitte, was ich gesagt habe. Bis später.«

»Mache ich.«

Ich legte den Hörer auf und ging ins Wohnzimmer, um den Kindern alles zu erzählen. Michael kam mir entgegen. Vermutlich hatte er das Telefon klingeln gehört. Er sah mich besorgt an und schien schlechte Neuigkeiten zu erwarten. »Alles in Ordnung«, sagte ich schnell. »Deinem Dad geht es gut. Er bekommt eine Bluttransfusion und wird das Krankenhaus am Montag wieder verlassen.« Sein Gesicht leuchtete auf. »Weißt du, was eine Bluttransfusion ist?«, fragte ich.

Er nickte. »Wann kann ich ihn sehen?«

»Er ruft nachher an. Weil er nur so kurz im Krankenhaus ist, musst du nicht extra hinfahren. Er freut sich, dich nach seiner Entlassung wieder in eurem Haus zu sehen.«

Ich hatte es so gut ausgedrückt, wie ich konnte. Aber natürlich sagte Michael: »Aber ich will ihn jetzt sehen. Oder spätestens morgen. Du hast gesagt, dass wir ihn besuchen.«

Das stimmte nicht ganz, aber das war nebensächlich.

»Ich muss das machen, was dein Vater für das Beste hält«, erklärte ich sanft. »Ich kann seine Wünsche nicht ignorieren. Er möchte lieber mit dir telefonieren. Es geht doch nur um drei Tage. Er hat Stella gesagt, was du für morgen und das Wochenende brauchst. Sie kommt gleich vorbei und bringt die Sachen. Dann kann sie auch noch mehr dazu sagen. Genau wie dein Vater, wenn er nachher anruft. Einverstanden, Spätzchen?« Michael nickte kurz und schien sich mit den Umständen abzufinden. »Rufst du Adrian und Paula bitte zum Abendessen?«

Michael nickte erneut und zog dann los, um die beiden zu holen. Kurz darauf kamen alle drei in die Küche, und ich bekam gerade noch mit, wie Michael den anderen erklärte, dass es seinem Vater besser ging und er später anrufen würde. Er schien zu begreifen, dass das nicht bedeutete, dass Patrick vollkommen genesen würde. Ich war mir jedoch nicht sicher, ob Adrian und Paula das auch verstanden. Ihrer Erfahrung nach wurden kranke Menschen irgendwann wieder gesund.

Ich hatte recht.

»Michaels Daddy geht es besser«, verkündete Paula, als wir uns an den Tisch setzten. »Er stirbt nicht.«

»Noch nicht«, schob Michael schnell ein und ersparte mir so ein schwieriges Gespräch.

Ich sah zu ihm hinüber und lächelte ermutigend. Er lächelte zurück. Seinem Gesichtsausdruck war deutlich weniger Anspannung abzulesen. Auch wenn es Patrick nur kurzfristig besser ging, freute ich mich auch darüber. Vielleicht gab es ja doch noch Hoffnung …

»Wir machen uns ein schönes Wochenende«, sagte ich zu Michael. »Worauf hast du Lust?«

Michael stierte einen Moment lang nachdenklich in die Luft und schlug dann leise vor: »Können wir vielleicht schwimmen gehen? Das haben Dad und ich früher jeden Samstag gemacht.«

»Gern!«, rief ich begeistert. Ich war froh, dass er etwas vorschlug, und fühlte mich geehrt, dass es etwas war, das er bisher mit seinem Vater gemacht hatte. »Darauf hätte ich auch Lust.« Adrian und Paula nickten zustimmend. »Wir gehen am Samstagmorgen«, sagte ich. »Ich vermute mal, dass Stella keine Schwimmsachen für dich mitbringen wird. Ich werde dir also neue Badeshorts besorgen. Vermutlich trägst du die gleiche Größe wie Adrian.«

Michael grinste. Seine blauen Augen nahmen dabei eine leicht mandelförmige Form an, genau wie Patricks. »Danke, Cathy. Darf ich Sie so nennen? Oder lieber Mrs Glass?«

»Cathy und ›du‹ sind in Ordnung«, sagte ich, während Adrian und Paula in lautes Gelächter ausbrachen.

Erfreulicherweise hatte Michael seinen Appetit nicht verloren und langte beim Abendessen kräftig zu. Danach spielte er mit Adrian und Paula, während ich aufräumte. Um 18.45 Uhr klingelte es. *Wahrscheinlich Stella*, dachte ich. Die Kinder rannten in den Flur, und ich öffnete die Tür.

»Das ist ja mal ein Empfangskomitee!«, sagte Stella lachend. »Wie geht es euch?«

»Gut«, antworteten die Kinder im Chor.

Stella hatte Adrian und Paula bisher noch nicht kennengelernt, also stellte ich die beiden vor, als sie eintrat und eine große Reisetasche im Flur abstellte.

»Meine Sachen«, stellte Michael überrascht fest. Es war vermutlich komisch, die Reisetasche plötzlich in unserem Flur zu sehen.

»Richtig«, bestätigte Stella. »Dein Dad hat mir gesagt, wo ich sie finde, und auch, was du brauchst. Hoffentlich habe ich an alles gedacht. Eure Nachbarin Mrs Harvey hat mir aufgemacht. Sie und ihr Mann lassen dich herzlich grüßen.«

»Wann kann ich Dad sehen?«, fragte Michael.

Stella sah zu mir hinüber. »Darüber haben wir schon gesprochen«, versicherte ich. Wir standen noch immer im Flur. »Sollen wir ins Wohnzimmer hinübergehen?«, schlug ich vor.

»Ja, aber nur kurz«, sagte Stella. »Es wird langsam spät, und ich muss allmählich nach Hause. Ich muss noch einen Bericht schreiben.«

Wir gingen ins Wohnzimmer. Michael nahm zwischen Adrian und Paula auf dem Sofa Platz. Stella ging vor ihnen in die Hocke und erklärte noch einmal, dass Patrick ausdrücklich gewünscht hatte, Michael den Aufwand eines Besuches zu ersparen, da er ohnehin nur kurz im Krankenhaus sei. Genau wie ich ließ auch sie aus, dass Patrick außerdem nicht wollte, dass Michael ihn in seiner aktuellen Verfassung zu Gesicht bekam. Alle drei Kinder nickten verständnisvoll.

»Dein Dad ruft nachher an«, versprach Stella und sah Michael an. »Wahrscheinlich gegen halb acht. Im Gang ist ein mobiler Münzfernsprecher, von dem aus er sich melden kann. Handys sind, soweit ich weiß, im Krankenhaus nicht erlaubt.«

Die Kinder nickten erneut. Paula griff nach Michaels Hand und tätschelte sie beruhigend, so wie ich es sonst immer bei ihr machte, wenn sie aufgeregt war. »Dein Daddy kann den mobilen Münzfernsprecher benutzen«, sagte sie besänftigend. Dann wandte sie sich an Stella und fragte: »Was ist ein mobiler Münzfernsprecher?«

»Das ist ein Telefon, das man von einem Ort zum anderen tragen kann, sodass viele Menschen es benutzen können«, erklärte Stella.

»Das ist gut, oder Michael?« fragte Paula. »Alle Menschen können es benutzen.«

Michael lächelte nachsichtig und nickte. Er war sehr lieb zu Paula, vor allem wenn man bedachte, dass er ohne kleine Geschwister aufgewachsen war.

»Na, du scheinst hier ja bestens aufgehoben zu sein«, sagte Stella und stand auf. »Deinem Dad geht es gut, versuch dir also keine Sorgen zu machen. Er hofft, dass du morgen in die Schule gehst.« Michael nickte. »Wenn es nichts Weiteres gibt, mache ich mich auf den Weg.« Stella hielt inne und wartete, ob Michael noch etwas fragen würde. Er blieb still. »In Ordnung«, schloss sie. »Ich rufe Cathy am Montag an und gebe Bescheid, ob dein Dad das Krankenhaus verlassen durfte.«

Michael nickte und sagte dann fröhlich: »Am Samstag gehen wir schwimmen, genau wie Dad und ich früher.«

»Super«, antwortete Stella. »Hab ein schönes Wochenende und mach dir keine Gedanken. Dein Dad ist bestens versorgt.«

Sie verabschiedete sich von den Kindern, und wir gingen zu zweit zur Wohnungstür. Im Hintergrund konnten wir die tollkühnen Schwimmabenteuer hören, die Michael und Adrian für unseren Badeausflug planten. Paula war keine Wasserratte und lauschte still.

»Eine kleine Auszeit tut Michael vielleicht ganz gut«, flüsterte Stella mir zu. »Ich hab ihn schon lange nicht mehr so animiert gesehen. Normalerweise spricht er fast nur darüber, welche Tabletten sein Dad nehmen muss. Schön, dass er mal den Kopf frei bekommt und einfach Kind sein kann. Vielen Dank für Ihre Hilfe.«

»Sie müssen sich nicht bedanken«, sagte ich etwas peinlich berührt. »Michael ist ein toller Junge. Ich wünschte nur, die Umstände wären anders.«

Stella nickte. »Das wünsche ich mir auch, Cathy. Es ist so schrecklich traurig.«

Nachdem ich mich von Stella verabschiedet hatte, ging ich zurück ins Wohnzimmer und verkündete, dass Paula allmählich schlafen musste. »Schule und Kindergarten morgen«, erinnerte ich sie. »Also ab ins Bett.« Adrian und Michael lachten feixend. »Jungs«, fuhr ich fort, »sobald Paula im Bad fertig ist, geht ihr bitte auch nach oben. An Schultagen muss Adrian um acht Uhr ins Bett«, erklärte ich Michael.

»Ich auch«, gab Michael zu. »Aber was machen wir, wenn Dad erst anruft, wenn ich schon schlafe?«

»Dann wecke ich dich. Mach dir keine Sorgen. Du wirst heute auf jeden Fall noch mit deinem Dad sprechen. So, jetzt bringe ich deine Tasche nach oben. Paula, sag den anderen gute Nacht.«

»Gute Nacht«, murmelte sie widerstrebend. Scheinbar wollte sie sich noch nicht von ihnen trennen. Sie hielt ihnen ihre Wange für einen Gutenachtkuss entgegen. Erst Adrian, wie immer, und dann Michael, der ihr auch einen kleinen Schmatzer verpasste.

»Gut gemacht«, sagte ich.

Sie winkte noch einmal und ging dann hinaus. »Träumt schön«, rief sie.

»Nacht!«, riefen die Jungs. »Schlaf gut«, fügte Michael an. Vermutlich war das die Grußformel, die er und sein Vater benutzten.

Oben stellte ich Michaels Tasche in seinem Zimmer ab und ließ dann ein Bad für Paula ein. Immer wieder horchte ich nach dem Telefon. Es war inzwischen 19.15 Uhr. Stella hatte gesagt, dass Patrick gegen halb acht anrufen würde. Ich hoffte, es würde nicht mehr lange dauern. Meiner Erfahrung nach regt es Kinder sehr auf, wenn Absprachen nicht eingehalten werden. Und umso schlimmer wird es, wenn sie müde sind. Probleme sehen oft ganz anders aus, wenn sie erst einmal geschlafen haben. Zu meiner Erleichterung klingelte es um 19.45 Uhr endlich.

»Cathy, das Telefon!«, rief Michael von unten. »Darf ich drangehen?«

Ich stand schon am oberen Treppenabsatz und wollte gerade von meinem Schlafzimmer aus abnehmen. »Warte bitte eben«, rief ich. Ich wollte zunächst sichergehen, dass auch tatsächlich Patrick am Apparat war.

Ich hob den Hörer ab. Schon bevor Patrick etwas sagte, wusste ich, dass er am anderen Ende der Leitung war. Er rang angestrengt nach Atem, bevor er sprach.

»Hi, Patrick. Wie geht es dir?«, schoss ich los. »Schön, dass du anrufst.«

»Ich freue mich auch, deine Stimme zu hören«, sagte er und atmete erneut tief ein. »Danke, dass du Michael so kurzfristig bei euch aufgenommen hast.«

»Keine Ursache.«

»Ich fürchte, wir müssen unser Abendessen verschieben.« Er stieß ein heiseres Lachen aus. »Echt schade. Ich hatte schon eine schöne Flasche Wein besorgt.«

»Es ist immer wieder unglaublich, was sich die Leute alles einfallen lassen, um meinen Kochkünsten zu entkommen«, witzelte ich. Er lachte noch einmal. Ich merkte, wie viel Kraft ihn das Sprechen und Lachen kostete. Sein Atem ging noch schwerer als zuvor. »Ich hole Michael an den Apparat«, sagte ich. »Er wartet am anderen Gerät. Vielleicht können wir danach noch kurz sprechen?«

Eine kurze Pause entstand, als Patrick um Atem rang. »Können wir uns vielleicht morgen weiterunterhalten, Cathy?«, fragte er. »Mir geht es gerade nicht so gut. Ich bin ziemlich erschöpft. Die Ärzte meinen, dass es mir nach der Bluttransfusion besser gehen wird.«

»Klar, kein Problem. Pass gut auf dich auf. Ich schalte jetzt zu Michael um.«

»Danke. Hat die Sozialarbeiterin seine Sachen vorbeigebracht?«

»Ja. Mach dir keine Sorgen. Es geht ihm gut, und er hat alles, was er braucht. Ich stelle jetzt durch.«

»Danke.«

Ich legte den Hörer neben das Telefon und rief Michael zu, er solle von unten abheben. Ich wartete, bis ich hörte, dass er seinen Vater begrüßte. Dann sah ich noch einmal nach Paula.

»War das Michaels Daddy?«, fragte sie.

»Ja, Schatz.«

»Benutzt er den mobilen Münzfernsprecher?«

Ich grinste. »Tut er. Schlaf jetzt, Paula. Es ist schon spät, und morgen früh musst du in den Kindergarten.«

Sie kuschelte sich in ihre Decke. Ich umarmte sie und gab ihr einen Gutenachtkuss. Dann verließ ich ihr Zimmer und blieb kurz am oberen Treppenabsatz stehen. Ich konnte Michael sehen, er stand mit dem Rücken zu mir und lauschte seinem Vater. Ich konnte nicht hören, was Patrick sagte, aber ich vermutete, dass er versuchte Michael zu beruhigen. Als ich hinunterging, hörte ich Michael sagen: »Am Montag sehen wir uns wieder zu Hause. Versprochen?«

Neuntes Kapitel

Erhörte Gebete

Ich ging ins Wohnzimmer, wo Adrian gerade eine Zeitschrift las, und schloss die Tür zur Diele, sodass Michael ungestört telefonieren konnte. Es bestand kein Bedarf, dem Gespräch beizuwohnen (was durchaus bei anderen Kindern vorkam). Michael war kein misshandeltes Kind, das vor seinen Eltern beschützt werden musste – ganz im Gegenteil: Er wurde sehr geliebt. Das machte es fast noch trauriger.

Michael sprach noch etwa fünf Minuten mit seinem Vater und kam dann zu Adrian und mir ins Wohnzimmer. Sobald er eintrat, merkte ich, dass er wieder aufgewühlt und traurig war. Von dem kleinen Jungen, der sich auf einen Badeausflug freute, war nichts mehr zu sehen. Stattdessen stand ein niedergeschlagener Tropf vor uns, der unter der Last seiner Sorgen und Verantwortung zu zerbrechen drohte.

»Dad ist sehr müde«, sagte er und blieb zerstreut in der Zimmermitte stehen. »Er konnte nicht lange sprechen.«

Ich stand auf, ging zu ihm hinüber und legte sanft die Hand auf seine Schulter. »Ich weiß, Schatz. Es geht ihm gerade nicht so gut, aber sobald die Bluttransfusion durch ist, wird es wieder besser.«

Michael nickte kurz, sagte jedoch nichts. Es war schon nach acht Uhr, und ich war mir sicher, dass er dringend schlafen musste. Er sah total erschöpft aus. Ich bat die Jungs, sich bettfertig zu machen. Adrian legte die Zeitschrift beiseite, und wir gingen gemeinsam nach oben. Adrian duschte, und Michael und ich gingen in sein Zimmer, wo ich begann, seine Tasche auszupacken. Das machte Michael sichtlich nervös.

»Können meine Sachen nicht in der Tasche bleiben?«, fragte er besorgt. »Ich bin doch nur übers Wochenende da.«

Vermutlich erschrak er vor der Endgültigkeit, seine Sachen in einen fremden Schrank zu räumen, und hatte Angst, dass der Krankenhausaufenthalt seines Vaters sich dadurch irgendwie verlängern könnte.

»Ja, wenn es dir so lieber ist«, sagte ich. »Sollen wir nur das ausräumen, was du direkt brauchst? Und Kleidung für morgen?« Er nickte, dann holte er seinen Schlafanzug, Waschzeug und eine frische Schuluniform aus der Tasche. Als ich mich wieder hinstellte, zog Michael schnell den Reißverschluss zu, sodass der Rest sicher eingepackt blieb.

Adrian war inzwischen bettfertig, und ich ging mit Michael ins Badezimmer, zeigte ihm, wie man unsere Dusche benutzt, und prüfte noch einmal, ob er alles Notwendige hatte. Dann ging ich hinaus, damit er in Ruhe die Zähne putzen und seinen Schlafanzug anziehen konnte. Ich sah noch einmal nach Paula, die bereits fest eingeschlafen war. Ihr kleiner Mund war leicht geöffnet und sie atmete tief ein und aus. Dann ging ich zu Adrian hinüber. Er saß im Bett und war, wie so oft, in ein Buch vertieft. Ich gab ihm einen Gutenachtkuss und erinnerte noch einmal daran, dass er um neun Uhr das Licht ausmachen sollte. Anschließend ging ich in mein eigenes Schlafzimmer, das direkt ans Bad angrenzt, und wartete darauf, dass Michael hinauskam. Ein fremdes Haus mit ungewohnten Tagesabläufen kann ein Kind ziemlich durcheinanderbringen. Und für Michael, der ohnehin sehr um seinen Vater besorgt war, war es bestimmt noch schwieriger.

Ein paar Minuten später kam er zögerlich mit seiner Kulturtasche aus dem Bad.

»Möchtest du deine Sachen im Bad stehen lassen?«, fragte ich und ging zu ihm.

Michael schüttelte den Kopf.

»In Ordnung. Dann bringe ich dich jetzt ins Bett. Falls du nachts etwas brauchst, kannst du einfach an meine Tür klopfen. Hier schlafe ich.« Ich zeigte hinter mich.

Michael nickte, und wir gingen zu seinem Zimmer hinüber. »Die erste Nacht ist wahrscheinlich ein bisschen komisch«, sagte ich. »Falls du aufwachst und nicht weißt, wo du bist, kannst du mich auch rufen. Sollen die Vorhänge nachts lieber offen oder geschlossen sein?«

»Geschlossen«, antwortete Michael, zog seine Reisetasche auf und legte seinen Kulturbeutel hinein. »Meistens mache ich sie aber nicht ganz zu, damit ich die Sterne sehen kann. Können wir das auch so machen?«

»Natürlich, Spätzchen, ganz wie du magst«, ich zog die Gardinen zu und ließ ein kleines Stück in der Mitte offen. Es war stockdunkel, aber sternenklar. Tausende kleine Lichter blinzelten am Himmel.

Michael stellte sich neben mich ans Fenster und sah nach oben. »Mein Dad mag die Sterne«, flüsterte er leise. »Er sagt, dass sie ihn an das Jenseits erinnern.«

Ich spürte, wie sich mir der Hals zuschnürte. »Sie sind wirklich wunderschön«, stimmte ich zu. »Wenn ich etwas sehe, das so atemberaubend und gewaltig ist, wirken meine Sorgen immer direkt viel kleiner.«

»Glaubst du, dass es einen Himmel gibt?«, fragte Michael plötzlich und sah mich an.

Ich wusste, dass er Vergewisserung suchte. »Das möchte ich gern«, antwortete ich. »Glaubst du daran?«

»Ja«, sagte er bestimmt. »Meine Mummy ist da. Und wenn die Zeit für meinen Dad gekommen ist, werden Engel aus dem

Himmel kommen und ihn mitnehmen. Dann sind sie wieder zusammen. Mein Dad glaubt daran und ich auch.«

Ich lächelte traurig. Wir standen noch einen Moment Seite an Seite und sahen in den riesigen, unergründlichen Nachthimmel. Neben mir stand ein Kind, das an die Wiedervereinigung seiner Eltern im Himmel glaubte. Es war ein bewegender Augenblick, an den ich mich immer erinnern werde.

Schließlich drehte Michael sich um und ging Richtung Bett. »Ich sage noch meine Abendgebete und schlafe dann«, erklärte er. Ich sah zu, wie er sich bekreuzigte und anschließend neben dem Bett niederkniete. Er stützte die Ellbogen auf die Bettkante und sagte dann: »Alle, die mit mir verwandt, Gott, lass ruh'n in Deiner Hand. Alle Menschen, groß und klein, sollen Dir befohlen sein. Kranken Herzen sende Ruh, nasse Augen schließe zu. Lass den Mond am Himmel steh'n und die stille Welt beseh'n.« Michael hielt kurz inne, dann beendete er sein Gebet mit nach wie vor fest geschlossenen Augen und gefalteten Händen: »Lieber Gott, ich weiß, dass du meinen Daddy willst. Aber ich bin nur kurz bei Cathy und habe mich noch nicht verabschiedet. Bitte schick deine Engel noch nicht.«

Michael bekreuzigte sich wieder, stand auf und legte sich ins Bett. Seine Tapferkeit beeindruckte mich, und ich erkannte, wie viel Halt ihm der Glaube schenkte. In dem Moment fiel mir ein, dass wir noch nicht besprochen hatten, ob ich Michael auch schon an diesem Sonntag zur Kirche bringen sollte. Ich nahm mir vor, so bald wie möglich mit Stella oder Patrick darüber zu reden.

»Schlaf gut, mein Spatz«, sagte ich und deckte Michael zu.

»Gute Nacht, Cathy. Danke, dass du dich um mich kümmerst.«

»Du brauchst dich nicht zu bedanken«, versicherte ich ihm. »Es ist schön, dass du bei uns bist. Träum was Schönes. Ich werde dich morgen rechtzeitig wecken. Ruf mich, falls du nachts etwas brauchst.«

Er nickte. Ich küsste seine Stirn und ging zur Tür.

»Cathy«, rief Michael.

Ich hielt inne. »Ja, Süßer?«

»Wo ist der Daddy von Adrian und Paula? Im Himmel?«

Nie und nimmer, dachte ich ungnädig, sagte jedoch nichts.

»Nein, er wohnt nur nicht mehr hier. Adrian und Paula sehen ihn aber noch.«

»Wie traurig. Ein Junge in meiner Klasse wohnt auch bei seiner Mummy, weil sein Dad sie verlassen hat. Sie lassen sich scheiden.«

Ich nickte kurz, wünschte noch einmal eine gute Nacht und verließ sein Zimmer. Michael hatte einen wunden Punkt erwischt. Ich würde demnächst die Scheidung einreichen müssen, damit unsere Ehe auch vor dem Gesetz beendet war. Rein emotional war ich darüber hinweg.

Offensichtlich war Michael ziemlich erschöpft gewesen, denn er hatte mich nachts nicht aufgeweckt, und als ich morgens um sieben nach ihm sah, schlief er noch immer tief und fest. Ich weckte ihn vorsichtig und sagte, dass er sich allmählich für die Schule fertig machen müsse. Er gähnte herzhaft, wünschte mir einen guten Morgen und stand direkt auf. Dann wusch er sich und zog sich schnell an und kam als Erster zum Frühstück herunter. Er war auch der Erste, der gegessen, die Zähne geputzt und mit Jacke und Schultasche ausstaffiert im Flur wartete. Ich vermutete, dass er schon gewohnt war, sich morgens alleine fertig zu machen. Wie die meisten Kinder ihres Alters brauchten Adrian und Paula noch Unterstützung und ständige Erinnerungen, wie spät es war.

Michael wirkte entspannt und plauderte die ganze Fahrt über. Pünktlich um acht kamen wir an seiner Schule an, stiegen aus und verabschiedeten uns auf dem Schulhof. Michael ging zu den anderen Kindern, die bis zum Läuten der Pausenglocke unter dem wachsamen Blick einer Aufsichtsperson spielten. Adrian, Paula und ich gingen zum Auto zurück und fuhren zu Adrians Schule, die nur etwa fünf Minuten von unserem Haus entfernt war. Paula und ich warteten gemeinsam mit Adrian, bis um 8.50 Uhr ein Pfeifen ertönte, das den Schulbeginn verkündete. Dann gingen wir um das Gebäude herum zu Paulas Kindergarten, der direkt an die Schule angrenzte. Paula und ich verabschiedeten uns, und ich kehrte zum Wagen zurück.

Ich fuhr in Richtung High Street, wo ich unter anderem eine Badehose für Michael kaufen wollte. Glücklicherweise war April und es wurde schon reichlich Bademode angeboten. Ich entschied mich für ein dunkelblaues Modell, da ich Michaels Geschmack nicht kannte und ihn nicht mit grellen Farben und wildem Muster erschrecken wollte. Als ich endlich nach Hause kam, war es bereits 10.45 Uhr. Zeit für einen schnellen Kaffee, bevor ich Paula wieder abholen musste. Als ich gerade die Tür aufschloss, klingelte das Telefon. Ich nahm mit der einen Hand ab, während ich mit der anderen meinen Mantel auszog. Es war Jill, die fragte, wie es Michael ging.

»Gestern Abend war er ziemlich aufgelöst«, sagte ich. »Aber nach und nach wurde es besser, und er hat ordentlich zu Abend gegessen. Er scheint auch gut geschlafen zu haben und wirkte heute Morgen recht entspannt.«

»Und jetzt ist er in der Schule?«

»Ja, Patrick hatte sich das explizit so gewünscht. Michael hat sich heute Morgen vollkommen ohne meine Hilfe fertig gemacht.«

»Das muss er wahrscheinlich schon länger, so wie es Patrick geht«, sagte Jill. »Es gibt übrigens noch ein Formular auszufüllen, das bringe ich dir nächstes Mal mit. Ich behandle die Wochenendbetreuung als ›Erholung‹, sodass nicht noch mehr Papierkram anfällt.« Jill bezog sich auf gesetzlich vorgeschriebene Dokumente, die jede Betreuungsperson auszufüllen hat. Da Michael nur für das Wochenende bei uns war, hatte sie angegeben, dass es sich um eine Erholungsauszeit handeln würde. So musste ich nur ein Dokument statt der zahlreichen Formulare, die bei einem längeren Aufenthalt anfallen, ausfüllen. »Habt ein schönes Wochenende. Ich melde mich Montag wieder«, verabschiedete sie sich. »Wie immer kannst du uns im Notfall auch rund um die Uhr erreichen. Ich kann mir aber kaum vorstellen, dass das bei Michael nötig sein wird.«

»Glaube ich auch nicht«, stimmte ich zu. »Ganz im Gegenteil.« »Notfälle« bedeuten gemeinhin, dass ein Kind sich sehr schlecht benimmt und die Betreuungsperson Rat braucht. Oder dass ein Teenager nicht zur vereinbarten Zeit zurückkommt und Nachforschungen angestellt werden müssen. Beides hielt ich in Michaels Fall für ausgeschlossen.

Wir verabschiedeten uns, und ich legte auf. Als ich gerade meinen Mantel aufhängen wollte, klingelte das Telefon erneut. Diesmal war Stella dran und erkundigte sich, wie es Michael ging. Ich wiederholte alles, was ich zuvor zu Jill gesagt hatte. Dann fragte ich: »Soll ich Michael am Sonntag zur Kirche fahren?«

»Ich bin mir nicht sicher«, antwortete Jill. »Ich spreche nachher mit Patrick. Falls ja, melde ich mich noch einmal.«

Wie sich herausstellte, war das nicht notwendig. Etwa zehn Minuten später, als gerade das Kaffeewasser kochte, klingelte es wieder, und Patrick war am Apparat. Ich merkte sofort, dass es ihm besser ging.

»Einen wunderschönen Morgen, liebe Cathy«, grüßte er beschwingt. Seine irische Herzlichkeit schwang in jedem Wort mit. »Wir geht es dir an diesem herrlichen Frühlingstag?« Offen gestanden war ich derart beschäftigt gewesen, dass mir das schöne Wetter noch gar nicht aufgefallen war.

»Mir geht es ausgezeichnet«, gab ich zurück. Es war eine große Erleichterung, ihn so fröhlich zu hören. »Und du scheinst dich ja auch schon wieder besser zu fühlen.«

»Allerdings, das tue ich. Die scheinen mir guten Stoff zu verpassen. Könnte ich jetzt noch ein kühles Guinness trinken, wäre mein Leben perfekt.« Ich lachte. »Vielleicht komme ich schon vor Montag nach Hause.«

»Hör lieber auf die Ärzte«, ermahnte ich ihn vorsichtig.

»Das mache ich, Cathy. Wie geht es meinem kleinen Mann?«

»Michael geht es gut. Nach dem Telefonat gestern Abend hat er noch gebetet und ist dann sofort eingeschlafen. Zum Frühstück hat er eine Schüssel Porridge gegessen und ist dann pünktlich zur Schule gegangen.«

»Du bist wirklich wunderbar. Wann kann ich dich heiraten?«, witzelte Patrick.

»Immer ruhig mit den Pferden«, sagte ich lachend. »Nicht dass du vor lauter Hektik einen Rückfall erleidest.«

»Das wäre es bestimmt wert, Cathy.« Er seufzte theatralisch.

Ich lachte noch einmal. Dann wurde ich ernst. »Es freut mich, dass es dir wieder besser geht. Wir haben uns gestern große Sorgen gemacht.«

»Ich mir auch, Cathy. Ich hab echt gedacht, das war's. Aber scheinbar möchte mich der Herr noch nicht zu sich holen.«

»Vielleicht hat Michaels Gebet geholfen«, sagte ich.

»Tatsächlich? Wofür hat er denn gebetet?«

»Er hat erklärt, dass er bei uns untergekommen ist und sich noch nicht verabschieden konnte. Daher sollten die Engel noch nicht kommen.«

»Normalerweise wünscht er sich, dass ich wieder gesund werde. Der arme Junge. Es wundert mich manchmal, dass sein Gottvertrauen noch nicht unter der Situation gelitten hat.«

»Na, anscheinend hatte jemand da oben ein offenes Ohr.

Sonst wärst du bestimmt nicht schon wieder so fit wie ein Turnschuh und zu allen Schandtaten bereit.«

»Denkbar«, sagte Patrick. Dann wechselte er das Thema, und ich überlegte im Stillen, ob er seinen Glauben manchmal in Frage stellte. Das wäre nur nachvollziehbar.

Wir unterhielten uns noch ein bisschen, und schließlich fragte ich, ob ich Michael am Sonntag zur Kirche bringen sollte. Patrick wiederholte noch einmal, dass er bis dahin hoffentlich nicht mehr im Krankenhaus sein sollte. Falls doch, wäre er damit einverstanden, dass Michael einen Gottesdienst versäumen und erst in der Folgewoche wieder mit ihm gemeinsam in die Kirche gehen würde. Wir plauderten noch länger, doch nach einer halben Stunde fiel mir auf, dass es bereits Zeit war, Paula vom Kindergarten abzuholen.

»Musst du wirklich schon los?«, fragte Patrick. Er klang enttäuscht.

»Ich fürchte, ja.«

»In Ordnung. Ich melde mich heute Abend noch einmal, um mit Michael zu sprechen. Ich versuche, diesmal etwas eher anzurufen.«

»Das passt schon.«

Wir verabschiedeten uns, und ich nahm meinen Mantel von der Garderobe. Zeitgleich schlüpfte ich in meine Schuhe. So oft wie möglich versuchte ich, Paula zu Fuß vom Kindergarten abzuholen. Um nicht zu spät zu kommen, würde ich jetzt allerdings ein steiles Tempo vorlegen müssen. Ich prüfte, ob mein Schlüsselbund noch in der Manteltasche war, ging hinaus und zog die Tür hinter mir zu. Patrick hatte recht: Der Tag war wunderschön. Meinen Mantel hätte ich nicht unbedingt gebraucht.

Ich ging los, spürte das warme Sonnenlicht auf meinem Gesicht und atmete die frische Frühlingsluft ein. In Gedanken war ich noch bei dem Gespräch mit Patrick, verschiedene Wortfetzen gingen mir durch den Kopf. Sein sanfter irischer Akzent umschmeichelte jedes von ihm gesprochene Wort, und seine Sätze klangen wie schöne Melodien. Ich konnte mir nicht vorstellen, dass er jemals schreien oder Gemeinheiten von sich geben könnte. Seine Stimme war angenehm, sanft und einfühlsam. Es war aber auch die Stimme eines Mannes, der Leid erfahren hatte. Und trotzdem klang er so lebendig, dass man sich kaum vorstellen konnte, dass seine Tage gezählt waren. Seine Enttäuschung über meine rasche Verabschiedung klang nach. Dann durchdrang Jills Ermahnung meine Gedanken: »Er wird bald sehr viel Hilfe benötigen … Ich möchte nicht, dass du verletzt wirst.« Aber ich war ja nicht dumm, und was konnte schon falsch daran sein, dass Patrick und ich einander mochten?

Zehntes Kapitel

Kind sein

Der Freitag verlief wie geplant. Ich holte Paula vom Kindergarten ab (pünktlich) und zwei Stunden später auch Michael und Adrian von ihren jeweiligen Schulen. Die Jungen freuten sich auf das Wochenende. Ich erzählte Michael, dass sein Vater angerufen hatte und sich später noch einmal melden würde. Ich sagte ihm, dass er schon viel besser geklungen hatte. Dass er das Krankenhaus schon eher verlassen wollte, behielt ich jedoch lieber für mich. Ich wollte Michael keine falschen Hoffnungen machen. Als wir zu Hause ankamen, zeigte ich ihm die Badehose, die ich für ihn gekauft hatte. Da er weder in Gelächter ausbrach noch eine Grimasse schnitt, nahm ich an, dass sie ihm gefiel und er sich nicht schämen würde, sie zu tragen. Von Adrian wusste ich, dass auch achtjährige Jungen durchaus Wert auf ihre Kleidung legen.

Patrick rief um fünf Uhr an und plauderte etwa eine halbe Stunde lang mit Michael. Ich bereitete unterdessen das Abendessen vor. Als Michael sich schließlich von seinem Vater verabschiedete, wirkte er wie ausgewechselt. Am Vorabend war er aufgebracht und nervös gewesen, und er hatte befürchtet, sich nicht von seinem Vater verabschieden zu können. Jetzt lächelte er und wirkte so unbefangen, wie Kinder sich fühlen sollten. Dann verschwand er, um mit Adrian und Paula zu spielen.

Vor und nach dem Abendessen tollten sie zu dritt durch das Haus, bis ich Paula ins Bett brachte. Anschließend spielten die Jungen noch ein Brettspiel miteinander. Da keine Schule am Folgetag war, ließ ich sie etwas länger aufbleiben. Die beiden verstanden sich prächtig, und Adrian schien glücklich, einen gleichaltrigen Spielgefährten um sich zu haben. Gegen zehn Uhr bat ich sie, sich allmählich bettfertig zu machen. Und zwar leise, da Paula schon tief und fest schlief. Sobald sie gewaschen und umgezogen waren, wünschte ich erst Adrian und dann Michael eine gute Nacht. Mir fiel auf, dass Michael ein anderes Gebet sprach. Er kniete sich neben sein Bett, bekreuzigte sich und sagte schlicht: »Lieber Gott, danke, dass es meinem Daddy besser geht, und danke, dass ich Spaß haben darf.«

Am nächsten Morgen ließen wir uns Zeit und frühstückten erst gegen elf Uhr. Dann fuhren wir zum Schwimmbad. Es war dasjenige, das Michael früher immer mit seinem Vater besucht hatte. Die Dame an der Kasse erkannte ihn und erkundigte sich nach seinem Dad. »Es geht ihm gut«, sagte Michael etwas kurz angebunden. Er hatte es eilig, ins Wasser zu kommen. Um nicht unhöflich zu wirken, schob er schnell hinterher: »Danke, dass Sie fragen. Das wird meinen Dad freuen.«

Wir zogen uns um und gingen gemeinsam zum Schwimmbecken. Paula und ich blieben im seichten Teil und übten, von einer Seite zur anderen zu schwimmen. Adrian und Michael versuchten sich in der Zwischenzeit an Sprüngen vom Beckenrand. Obwohl beide gute Schwimmer waren, ließ ich sie nicht aus den Augen. Ich wusste, wie schnell Jungen übermütig werden und jede Vorsicht außer Acht lassen. Paula hatte bis vor kurzem noch Schwimmflügel gebraucht und war froh, im seichten Wasser zu sein, wo sie sich jederzeit hinstellen konnte.

Wir blieben etwa anderthalb Stunden im Wasser. Schließlich zitterte Paula. »Frierst du?«, fragte ich. Sie nickte und klapperte mit den Zähnen. Ich half ihr aus dem Becken und wickelte sie in ihr Handtuch. Dann gingen wir zu den Jungs. Ich glaube, sie wären am liebsten den ganzen Tag im Wasser geblieben. Trotzdem schwammen sie sofort zu uns hinüber, als ich rief. Ich schlug vor, in der Cafeteria zu Mittag zu essen. Sie hatten inzwischen großen Appetit und kamen eilig aus dem Becken.

Am frühen Nachmittag waren wir wieder zu Hause. Es war sonnig, und wir gingen in den Garten. Die Jungen spielten Fußball, und Paula und ich vertieften uns in Gartenarbeit. Wir kehrten Laub zusammen, jäteten Unkraut, und ich entfernte die inzwischen verblühten Osterglocken und Tulpen. Stattdessen pflanzten wir Nelken und andere Aprilblumen. Die Erde roch frisch und sauber, der Rasen war hoch gewachsen und musste dringend gemäht werden. Als Paula sich zu den Jungen gesellte, die nun im Sandkasten spielten, zog ich los, um den Rasenmäher zu holen.

Ich beförderte das Gerät aus dem Schuppen und ölte die beweglichen Teile vorsichtig ein, so wie John es immer getan hatte. Dann schnappte ich mir ein Verlängerungskabel, rief den Kindern zu, dass sie im Sandkasten bleiben sollten, und begann, den Rasen zu mähen. Darum hatte sich bisher immer John gekümmert (angeblich gerne), aber wie all »seine« Aufgaben, fiel es nun mir zu, mich darum zu kümmern. Obwohl ich oft überrascht war, was ich alles alleine schaffte – verstopfte Rohre befreien, kleinere elektrische Reparaturen, Spielzeug richten –, so war meine Selbstständigkeit nur eine Seite der Medaille. Während ich durchaus stolz war, alleine zurechtzukommen, fehlte mir doch jemand, mit dem ich die tägliche Verantwortung teilen und Probleme diskutieren konnte. Vermutlich geht es vielen Alleinerziehenden so.

Als ich den Rasen gemäht hatte und den Rasenmäher wieder zurückbrachte, kam Michael zu mir und sagte bewundernd: »Du bist wie mein Dad. Er kann auch alles.«

Ich lächelte und sagte leise: »Manchmal muss man das auch, Schatz.«

Patrick rief um sechs Uhr an, und Michael erzählte ihm aufgedreht, was er tagsüber erlebt hatte. Schließlich reichte er mir den Hörer und sagte: »Hast du Zeit, mit Dad zu sprechen? Er würde sich freuen.«

»Du bist bestimmt beschäftigt«, sagte Patrick lachend, als ich mich meldete.

Ich kicherte. »Nein, eigentlich nicht. Nur erschöpft. Wir hatten einen schönen, aber anstrengenden Tag.«

»Ja, das hat Michael erzählt. Vielen Dank! Er klingt wirklich glücklich.«

»Wir hatten alle Spaß«, sagte ich.

»Schön. Cathy, ich muss dir etwas sagen«, meinte Patrick. »Ich habe es Michael noch nicht gesagt, aber wenn meine Blutwerte beim nächsten Check besser sind, kann ich morgen schon nach Hause.«

»Das ist ja großartig!«, rief ich.

»Ich möchte eure Pläne nicht über den Haufen werfen, aber wäre es vielleicht möglich, dass ich Michael morgen gegen Mittag bei euch abhole? Sobald ich weiß, ob ich gehen kann, rufe ich an. Passt das?«

»Natürlich«, sagte ich. »Wir sind da. Ich wollte morgen ohnehin einen entspannten Tag einlegen und glaube auch, dass Michael noch Schularbeiten erledigen muss. Ich kann Michael auch gerne nach Hause bringen, dann musst du nicht extra mit dem Taxi herkommen.«

»Mach dir unseretwegen bitte keinen Aufwand.«

»Das ist kein Aufwand«, versicherte ich ihm.

»Na, in dem Fall nehme ich gerne an. Dann lass mich aber zumindest etwas Spritgeld beisteuern.«

»Auf keinen Fall«, protestierte ich.

»Dann kaufe ich Blumen.«

Ich lachte. »Wenn du darauf bestehst.«

»Das tue ich. Na gut, dann lasse ich euch mal weitermachen. Ich melde mich morgen wieder.«

»Alles klar. Pass gut auf dich auf! Bis morgen.«

Als Pflegemutter war es eigentlich nicht meine Entscheidung, ob ein Kind nach Hause durfte. Aber in Michaels Fall war das anders: Er war freiwillig bei uns, und es gab keinerlei Anlass zu Sorge, dass ihm zu Hause etwas zustoßen würde. Also konnte ich den beiden ruhig helfen.

Nach dem Essen sahen wir gemeinsam eine Sendung, die Michael sonst gerne mit seinem Vater schaute. Danach brachte ich Paula ins Bett, und Adrian und Michael spielten noch eine Partie Monopoly.

»Warum darf ich nicht mitmachen?«, schimpfte Paula von oben.

»Weil es Schlafenszeit für dich ist. Soll ich dir noch eine Geschichte vorlesen?« Paula war einverstanden. Wie so oft half ein Kompromiss weiter.

Paula wusch sich und zog ihren Pyjama an. Dann las ich ihr noch eine halbe Stunde lang vor. Als ich wieder nach unten zurückkehrte, waren die Jungen zu echten Immobilienhaien geworden: Adrian besaß drei Gebäude, die in verschiedenen Straßen lagen. Michael konzentrierte sich auf eine Straße, wo er ein Hotel betrieb. Miete konnte keiner von ihnen kassieren, da beide im Gefängnis saßen. Ich ließ mich auf dem Sofa nieder, las in der Tageszeitung und sah hin und wieder hoch, um zu sehen, wie das Spiel voranschritt. Beim nächsten Würfeln verließ Michael das Gefängnis, und auch Adrian war nicht länger Insasse. Er schob seinen Spielstein auf die Schlossallee weiter, doch Michael wollte kaufen, da er schon die Parkstraße besaß. Also gingen sie einen Deal ein. Sie verhandelten dabei so heftig, dass man beinahe vergessen konnte, dass es sich um Spielgeld handelte. Es ist immer schön, Kinder beim Spielen zu beobachten. In Michaels Fall freute ich mich jedoch besonders. Er hatte den Spaß mehr als verdient. Schließlich kaufte er die Schlossallee zu einem vollkommen überwucherten Preis, und die Partie nahm ihren Lauf. Nach zwei Stunden stand noch immer kein Sieger fest, und ich proklamierte einen Gleichstand. Jauchzend freuten sich die Jungen, dass beide gewonnen hatten.

Dann rannten sie nach oben, um sich umzuziehen. Ich ermahnte sie, ruhiger zu sein, damit Paula nicht aufwachte. Als ich später Michaels Zimmer betrat, um ihm eine gute Nacht zu wünschen, fing er gerade an zu beten: »Lieber Gott, ich möchte mich bei dir bedanken, dass es meinem Daddy wieder besser geht. Und für die schönen Dinge, die ich heute erlebt habe. Ich hoffe, es ist in Ordnung, wenn ich Spaß habe. Ich hab meinen Daddy immer noch lieb, aber manchmal ist es schön, zu spielen.«

Ich war tief bewegt.

Am nächsten Morgen schlug ich Michael vor, sich vor dem Spielen seinen Hausaufgaben zu widmen. Er zog ein Gesicht, holte dann aber brav seine Schulsachen und setzte sich neben Adrian an den Esstisch, wo der schon in ein Schulbuch vertieft war. Ich ging mit Paula nach oben und half ihr, die Haare zu waschen.

Nachdem Michael seine Hausaufgaben beendet hatte, bat er mich, sie zu überprüfen. Normalerweise machte das sein Vater. Er hatte eine Hundegeschichte im Stil von *Lassie* verfassen sollen, was sie kurz zuvor im Unterricht gelesen hatten. Michael hatte eine ganze Seite geschrieben. Abgesehen von ein paar Rechtschreibfehlern war es ein guter Text. »Super gemacht«, lobte ich. Er nahm ein paar Korrekturen vor und steckte das Heft anschließend in seine Schultasche. Dann brachte er sie in den Flur, anscheinend in der Annahme, dass ich ihn am Montag zur Schule fahren würde.

Die Jungen gingen in den Garten und spielten Fußball. Paula

beschäftigte sich mit ihren Kuscheltieren, und ich räumte die Küche auf. Mit einem Ohr lauschte ich, ob das Telefon klingelte. Patrick hatte zwar gesagt, dass er nicht genau wisse, wann er entlassen werden würde, aber allmählich sollte es so weit sein. Er hatte schließlich angepeilt, gegen Mittag da zu sein. Als er um zwölf Uhr noch nicht angerufen hatte, bereitete ich unser Mittagessen vor. Außerdem machte ich mir allmählich Sorgen. Ich sagte mir zwar, dass er bestimmt nur auf die Blutergebnisse wartete, aber trotzdem hatte ich Angst, dass er einen Rückfall gehabt haben könnte. Als das Telefon schließlich um kurz nach eins klingelte, rannte ich buchstäblich los, um schnell abzuheben.

»Hallo?«, rief ich, schnappte nach Luft und versuchte gleichzeitig, Essen herunterzuschlucken.

»Cathy?«

»Ja.« Es war Patrick. Ich atmete erleichtert auf.

»Du klingst anders als sonst.«

Ich schluckte noch einmal. »Entschuldigung. Ich hatte noch etwas im Mund.«

»Störe ich euch beim Essen?«

»Ja, aber das macht nichts. Wie geht es dir?«

»Gut. Meine Blutwerte sehen in Ordnung aus, und die Ärzte haben gesagt, dass ich nach Hause darf.«

»Wunderbar.«

»Ich warte nur noch auf meine Medikamente und mache mich dann auf den Weg.«

»Wie kommst du denn nach Hause?«, fragte ich. Erst in dem Moment fiel mir auf, dass ich nicht angeboten hatte, ihn abzuholen.

»Meine Freunde Eamon und Colleen fahren mich. Ich rufe sie jetzt an.«

»Ach, gut. Wann soll ich Michael bringen?«

»Ich weiß nicht genau, wie lange ich hier noch brauche. Wollen wir für alle Fälle drei Uhr sagen? Dann sollte ich spätestens zu Hause sein.«

»Ja, das passt gut.«

Patrick hielt einen Moment inne und fragte dann: »Hast du eigentlich unsere Adresse?«

Ich lachte. »Nein, aber gut, dass du daran denkst.« Da Michael als Notfall zu uns gekommen war, lagen mir nicht die sonst üblichen Unterlagen einschließlich der Wohnanschrift vor. Patrick und ich hatten zwar Telefonnummern ausgetauscht, und er hatte mir die Straße genannt, wo sie wohnten, aber keine Hausnummer.

»Wir wohnen in der Queen's Road. Nummer 46«, sagte er lachend.

Ich kritzelte »46« auf einen Notizblock neben dem Telefon. »Gut. Bis später!«

»Danke, Cathy.«

Ich liebe es, gute Nachrichten zu überbringen. Als ich zu den Kindern hinüberging, konnte ich ein breites Grinsen nicht unterdrücken. Sie sahen mich erwartungsvoll an. Bestimmt wunderten sie sich, warum ich weggerannt war und nun schmunzelnd wie ein Honigkuchenpferd zurückkehrte.

»Es gibt gute Neuigkeiten«, verkündete ich unnötigerweise. Ich sah Michael an. »Dein Dad hat angerufen. Die Ärzte haben gesagt, dass er das Krankenhaus verlassen darf. Ich bringe dich gleich nach Hause.«

Michael hörte auf zu essen und sah mich an. Er wirkte angenehm überrascht, aber nicht so fröhlich, wie ich gehofft hatte. »Also kann ich nicht mehr bleiben und spielen?«, fragte er schließlich.

»Wir fahren erst um 14.45 Uhr los. Vorher könnt ihr noch spielen.«

»Und du kannst immer wiederkommen«, meinte Adrian tröstend.

Michael nickte, sagte jedoch nichts. Er legte sein Sandwich auf den Teller. Ich erkannte sein Dilemma. Natürlich wollte er nach Hause zu seinem Vater – sie standen sich so nah und hatten sich sehr gern –, aber gleichzeitig hatte er es sichtlich genossen, ein sorgenfreies Wochenende bei uns zu verbringen und einfach Kind sein zu dürfen. Trotz Patricks Bemühen war es bei ihnen zu Hause ganz anders als bei uns. Obwohl ich ihn verstehen konnte, blieb mir nichts, was ich sagen konnte. Also meinte ich schlicht: »Iss auf, Spätzchen. Dann bleibt euch noch eine Stunde Zeit zum Spielen.«

Elftes Kapitel

Freunde und Nachbarn

Um kurz nach drei klingelte ich an der angegebenen Adresse. Michael stand neben mir mit seiner Schultasche und Jacke in der Hand, Adrian war direkt hinter mir mit der Reisetasche, und Paula stand auf meiner anderen Seite. Sie drückte fest meine Hand. In ein fremdes Haus zu gehen machte sie nervös.

Die Kinder hatten nach dem Mittagessen miteinander gespielt. Als ich ihnen sagte, dass wir losmussten, rief Michael glücklich: »Gleich sehe ich meinen Dad!«

Auf der Fahrt fragten Paula und Adrian ihren neuen Freund über sein Zuhause aus. Gab es einen Garten? Haustiere? Wie sah sein Zimmer aus? Michael hatte sofort eine Hausführung angeboten. Ich war mir allerdings nicht ganz sicher, ob das Patrick gelegen käme. »Meinst du nicht, dass dein Dad ein bisschen Ruhe braucht?«, fragte ich vorsichtig.

Doch als sich die Tür öffnete, rief eine attraktive Frau um die vierzig: »Hallo, kommt rein! Du bist bestimmt Cathy.« Einen Augenblick lang nahm ich an, dass Patricks Freundin vor mir stand. Eine Freundin, die er bisher noch nicht erwähnt hatte. Aber dann sagte sie: »Ich bin Colleen. Schön, euch kennenzulernen.«

»Gleichfalls«, erwiderte ich und ging rein. »Das sind meine Kinder, Adrian und Paula.« Colleen lächelte sie an. Dann umarmte sie Michael und gab ihm einen Kuss.

»Ich freu mich riesig, dich zu sehen.« Anschließend drehte sie sich zu mir. »Wie ging's ihm?«

»Er hat sich wacker geschlagen«, sagte ich. »Wir haben ihn, so gut wir konnten, abgelenkt. Wie geht es Patrick?« Ich sah Michael und Adrian nach, die im Flur verschwanden.

»Er sitzt im Wohnzimmer. Ich bringe euch zu ihm.«

Mit Paula an der Hand folgte ich Colleen den Flur entlang bis ans andere Ende des Hauses. Patrick und ein weiterer Mann saßen im Wohnzimmer und erhoben sich, als wir eintraten. Michael umarmte ihn stürmisch, und sie drückten sich fest. Dann ließ Patrick los und schüttelte Adrian die Hand. Anschließend gab er mir einen lauten Schmatzer auf die Wange und beugte sich dann zu Paula hinunter, um ihr auch ein Küsschen zu geben. »Wie geht's dir, kleine Maus?«, fragte er.

Paula drückte sich schüchtern an mich. »Es geht ihr gut, danke«, antwortete ich stellvertretend. »Du siehst gut aus.«

»Es geht mir auch gut«, erwiderte Patrick. Seine Hautfarbe wirkte gesund, und sein Atem ging normal. Abgesehen von seinem Untergewicht schloss nichts darauf, dass er krank war. »Colleen hast du ja schon kennengelernt«, meinte Patrick. »Das hier ist ihr Ehemann Eamon.«

Der andere Mann machte einen Schritt auf mich zu und schüttelte meine Hand.

»Freut mich, dich kennenzulernen«, sagte er. »Wir haben schon viel über dich gehört.«

»Oh, wirklich?«, fragte ich etwas verlegen.

»Darf ich dir vielleicht eine Tasse Tee anbieten?«, warf Colleen ein.

»Sehr gern.«

»Und was trinken die Kinder? Ich war einkaufen und habe Apfel-, Orangen- und Ananassaft gekauft. Den mag Michael besonders.«

Ich sah hinüber zu Adrian und Paula. »Apfelsaft, bitte«, sagte Adrian. Paula nickte zaghaft.

»Sie hätte auch gern einen Apfelsaft«, bekräftigte ich. »Vielen Dank.«

Patrick winkte mich zum Sofa hinüber, und ich setzte mich. Paula kuschelte sich eng an mich, und Patrick und Eamon setzten sich wieder auf die Sessel, von denen sie sich bei unserer Ankunft erhoben hatten. »Willst du mein Zimmer sehen?«, fragte Michael Adrian.

Adrian nickte.

»Du auch?«, bot er Paula an. Sie schüttelte den Kopf.

»Geht ruhig«, sagte ich. »Paula bleibt erst mal bei mir.«

Adrian und Michael verließen das Wohnzimmer. Sobald sie außer Hörweite waren, fragte Patrick: »Wie ist es ihm ergangen? Du kannst offen reden.«

»Es ging ihm gut«, sagte ich erneut. »Am ersten Abend war er zunächst ziemlich aufgelöst, aber nachdem er mit dir gesprochen hat, ging es Michael allmählich wieder besser.«

Patrick nickte langsam. »Ehrlich gesagt habe ich mich nachher gefragt, ob meine Entscheidung, den Besuch zu verweigern, richtig war. Neben mir lag ein Alzheimerpatient, der immer wieder geschrien hat. Ich hatte Angst, was das für eine Wirkung auf Michael haben könnte. Andererseits wäre es vielleicht nicht schlecht gewesen, wenn er mich schon einmal im Krankenhaus gesehen hätte. Irgendwann wird es ja ohnehin so weit sein.«

Ich antwortete nicht sofort. Patrick hatte das Krankenhaus gerade erst verlassen und sah so gesund aus. Es war schwer vorstellbar, dass er bald wieder dort sein sollte. Eamon teilte offenbar meine Gedanken und meinte: »Im Moment geht's dir doch gut, Patrick. Nur darauf kommt es an. Und Michael hat die Zeit bei Cathy offensichtlich gut überstanden. Aber hast du nicht was vergessen?«

Patrick sah ihn fragend an. Eamon nickte in meine Richtung.

»Ach, das!«, rief Patrick und stand auf. »Danke, dass du mich daran erinnerst.« Patrick verließ das Zimmer und kehrte ungefähr eine Minute später mit einem Strauß roter Rosen zurück, den er mir übergab.

»Danke für alles«, sagte er und küsste mich auf die Wange. »Es tut mir sehr leid, dass ich unser Abendessen versäumt habe.«

Ich schmunzelte. »Danke«, sagte ich. »Die sind wunderschön.« Ich war sehr gerührt. »Könntest du sie noch einmal zurück ins Wasser stellen? Sonst sind die Blumen bei unserer Abfahrt vielleicht welk.«

»Natürlich«, übernahm Colleen, die gerade mit einem Tablett voll Getränke und einem Keksteller hereingekommen war. »Ich stelle sie in der Küche ins Wasser.«

Ich bedankte mich noch einmal bei Patrick. Er ging zum Kaffeetisch und nahm die Teekanne in die Hand.

»Milch und Zucker?«, fragte er mich.

»Nur Milch, bitte.«

Er goss vorsichtig Tee in unsere Tassen und fügte dann Milch hinzu. Mir wurde ganz warm ums Herz, als ich sah, wie bedächtig er dabei vorging. Vielleicht lag es daran, dass ich schon lange keinen Mann mehr Tee ausschenken gesehen hatte, oder an den konzentrierten Bewegungen, die Patrick ausführte. In jedem Fall fühlte ich mich angenehm umsorgt, als er mir Tasse und Untertasse reichte und anschließend Paula ein Glas Saft einschenkte.

»Ich helfe dir«, bot Colleen an, als sie ins Wohnzimmer zurückkehrte.

»Nicht notwendig«, antwortete Patrick. »Ich komme zurecht. Könntest du den Jungs bitte sagen, dass alles vorbereitet ist, und dich dann zu uns setzen? Du hast heute schon mehr als genug geholfen.«

Colleen folgte seiner Bitte und ging in den Flur, von wo aus sie nach Adrian und Michael rief. »Danke, wir kommen gleich!«, tönte es von oben. Colleen kehrte zu uns zurück, und Patrick reichte auch ihr eine Tasse Tee. Dann bot er Kekse an.

Ich trank einen Schluck und sah mich in Patricks hübschem Wohnzimmer um. Es war gemütlich und liebevoll eingerichtet. Über dem Kamin hing allerlei Porzellandekor, die Wände waren von gerahmten Bildern bedeckt, eine prächtige Pflanze stand in der Zimmerecke, und eine große Obstschale zierte die Mitte des Wohnzimmertischs.

»Hat er schön eingerichtet, oder?«, fragte Colleen. Sie schien meinem Blick gefolgt zu sein.

»Ja, sehr«, stimmte ich zu.

»Vielen Dank, meine Damen«, meinte Patrick grinsend. »Ich hab mein Bestes gegeben.«

»Also … seit wann nimmst du Kinder bei dir auf?«, fragte Eamon. »Meine Schwester drüben in Irland ist auch eine Pflegemutter.«

»Tatsächlich?«, erkundigte ich mich interessiert. Es freut mich immer, von den Erfahrungen anderer Pflegeeltern zu hören.

»Seit zehn Jahren ist sie dabei. Sie hatte schon ein paar richtig traurige Fälle, und schwierige Kinder waren auch dabei. Ein Junge wohnt schon seit fünf Jahren bei ihr und nennt sie ›Mum‹. Der Abschied wird echt hart.«

Ich stimmte zu, dass der Abschied immer wieder eine Herausforderung ist. Ich wünschte, es gäbe langfristig mehr Kontakt zwischen Pflegern und Kindern. Wir unterhielten uns eine Weile allgemein über Pflegekinder und -eltern: die schönen Momente, die schlechten, das Für und Wider. Eamon erzählte ein paar üble Geschichten. Leider ist Kindesmisshandlung ein weltweites Phänomen, und Irland ist keine Ausnahme.

Die Zeit verging wie im Fluge. Michael und Adrian waren für ein Glas Saft heruntergekommen. Dann waren sie wieder nach oben verschwunden und hatten Paula mitgenommen, die inzwischen etwas aufgetaut war. Colleen erzählte von ihrem Job im Reisebüro, und Eamon sagte, dass sie überlegten, im Winter eine Kreuzfahrt zu machen. Dem Gespräch entnahm ich, dass sie keine Kinder hatten, obwohl die beiden schon seit fünfzehn Jahren verheiratet waren. Als Patrick auf der Toilette war, wandte sich Colleen an mich und sagte: »Es ist so was von grausam. Erst Kathleen und jetzt Patrick. Ich kann es einfach nicht fassen.«

»Kanntest du Patricks Frau?«, fragte ich.

»Ja, sehr gut sogar. Wir vier standen uns sehr nah. Eamon war Patricks Trauzeuge, und wir beide sind Michaels Taufpaten.« Colleen schüttelte traurig den Kopf und setzte gerade zum Reden an, als die Türklingel läutete. »Wer kann das sein?«, fragte sie, stand auf und verließ das Zimmer.

Kurz darauf hörten Eamon und ich, wie die Haustür geöffnet wurde und Colleen rief: »Hallo, schön, euch wiederzusehen! Wie geht's euch?« Anscheinend kannte sie die Besucher.

Eine männliche und eine weibliche Stimme antworteten, und Eamon sagte: »Das sind Patricks Nachbarn Jack und Nora Harvey.« Stella hatte die beiden erwähnt: Mrs Harvey hatte Stella das Haus aufgeschlossen, als Patrick im Krankenhaus lag und sie Sachen für Michael abgeholt hatte. Ich fragte mich, ob einer von den beiden Patrick ohnmächtig gefunden und den Krankenwagen verständigt hatte.

Ein Ehepaar in den späten Sechzigern kam herein, und Eamon und ich standen auf, um sie zu begrüßen. Colleen stellte mich vor, Eamon kannten sie anscheinend bereits.

»Du bist also Cathy«, sagte Nora freundlich. »Wie schön, dich kennenzulernen.«

»Danke, gleichfalls«, erwiderte ich und freute mich über die persönliche Ansprache. Jack schüttelte fest meine Hand.

Patrick betrat das Zimmer. »Du hast mich ganz schön erschrocken, junger Mann«, sagte Nora, als Patrick sie umarmte. »Ich komm rein, um dir eine Suppe zu bringen, und finde dich ohnmächtig auf dem Boden.«

Ihr vorwurfsvoller Ton ließ Patrick schmunzeln. »Wird hoffentlich nicht mehr vorkommen, Nora.«

»Das will ich dir geraten haben!«

Da Patrick offenbar von engen Bekannten umgeben und ich praktisch immer noch eine Fremde war, wollte ich sie nun unter sich lassen. Nachdem Patrick Nora ausführlich Bericht über sein aktuelles Befinden erstattet hatte, sagte ich: »Es hat mich sehr gefreut, euch alle kennenzulernen. Jetzt sollten die Kinder und ich aber allmählich aufbrechen.«

»Schon?«, fragte Patrick enttäuscht. »Könnt ihr nicht noch ein Weilchen bleiben? Ich würde mich sehr freuen.« Es war ein aufrichtiger Wunsch, keine reine Formalität. »Habt ihr heute noch eine Verabredung?«, fügte er an.

»Nein«, erwiderte ich. »Ich wollte deine Gastfreundschaft nur nicht überstrapazieren.«

»Das tust du nicht«, versicherte Patrick schnell. »Setz dich. Die Kinder sind bestens beschäftigt. Ich habe gerade nach ihnen gesehen. Es würde mich freuen, wenn du und meine Freunde euch besser kennenlernt.«

Ich tat wie geheißen, ließ mich wieder auf dem Sofa nieder und unterhielt mich mit Patricks engsten Freunden: Colleen, Eamon, Nora und Jack. Sie waren ausgesprochen nett, sehr offen und herzlich. Schon kurz darauf kam es mir so vor, als würden wir uns seit Jahren kennen. Zu Beginn ging es hauptsächlich um Patricks Krankenhausaufenthalt und seine aktuelle Verfassung, aber wir merkten schnell, dass er lieber über etwas anderes sprechen wollte. Also redeten wir über Urlaube, die Arbeit, Pflege und die Kinder. Um kurz nach fünf Uhr brühte Colleen eine weitere Kanne Tee auf und kredenzte außerdem Sandwiches und

Kuchen. Die Kinder kamen zum Essen herunter und verschwanden dann wieder zum Spielen nach oben. Um halb sieben sagte ich, dass wir nun wirklich gehen müssten. Die Kinder mussten sich noch waschen und die Schulsachen für den kommenden Tag herauslegen. Außerdem fand ich, dass Patrick allmählich erschöpft aussah.

»Du hast recht. Michael muss auch noch duschen, und ich habe seine Tasche noch gar nicht ausgepackt«, stimmte Patrick zu.

»Mach dir keine Sorgen deswegen. Ich räume sie gleich aus«, bot Colleen an.

»Danke«, sagte Patrick.

»Ich rufe nach Adrian und Paula«, meinte ich und stand auf. Dann ging ich in den Flur und rief vom Fuß der Treppe aus: »Adrian und Paula – wir müssen los!«

Da keine Antwort kam, nahm ich an, dass sie die Tür von Michaels Kinderzimmer geschlossen hatten und dort spielten. Ich rief noch einmal ein wenig lauter nach ihnen, doch noch immer antworteten sie nicht.

»Geh ruhig nach oben«, klang Patricks Stimme aus dem Wohnzimmer. »Michaels Zimmer geht zur Straßenseite raus. Du kannst es nicht verfehlen.«

Ich stieg die Treppe hinauf und betrat einen mit Teppich ausgelegten Flur. Auf der anderen Seite des Korridors war eine geschlossene Tür, die über und über mit Stickern beklebt war. Batman, Superman, Spiderman, Power Rangers und Co. verrieten mir, dass dies das Zimmer eines kleinen Jungen war. Auf dem Weg dorthin kam ich an einer offenen Tür vorbei, und ich erhaschte einen Blick in Patricks Schlafzimmer. Die hellgraue Tapete passte perfekt zur graugestreiften Bettwäsche. Auf den Nachttischen standen gerahmte Bilder. Zu einer Seite des Bettes stand ein Sauerstofftank mit einer Maske. Eine unbestreitbare Erinnerung an Patricks Krankheit. Für einen Moment sah ich vor mir, wie Patrick nachts aufwachte, nach Luft schnappte und verzweifelt nach der Maske griff.

Ich klopfte an Michaels Tür und ging ins Zimmer. »Hallo«, sagte ich. »Wir müssen jetzt gehen.«

Die Kinder sahen vom Boden auf, wo sie mit einer Rennbahn spielten.

»Könnt ihr nicht noch ein bisschen bleiben?«, fragte Michael.

»Heute leider nicht, Schatz. Es ist schon nach halb sieben, und dein Dad meint, du musst auch noch duschen. Morgen ist doch Schule.«

Michael und Adrian stöhnten auf, obwohl ich wusste, dass sie eigentlich gern zur Schule gingen. Paula tat es den beiden großen Jungen gleich.

»Helft ihr Michael bitte beim Aufräumen?«, bat ich.

»Ist schon gut«, sagte Michael. »Das kann ruhig so bleiben. Dann spiele ich morgen gleich weiter.«

»Wie du meinst«, meinte ich. Dann wandte ich mich an Adrian und Paula: »Verabschiedet ihr euch bitte?« Sie hatten bisher noch keine Anstalten gemacht, aufzustehen.

Die Kinder rappelten sich missmutig vom Boden auf. »Tschüss«, riefen Adrian und Paula.

»Ich komme noch mit runter«, bot Michael an. Wie immer war er sehr höflich.

Ich fragte Paula, ob sie noch einmal zur Toilette müsse, doch sie verneinte. Also gingen die drei Kinder und ich nach unten ins Wohnzimmer, wo ich Adrian und Paula den Nachbarn Nora und Jack vorstellte, die sie bisher noch nicht gesehen hatten. Wir verabschiedeten uns, und Patrick und Michael brachten uns noch zur Haustür.

»Vielen Dank für alles, Cathy«, sagte Patrick noch einmal und gab mir einen Kuss auf die Wange. »Ich rufe kommende Woche an. Vielleicht können wir uns noch einmal treffen?«

»Ja, das wäre schön. Ich hab mich sehr gefreut, deine Freunde kennenzulernen. Sie sind wirklich nett.«

»Ja, ich kann mich wirklich glücklich schätzen«, stimmte Patrick zu.

Als wir gerade gehen wollten, rief Colleen aus dem Wohnzimmer: »Halt! Du hast die Blumen vergessen.«

Wir warteten im Flur, während Colleen in die Küche ging und dann mit den Rosen zu uns kam. »Danke«, sagte ich zu ihr. Dann fuhr ich an Patrick gewandt fort: »Der Strauß ist wunderschön. Das war wirklich sehr aufmerksam von dir.«

»Keine Ursache.«

Colleen ging wieder ins Wohnzimmer. Patrick öffnete die Haustür und begleitete uns nach draußen.

»Fahr vorsichtig«, sagte er.

»Mach ich. Pass gut auf dich auf.«

Wir winkten zum Abschied. Patrick lehnte am Gartentor und sah müde, aber gesund aus. Ich überlegte, ob vielleicht ein Wunder geschehen war und die Ärzte sich mit der Diagnose geirrt hatten.

Zwölftes Kapitel

Gute und schlechte Nachrichten

Wie versprochen rief Jill am Montag an. Begeistert berichtete ich ihr von unserem Wochenende, dem Besuch bei Patrick und Michael und dem Kennenlernen der Familienfreunde.

»Patrick sieht toll aus«, schwärmte ich. »Vielleicht wird er doch wieder gesund. Es kommt ja immer mal wieder vor, dass die Ärzte jemandem nur noch wenige Tage zu Leben geben und die Person dann auf einmal doch wieder geheilt wird. Erst vor Kurzem stand sowas in der Zeitung. Eine Frau hatte einen nicht operablen Gehirntumor, und ihr wurde gesagt, dass sie nur noch wenige Wochen hätte. Das war vor zehn Jahren, und sie lebt immer noch! Als man sie später noch einmal geröntgt hat, war vom Tumor nichts mehr zu sehen.«

»Wirklich?«, meint Jill zweifelnd, als ich fertig war. »Soweit ich weiß, ist Patricks Prognose die gleiche.«

»Aber Ärzte irren sich. Das kommt vor«, beharrte ich.

»Ja, das passiert, aber nur extrem selten. Deshalb kommen solche Fälle ja überhaupt in die Zeitung.«

Obwohl ich Jill als Sozialarbeiterin sehr schätze und wir eng miteinander arbeiten, störe ich mich hin und wieder an ihrem Pragmatismus, der schnell ins allzu Negative abrutscht. Ich nehme an, dass ihre Arbeitserfahrung und die vielen Fälle von Kindesmisshandlung, die sie schon betreut hat, daran mitverantwortlich sind. Sowas stumpft ab. Ich hingegen bin durch und durch Optimistin und sehe ein Glas lieber als halbvoll denn halbleer an, so wie Jill es tut.

»Die Hoffnung stirbt zuletzt«, bekräftigte ich. »In jeder Lebenslage.«

»Stimmt, und solange deine Urteilskraft nicht davon beeinträchtigt wird, ist das auch kein Problem. Ich möchte nicht, dass du und die Kinder noch schwerer dadurch belastet werdet als ohnehin schon.«

»Ich weiß. Danke, Jill.« Obwohl Patrick inzwischen natürlich schon längst kein »Fall« mehr war, sondern ein Freund, dem ich mich sehr nahe fühlte.

Kurz nach dem Gespräch mit Jill rief Stella an und erkundigte sich ebenfalls nach unserem Wochenende. Ich wiederholte alles zuvor Gesagte. Meine Hoffnung, Patrick könne es besser gehen, ließ ich allerdings aus.

»Er sieht gut aus«, beendete ich meinen Bericht.

»Ja, wir haben heute Morgen miteinander telefoniert, und er meinte, dass er sich seit dem Erhalt der Bluttransfusion so gut fühlt wie schon lange nicht mehr. Ich habe auch noch einmal mit Jill gesprochen – du brauchst dich vorerst nicht mehr um Michael zu kümmern.«

»Verstanden.«

»Vielen Dank noch einmal, dass du so kurzfristig eingesprungen bist«, fuhr Stella fort. »Hoffentlich bleibt nächstes Mal mehr Zeit zur Planung.«

»Keine Ursache«, erwiderte ich und zögerte einen Moment. »Stella, wären Sie damit einverstanden, wenn die Kinder und ich uns in der Zwischenzeit weiter mit Patrick und Michael treffen?«

»Ja, selbstverständlich. Das ist ein schönes Angebot. So wird es Michael leichter fallen, sich später bei Ihnen einzugewöhnen.«

»Gut, so sehen wir das auch«, erwiderte ich. Das »wir« meinte Patrick und mich. Es schwang das Gefühl einer Einheit mit. Verknüpft durch ein unsichtbares Band, wie ein Paar. So etwas hatte ich schon lange nicht mehr empfunden. Stella wusste davon natürlich nichts. Für sie war ich einfach nur eine gewissenhafte Pflegemutter.

Patrick hatte angekündigt, dass er mich im Laufe der Woche anrufen würde. Einen genaueren Zeitpunkt hatte er nicht erwähnt. Ich war also ziemlich überrascht, als am Montag das Telefon klingelte und ich den fröhlichen Singsang von Patricks irischem Akzent vernahm: »Hallo Cathy, wie geht's?«

»Alles bestens, danke«, antwortete ich. »Und selbst?«

»Gut. Sehr gut sogar. Ich würde dich gern zum Essen ausführen.«

»Oh«, sagte ich. »Ohne die Kinder?«

Er lachte auf. »Ja. Ginge das? Hast du einen Babysitter?«

Ich dachte nach. Jemanden zum Aufpassen zu finden war kein Problem. Seit John mich verlassen hatte, war ich mit niemandem mehr ausgegangen. Überhaupt hatte ich seither nichts mehr ohne die Kinder unternommen. Nach einer Weile räusperte sich Patrick und meinte: »Es ist vollkommen okay, wenn du nicht möchtest. Das könnte ich durchaus verstehen.«

»Nein, nein. Darum geht es nicht«, sagte ich schnell. »Ich möchte mich gern mit dir treffen.«

»Sicher?«

»Ja.«

»Dann schlag gerne einen Termin vor. Ich frage Nora oder Colleen, ob sie nach Michael sehen können.«

Ich überlegte kurz. »Mittwoch oder Donnerstag wäre gut. Ich kläre das aber noch einmal mit meinem Babysitter ab.«

»Okay, mach das. Alles Weitere besprechen wir danach.«

Ich war einverstanden. Wir unterhielten uns noch ein bisschen, ich war allerdings etwas verwirrt. Der Gedanke an ein Date und was ich anziehen sollte, brachte mich ziemlich durcheinander. Patrick fragte mich, wie ich in die Woche gestartet sei, ob wir es pünktlich zur Schule geschafft hatten, und fügte hinzu, dass Michael ohne Unterlass von dem Wochenende bei uns geredet hatte.

»Du würdest dich wundern, was ich alles über dich weiß«, neckte er mich.

»Tatsächlich? Was hat Michael denn so erzählt?«, fragte ich lachend.

»Dass du morgens als Erstes eine Tasse Kaffee trinkst und erst danach duschst und dich anziehst. Oder dass du deinen Teelöffel am Tassenrand abklopfst, damit kein Tropfen darauf zurückbleibt. Genau wie ich.«

»Das ist ihm aufgefallen?«

»Ja. Er hat auch gemeint, dass du versuchst, so fröhlich wie möglich zu sein und immer das Positive zu sehen. Aber wenn dich etwas aufbringt, steigen dir Tränen in die Augen. Und wenn du wütend wirst, kaust du auf der Unterlippe. Außerdem sagst du oft: ›Wie heißt das Zauberwort?‹«

Ich lachte wieder. »So oft sage ich das nun auch wieder nicht. Nur wenn es angemessen ist.«

»Ich hoffe, dass du es nicht allzu oft zu Michael sagen musstest.«

»Nein, dazu bestand kein Anlass.«

Wir unterhielten uns noch etwa zwanzig Minuten und legten dann auf. Patrick plante, Pralinen für Colleen und Nora zu besorgen, um sich für ihre Hilfe zu bedanken, und ich musste noch einiges an Hausarbeit erledigen, bevor Paula nach Hause kam. Zum Abschied bat Patrick noch einmal, dass ich mich melden sollte, sobald ich mit meinem Babysitter gesprochen hatte. Als ob ich das vergessen könnte!

Nach dem Telefonat ging ich mit gemischten Gefühlen in mein Schlafzimmer, wo ich den Kleiderschrank öffnete und kritisch meine Garderobe beäugte. Was sollte ich zu dem Date bloß anziehen? Die meisten meiner Kleidungsstücke waren Alltagsklamotten: Jeans, Hosen, Oberteile und schlichte Röcke. Dann besaß ich noch ein paar elegantere Kostüme für Meetings und offizielle Anlässe, zwei Abendkleider, die denkbar unpassend erschienen, und meine Sonntagsgarderobe, die Familienfeiern vorbehalten war. Nichts schien dem Anlass angemessen! Ich hatte mir schon lange keine neuen Sachen mehr gegönnt und beschloss, dass nun ein guter Anlass gekommen war. Doch dann fiel mir ein, dass ich erst einmal einen Babysitter für Adrian und Paula finden musste. Ansonsten wäre ein neues Outfit ohnehin überflüssig.

Meine beiden besten Freundinnen Rose und Jenny würde ich als Erste fragen. Die beiden kannte ich schon aus der Zeit vor meiner Ehe, und wir waren auch danach in Kontakt geblieben. Sie hatten mich schon länger ermuntert, abends auszugehen, und ihre Unterstützung angeboten. Rose rief ich zuerst an, aber die Leitung war besetzt. Dann versuchte ich es bei Jenny, die beim vierten Läuten abhob.

»Hi, Cathy. Wie geht's dir?«, fragte sie.

»Gut. Und selbst?«

»Auch. Ben und ich haben gestern einen Ägyptenurlaub gebucht.«

»Das ist ja toll! Wann fahrt ihr?«

»In ungefähr sechs Monaten. Die Jungen können es kaum erwarten, die Pyramiden und das Tal der Könige zu sehen.«

Jenny und ihr Ehemann Ben hatten zwei Söhne, die acht und sechs Jahre alt waren. Wir plauderten noch ein wenig über die Reise, dann fragte ich, ob Jenny als Babysitter einspringen könne. »Idealerweise am Mittwoch oder Donnerstag«, sagte ich.

»Passt«, bestätigte Jenny, ohne zu zögern. »Donnerstag wäre es mir allerdings noch lieber. Ben arbeitet mittwochs immer recht lang.«

»Vielen Dank«, freute ich mich.

Jenny kicherte und fragte: »Also, mit wem triffst du dich?«

Ich lachte auch. »Es ist nicht so, wie du denkst.«

»Nein?«

»Nein. Erinnerst du dich noch an den Jungen, von dem ich dir erzählt habe? Der mit dem schwerkranken Vater?«

»Ja, die waren zu Besuch bei euch, richtig?«

»Genau. Und am Wochenende haben wir Michael kurzfristig bei uns aufgenommen, weil sein Vater ins Krankenhaus eingewiesen wurde. Nun ja, jetzt ist er wieder draußen und möchte mich als Dankeschön gern zum Essen ausführen.«

»Klasse!«, rief Jenny begeistert. »Dann ist er doch nicht so krank wie gedacht?«

»Es geht ihm auf jeden Fall deutlich besser«, sagte ich.

»Schön. Wann soll ich die Kleinen am Donnerstag abholen?«

»Das steht noch nicht fest. Ich rede noch einmal mit Patrick und melde mich dann wieder, in Ordnung?«

»Klar. Ab sechs Uhr ist mir jede Zeit recht.«

»Dank dir, Jenny.«

»Gern.«

Es blieben nur noch wenige Minuten, bis ich aufbrechen und Paula abholen musste. Ich wählte rasch Patricks Festnetznummer, doch er hob nicht ab. Wahrscheinlich war er schon auf dem Weg, die Pralinen zu kaufen. Ich legte auf, zog meine Schuhe an, verließ das Haus und schrieb Patrick im Gehen eine Nachricht: *Der Babysitter kommt am Donnerstag. Um wie viel Uhr treffen wir uns? Alles Liebe, Cathy.*

Im Auto steckte ich mein Handy in den vorgesehenen Halter. Als ich gerade losfahren wollte, piepste es. Eine SMS war eingegangen. Ich bremste ab, nahm das Handy aus der Halterung und rief die Nachricht auf. Sie war von Patrick: *Super. Passt dir sieben Uhr? Würde dich mit dem Taxi abholen. Herzlichst, Patrick.*

Ich schrieb zurück: *Klingt gut. Freu mich! Cathy*

Auf eine gute Nachricht folgt oft eine schlechte – und umgekehrt. Manchmal hatte ich das Gefühl, dass höhere Mächte so das Gleichgewicht halten wollten. Bestens gelaunt und voller Vorfreude auf das Treffen am Donnerstag traf ich gegen vier Uhr mit den Kindern zu Hause ein. Das Telefon klingelte. Es war Jill. Da wir erst am Morgen miteinander gesprochen hatten, wusste ich gleich, dass es etwas Neues gab. Ich hatte recht. Es war nichts Gutes.

»Ich habe mit Stella geredet«, sagte sie. »Erinnerst du dich noch, dass Patrick von einer Tante in Wales erzählt hat? Die Schwester seiner Mutter?«

»Ja.«

»Anscheinend hat er sie kontaktiert und gefragt, ob sie sich langfristig um Michael kümmern könnte. Das hat sie rigoros abgelehnt. Warum, weiß ich nicht. Patrick hat ansonsten nur noch zwei entfernte Cousins in den USA, von denen er nicht einmal die Adresse kennt. Die fallen also raus. Stella hat Patrick nun gesagt, dass wir in dem Fall nach einer Pflegefamilie sehen werden.«

»Verstehe«, erwiderte ich langsam.

Wenn Eltern sich nicht mehr um ihre Kinder kümmern können, sind Verwandte meist die beste Alternative. Falls niemand in Betracht kommt, wird nach einer passenden Langzeit-Pflegefamilie gesucht. Ich arbeite in der Kurzzeitpflege, wobei das ein dehnbarer Begriff ist. Es gab schon Kinder, die mehrere Jahre bei mir gewohnt haben. In jedem Fall gibt es ein bestimmtes Komitee, das die Vorgänge genauestens überwacht. Es ist auch für Adoptionen zuständig. So soll sichergestellt werden, dass die Pflegefamilie und das Kind miteinander harmonieren. Nur so kann sich das Kind möglichst reibungslos in der Familie einleben und ein gutes Verhältnis zu seinen Pflegeeltern aufbauen.

Es war schrecklich, dass Michael keine Verwandten hatte, die sich »im Fall der Fälle«, wie Jill es ausdrückte, um ihn kümmern könnten. Und noch schlimmer war es, dass er nicht länger zu uns als Kurzzeit-Pflegefamilie zurückkehren würde. Mir war klar, dass ich als Alleinerziehende nicht unbedingt die erste Wahl wäre. Trotzdem sagte ich: »Patrick geht es derzeit ganz ausgezeichnet. Falls sein Zustand sich ändern sollte, möchte ich jedoch auch als Langzeitpflegemutter für Michael in Betracht gezogen werden.«

»Ich hab mir schon gedacht, dass du das sagen würdest«, meinte Jill. »Aber lass uns erst mal abwarten, wie Michael sich bei euch einlebt, wenn Patrick ins Krankenhaus kommt. Stella wird erst nach einer neuen Pflegefamilie suchen, wenn abzusehen ist, dass …« Sie hielt inne, aber ich wusste, dass sie sagen wollte »Patrick stirbt«.

»Okay, Jill. Verstanden. Gibt es sonst noch etwas? Ich wollte eigentlich gerade Essen machen.«

»Nein, das war's.«

Nach dem Telefonat fühlte ich mich bedrückt. Das ganze Gerede von »wenn er ins Krankenhaus kommt« und »wenn abzusehen ist, dass« und die Tatsache, dass Michael keine Verwandten hatte, machten mich unsäglich traurig. Ich dachte an meine eigene Familie – meine Eltern, meinen Bruder, Tanten, Onkel, Cousinen und, nun ja, irgendwie auch an John. Jeder von ihnen hätte Adrian und Paula ohne zu zögern bei sich aufgenommen, sollte mir etwas passieren. Michael wiederum hatte nur seinen Vater. Ich mochte mir nicht ausmalen, wie es Patrick damit erging.

Dreizehntes Kapitel

Rendezvous

Dienstagfrüh war ich wieder die Alte. Wenn man junge Kinder um sich hat, kann man nicht lange Trübsal blasen. Ich brachte Adrian zur Schule und Paula in den Kindergarten. Dann fuhr ich in die Stadt, um nach einem Outfit für Donnerstag zu suchen. Es war zwar erst Ende April, doch war fast ausschließlich Sommermode in den Läden zu finden: Badesachen, Strandkleider, T-Shirts, Sandalen, bunt gemusterte Baumwollkleider und knielange Cargohosen. Ich ging von Geschäft zu Geschäft und als ich allmählich zu überlegen begann, doch nichts Neues zu kaufen und stattdessen einfach etwas aus meinem Schrank zu nehmen, entdeckte ich einen Ständer mit Leinenkleidern. Da nur noch eine halbe Stunde blieb, bis ich Paula abholen musste, griff ich schnell vier Kleider von der Stange, probierte sie an und entschied mich für ein schönes blassgelbes. Ich zahlte und fuhr dann zum Kindergarten, wo ich gerade noch pünktlich eintraf. Wieder zu Hause angekommen erledigte ich den Nachmittag über Dinge, die ich eigentlich morgens hätte machen sollen – Hausarbeit und Aufräumen. Währenddessen spielte Paula und legte ein Puzzle zusammen.

Um halb vier holten wir Adrian von der Schule ab, und die Kinder sahen fern, während ich Essen vorbereitete. Als wir gemeinsam am Tisch saßen, erzählte ich ihnen, dass ich am Donnerstag ausgehen würde.

»Patrick hat mich zum Essen eingeladen«, sagte ich. »Um sich noch einmal dafür zu bedanken, dass ich mich am Wochenende um Michael gekümmert habe.«

»Können wir mit?«, fragte Paula. »Wir haben uns ja auch um Michael gekümmert.«

Ich lächelte. »Das stimmt natürlich, Mäuschen. Und das war sehr lieb von euch. Aber wir treffen uns erst abends, und das wäre zu spät für Adrian und dich. Ihr seid dann schon im Bett.«

»Kommt Michael mit?«, hakte Paula nach.

»Nein, nur Patrick und ich. Manchmal treffen sich Erwachsene abends ohne ihre Kinder«, erklärte ich. Um es zu verdeutlichen, hätte ich beinahe noch hinterhergeschoben »So wie dein Vater und ich früher«, aber ich bremste mich gerade rechtzeitig. Es wäre eine unnötige Erinnerung an früher gewesen. Paula war damals noch so klein, dass sie sich ohnehin nicht daran erinnern konnte. Also sagte ich stattdessen: »Du triffst dich ja auch mit deinen Freunden, ohne dass ich dabei bin. Oder mit deinem Dad.«

»Kommst du das nächste Mal mit, wenn wir Daddy besuchen?«, fragte Paula, wie schon so oft.

»Nein«, mischte sich Adrian ein. Er klang peinlich berührt. »Mum und Dad lassen sich scheiden.«

Das versetzte mir einen Stich, und die Kinder taten mir leid.

»Michaels Autorennbahn ist der Hammer«, wechselte Adrian schnell das Thema. »Kann ich die gleiche zum Geburtstag oder zu Weihnachten bekommen?«

»Ja, gute Idee«, erwiderte ich.

Adrian grinste.

Am Abend rief ich Jenny an, um ihr die Uhrzeit für Donnerstag durchzugeben. Sie sagte, dass sie um 18.50 Uhr bei uns eintreffen würde. Wenig später schrieb Patrick: *Ich hoffe, du und die Kids hattet einen schönen Tag? Alles Liebe, Patrick*. Ich antwortete: *Ja, danke. Und du? Küsschen, C.* Darauf erwiderte er: *Ja, sehr gut. Kuss, Patrick.*

Der Abend verlief wie üblich: Badezeit, Gutenachtgeschichte, Umarmung und Kuss zum Einschlafen. Bevor ich selbst zu Bett ging, probierte ich noch das neue Kleid mit High Heels an – im Geschäft hatte ich bloß Sneakers getragen.

Ich betrachtete mich im Spiegel und kam zu dem Schluss, dass das Kleid eine gute Wahl gewesen war. Die paar Extrapfunde, die ich seit den Geburten von Adrian und Paula am Bauch zugelegt hatte, sah man nicht. Mit ein wenig Make-up würde ich bestimmt halbwegs vorzeigbar aussehen.

Normalerweise würde ich mich als besonnen und vernünftig bezeichnen, aber an den beiden Tagen vor unserem Date verhielt ich mich wie ein junges Schulmädchen, das zum ersten Mal verabredet ist. Das lag nicht nur an der Vorfreude, mich mit Patrick zu treffen, sondern auch daran, dass ich zum ersten Mal seit Langem abends ausgehen würde.

Am Donnerstag bereitete ich früh das Abendessen für Adrian und Paula vor. Während sie aßen, duschte und föhnte ich mich. Nachdem die Kinder gegessen hatten, half ich Paula beim Umziehen. Sie setzte sich im Schlafanzug nach unten. Adrian würde sich später alleine fertig machen. Ich ging wieder nach oben und zog vorsichtig ein neues Paar Strumpfhosen, das gelbe Kleid und High Heels an. Dann trug ich Make-up auf und bürstete noch einmal meine Haare. Als es um 18.45 Uhr an der Haustür klingelte, war ich ausgehfertig.

»Hi, Cathy«, begrüßte mich Jenny, als ich die Tür öffnete. »Du siehst toll aus.«

»Vielen Dank.«

»Eure Mum ist wunderschön, oder?«, fragte sie die Kinder, die mit mir an die Haustür gekommen waren.

Sie sahen mich an und nickten. Dann erklärte Paula: »Mummy

geht heute Abend mit Patrick aus. Erwachsene gehen manchmal ohne Kinder weg.«

Jenny und ich grinsten. »Ja, das stimmt«, entgegnete Jenny. »Ich glaube, deine Mutter könnte das ruhig öfter machen.«

Wir gingen gemeinsam in die Küche, und ich zeigte Jenny, wo wir Tee, Kaffee und Kekse aufbewahrten. »Bedien dich einfach«, sagte ich. »Wenn du etwas nicht finden solltest, kann dir Adrian weiterhelfen.«

»Ich auch«, rief Paula.

»Ja, Schatz. Aber du solltest dann eigentlich schon schlafen«, erinnerte ich sie.

Wir setzten uns ins Wohnzimmer und unterhielten uns ein bisschen. Ich konnte mich allerdings kaum auf das Gespräch konzentrieren, da ich ständig auf die Uhr sehen musste. Um genau sieben Uhr klingelte es, und ich stand auf.

»Kann ich Patrick Hallo sagen?«, fragte Paula und stand auch auf.

»Ja, komm mit. Aber schnell bitte. Draußen steht ein Taxi.«

Adrian und Paula folgten mir den Flur entlang, während Jenny ein Magazin vom Wohnzimmertisch nahm und darin blätterte.

»Was für ein Begrüßungskomitee!«, rief Patrick, als ich mit einem Kind an jeder Seite die Tür öffnete. »Du siehst toll aus, Cathy«, sagte er und küsste meine Wange.

»Vielen Dank.« Ich merkte, dass ich rot wurde.

»Ist die Babysitterin schon da, oder soll ich dem Taxifahrer Bescheid geben, dass wir noch einen Moment brauchen?«, fragte Patrick.

»Nein, sie ist schon da. Die Kinder wollten dich nur begrüßen.«

Patrick nickte ihnen zu. »Seid schön brav«, sagte er. »Ich passe gut auf eure Mum auf. Wir kommen nicht so spät zurück, versprochen.«

»Es darf ruhig spät werden«, rief Jenny aus dem Wohnzimmer.

Ich lachte. »Komm rein, ich stell euch schnell vor«, sagte ich. »Jenny ist eine meiner ältesten Freundinnen.«

»Nix da alt!«, lachte Jenny und kam in den Flur.

Patrick trat ihr entgegen und begrüßte sie mit einem Wangenkuss. »Schön, dich kennenzulernen.«

»Gleichfalls«, sagte Jenny. Dann wandte sie sich zu Adrian und Paula um, die immer noch neben mir standen: »So, jetzt sagt Tschüss zu eurer Mum und Patrick. Dann gehen wir rein, und ich lese euch was vor.«

Jenny nahm Paula an der Hand, und wir gingen gemeinsam zur Haustür. Ich gab den Kindern einen Gutenachtkuss, bedankte mich noch einmal bei Jenny und folgte Patrick dann nach draußen zum wartenden Taxi. Patrick öffnete die Tür und half mir beim Einsteigen. Dann ging er um den Wagen herum und setzte sich auf die andere Seite.

»Viel Spaß!«, rief Jenny.

»Haben wir«, sagte ich und winkte zum Abschied.

Als das Taxi anfuhr, warf ich noch einen letzten Blick auf Jenny, die uns von der Haustür aus nachsah. Plötzlich war mir traurig zumute. Ich fühlte Wut und Bedauern in mir aufflammen. Diese Szene erinnerte mich an das letzte Mal, als Jenny auf die Kinder aufgepasst hatte: Es war der Abend von Johns Weihnachtsfeier gewesen. Der letzten Büroparty, die wir gemeinsam besucht hatten. Kurz darauf hatte er mich verlassen. Jenny hatte auch damals gesagt, ich würde toll aussehen, und dann hatte sie uns viel Spaß gewünscht. Es war tatsächlich ein schöner Abend gewesen. Doch ein paar Monate später fand ich heraus, dass die junge Frau, der John mich vorgestellt hatte, diejenige war, mit der er eine Affäre hatte. Seine persönliche Assistentin, für die er uns verlassen hatte.

»Alles in Ordnung?«, fragte Patrick und berührte sanft meinen Arm.

»Ja«, ich sah ihn an. »Ich hab mich nur gerade an was erinnert.«

»Na, solange das eine schöne Erinnerung war. Du kennst ja bestimmt das irische Sprichwort: ›Erinnere dich an das, woran es sich zu erinnern lohnt. Vergiss, was vergessen werden sollte.‹«

Ich lachte. »Weise Worte.«

Vierzehntes Kapitel

»Mögen Glückseligkeit und Frieden dich umgeben«

Patrick hatte einen Tisch in einem sehr eleganten Restaurant reserviert. Das Old Manor war ein altes Landhaus aus dem 17. Jahrhundert. Vieles war noch original erhalten, und den Gastraum schmückten rustikale Dachbalken, ein großer offener Kamin und kleine Alkoven mit Sprossenfenstern.

»Wunderschön«, sagte ich zu Patrick, während wir einer Kellnerin zu einem Tisch in einem der Alkoven folgten.

»Schön, dass es dir gefällt. Warst du schon einmal hier?«

»Ja, aber das ist lange her.«

Jeder Tisch war mit einer weißen Leinentischdecke, Kerzen und Blumen eingedeckt. Es war genau die Art von Ort, die man mit kleinen Kindern nicht besucht, da man sich dann sorgen müsste, dass sie das weiße Leinen beschmutzen und die Blumen und Kerzen umwerfen würden.

Die Kellnerin reichte uns die Speisekarte, nannte die Tagesgerichte und fragte dann, ob wir einen Aperitif einnehmen wollten. Ich bestellte einen Orangensaft und Patrick einen Scotch mit Eis.

»Wie geht's Michael?«, fragte ich, nachdem die Kellnerin gegangen war.

»Gut. Er spielt Autorennen mit Nora. Ich glaube, sie weiß nicht, worauf sie sich da eingelassen hat.«

Ich grinste. »Adrian wünscht sich jetzt auch eine Rennbahn.«

Patrick nickte. »Ich glaube, alle Jungs haben im Laufe ihrer Kindheit mal eine elektrische Eisenbahn. Ich natürlich auch.«

»Mein Bruder hat seine immer noch«, stimmte ich zu. »Die steht gemeinsam mit seinen Matchbox-Autos auf dem Dachboden unserer Eltern. Er hat neulich noch darüber gesprochen – er vermutet, dass sie heute ganz schön was wert sein könnten.«

»Das könnte durchaus sein. Matchbox-Autos sind Sammlerstücke. Er sollte sie schätzen lassen.«

Wir widmeten uns wieder der Karte. »Weißt du schon, was du essen möchtest?«, fragte Patrick einen Moment später. »Ich kann das Steak empfehlen, falls du gern Fleisch isst. Das war früher immer sehr gut.«

»Ich esse nicht so viel Fleisch, aber der Lachs klingt sehr gut.«

»Ist er auch. Kathleen hat ihn immer bestellt.«

Ich sah auf. »Bist du oft mit Kathleen hierhergekommen?«

»Nur zu besonderen Anlässen: Geburtstage, Hochzeitstag und so weiter. Eamon und Colleen waren auch ein paar Mal dabei. Das letzte Mal waren wir kurz nach Michaels Geburt hier. Dann wurde Kathleen krank, und wir sind kaum noch essen gegangen.«

Die Kellnerin brachte die Getränke, und wir gaben unsere Bestellung auf. Auf Vorspeisen verzichteten wir beide. Patrick bestellte das Steak – medium – und ich den pochierten Lachs. Beides hatte Drillinge und Marktgemüse als Beilage. Patrick fragte nach der Weinkarte und bestellte eine Flasche Sauvignon, der gut zu meinem Lachs passen würde. »Wir fahren ja nicht, da können wir uns ruhig ein bisschen Wein gönnen«, sagte er, und ich stimmte zu.

Während wir auf das Essen warteten, kamen wir ganz automatisch auf unsere Kinder zu sprechen. Patrick erzählte, dass Michael gut in Mathe sei, Lesen und Schreiben jedoch nichts abgewinnen könne. Er hoffte, dass sich das noch ändern würde, da er selbst stundenlang in gute Bücher versinken könne. Ich erzählte, dass mir das auch gefällt – solange ich Zeit dafür habe.

Das Essen wurde serviert, und wir setzten unser Gespräch locker fort. Es ging um alles Mögliche: das Wetter, tagespolitische Themen, Ferien, unsere Schulzeit im Vergleich zu der unserer Kinder und so weiter. Das Einzige, das wir ausklammerten, war Patricks Krankheit. Sie kam erst gegen Ende des Abendessens zur Sprache. Die Teller waren schon abgeräumt, und wir warteten auf unseren Kaffee, als Patrick sagte: »Ich habe letztes Wochenende mit meiner Tante aus Wales telefoniert.« Ich nickte. »Zuletzt habe ich sie bei Kathleens Beerdigung gesehen. Ist eine komische Frau.«

Ich sah ihn fragend an.

Er zuckte mit den Schultern. »Sie ist eine fromme Presbyterianerin, die versucht, jeden zu missionieren. Es ist nicht einfach, mit ihr zu sprechen. Ständig geht es um die Feuer der Hölle und Verdammnis.« Er lachte wegwerfend. »Stella hat vorgeschlagen, dass ich sie anrufen soll, um sie zu fragen, ob sie sich langfristig um Michael kümmern würde, doch sie hat kein Interesse. Offen gestanden bin ich ziemlich erleichtert. Mir ist es lieber, wenn Michael zu einer netten Pflegefamilie kommt. Stell dir vor: Sie hat tatsächlich gesagt, ich hätte einfach neu heiraten sollen, dann gäbe es jetzt kein Problem.«

»Ernsthaft?«, rief ich entsetzt.

Er lachte. »Und ob. Was hätte ich denn tun sollen? Eine Anzeige aufgeben: ›Suche Ehefrau und Mutter für den Fall, dass ich frühzeitig den Löffel abgebe‹?«

Wir lachten beide. Dann sagte ich: »Deine Tante klingt jedenfalls nicht nach einem Menschen, dem man seine Kinder anvertrauen möchte.«

»Ist sie nicht«, bestätigte Patrick. »Das sehe ich genauso.«

Jills Warnung zum Trotz musste ich dringend etwas loswerden. Ich setzte mein Weinglas auf dem Tisch ab und lehnte mich leicht nach vorne. Patrick sah gedankenverloren ins Kerzenlicht.

»Patrick, ich möchte heute nicht über deine Krankheit reden.

Wir hatten einen wunderbaren Abend. Es gibt allerdings etwas, das ich dir dringend sagen möchte.« Er sah auf und erwiderte fragend meinen Blick. »Falls die Situation es verlangt und du und Michael es möchtet, könnte ich mich um ihn kümmern. Langfristig, meine ich. Mach dir also keine Sorgen.«

Es entstand eine kurze Pause, dann sagte er: »Würdest du das wirklich tun, Cathy? Du bist wirklich eine außergewöhnliche Frau.« Sein Blick wurde glasig, und er sah schnell weg.

»Wie dem auch sei«, fuhr ich darum fort, »lass uns lieber über etwas Schönes sprechen. Falls ihr am Wochenende noch nichts vorhabt, könnt ihr gern zu dem versprochenen Dinner vorbeikommen.«

»Sehr gern«, erwiderte er strahlend. »Ich freue mich jetzt schon.«

Wir tranken unseren Kaffee, dann orderte Patrick die Rechnung.

»Sollen wir zusammenlegen?«, fragte ich und nahm mein Portemonnaie aus der Tasche.

»Auf keinen Fall!«, erwiderte Patrick bestimmt.

»Nun gut«, sagte ich. »Vielen Dank. Es war ein schöner Abend!«

»Finde ich auch. Danke dir.«

Wir standen auf, und er half mir in den Mantel.

Draußen standen zwei Taxis. Patrick begleitete mich zu dem vorderen, gab dem Fahrer meine Adresse und öffnete mir dann galant die Tür zum Einstieg.

»Nettes Restaurant«, kommentierte der Taxifahrer. Patrick ließ sich neben mir nieder, und wir fuhren los.

»Da haben Sie recht«, stimmten wir zu.

»Der Besitzer hat vor einer Weile gewechselt, aber es ist gleich gut geblieben«, sagte er. Während der fünfzehnminütigen Fahrt führten wir den Small Talk locker fort. Mir fiel auf, dass der Fahrer mir immer wieder Blicke im Rückspiegel zuwarf. Als wir in meine Straße einbogen, sagte er: »Hier war ich schon mal! Sie kamen mir gleich so bekannt vor.«

Patrick und ich erwiderten seinen Blick im Rückspiegel.

»Sie haben mal nach dem Kind meiner Nachbarn gesehen«, sagte er zu mir. »Ist schon eine Weile her. Damals lief es nicht so besonders bei ihnen.«

»Ach, tatsächlich?«, antwortete ich überrascht.

»Er heißt Carl. Seine Mum ist Chrissie. Damals war er ungefähr drei Jahre alt.«

»Ich erinnere mich«, sagte ich. Gleichzeitig wunderte es mich jedoch, dass der Taxifahrer sich an mich erinnerte. »Wie geht es den beiden?«

»Ziemlich gut. Sie wohnen immer noch neben mir. Ich hab die beiden damals bei Ihnen abgeholt.«

»Verstehe«, erwiderte ich. »Sie haben ja ein beeindruckendes Gedächtnis.« An Carl und seine Mutter konnte ich mich erinnern, aber den Taxifahrer hätte ich nicht wiedererkannt.

»Ich muss Chrissie unbedingt erzählen, dass ich Sie getroffen habe.«

»Richten Sie ihr bitte meine Grüße aus. Es freut mich sehr, dass es Carl und ihr gut geht.«

Wir hielten vor meinem Haus. Obwohl ich allmählich etwas müde war, lud ich Patrick noch auf einen Kaffee ein. Dankenswerterweise lehnte er ab. Wir mussten beide früh aufstehen und unsere Kinder zur Schule bringen. Patrick bat den Fahrer, kurz zu warten, und brachte mich zur Haustür.

»Danke noch einmal für einen wundervollen Abend«, sagte ich, als Patrick mir einen Wangenkuss zum Abschied gab.

»Ich habe zu danken«, antwortete er. »Schlaf gut. Ich melde mich morgen wieder, in Ordnung?«

»Natürlich.«

Er küsste mich noch einmal auf die Wange und ging dann zum Taxi zurück. Ich betrat leise das Haus. Um die Kinder nicht zu wecken, zog ich vorsichtig die Schuhe aus und ging dann auf Zehenspitzen zum Wohnzimmer. Jenny hatte den Fernseher leise gestellt, damit sie die Kinder gegebenenfalls hören würde.

»Hattest du einen schönen Abend?«, flüsterte sie zur Begrüßung.

»Hatte ich! Wir waren im Old Manor.«

»Oh, wie schön. Ben und ich haben seine Eltern letztes Jahr zum Geburtstag seiner Mutter dorthin ausgeführt.«

Ich setzte mich auf die Couch, und Jenny erzählte mir, dass der Abend mit Adrian und Paula gut verlaufen war. Sie waren pünktlich ins Bett gegangen und sofort eingeschlafen. Einmal hatte das Telefon geklingelt, doch es sei nur ein Handelsvertreter am Apparat gewesen, den sie schnellstmöglich abgewimmelt habe. Jenny stand auf und sagte, sie würde mich nun auch schlafen lassen. Ich bedankte mich noch einmal und brachte sie zur Haustür. Ich wartete, bis sie sicher im Wagen saß, dann schloss ich die Tür und riegelte von innen ab. Anschließend schaltete ich das Licht im Flur aus und ging nach oben.

Obwohl ich sehr müde war, wirbelten meine Gedanken wild durcheinander. Ich war froh, dass ich Patrick angeboten hatte, Michael dauerhaft aufzunehmen. Hoffentlich würde er gar nicht erst darauf zurückkommen müssen. Es war jedoch gut gewesen, zu sehen, wie sehr es ihn erleichtert hatte. Trotzdem wusste ich auch, dass Jill mein Vorgehen negativ aufstoßen würde, sollte sie jemals davon hören. Als Pflegemutter wäre es meine Pflicht gewesen, zunächst mit der Agentur darüber zu sprechen.

Es war schon nach Mitternacht, als ich endlich einschlief. Am nächsten Morgen fiel es mir entsprechend schwer, um sechs Uhr aufzustehen. Mit müden Gliedern hievte ich mich aus dem Bett, duschte und zog mich an. Dann weckte ich Adrian und Paula. Beim Frühstück fragten sie mich, ob Patrick und ich einen schönen Abend verbracht hatten. Außerdem wollten sie wissen, wann sie Michael das nächste Mal sehen würden.

»Sonntag«, antwortete ich. »Ich habe die beiden zum Essen eingeladen. Sie kommen direkt nach dem Gottesdienst vorbei.«

»Können wir mitkommen?«, fragte Paula.

»Nein, Spatz«, entgegnete ich. »Die beiden gehen doch in eine katholische Kirche.«

»Was ist eine katholische Kirche?« Die Frage war zu erwarten gewesen. »Glauben die nicht an Jesus?«

»Doch, tun sie. Aber auch die heilige Jungfrau Maria spielt eine große Rolle.« Sobald ich das gesagt hatte, war klar, dass die Formulierung unvorsichtig gewählt war.

»Was ist eine heilige Jungfrau?«, hakte Paula prompt nach.

Adrian grinste.

»Das ist die Frau, die Jesus zur Welt gebracht hat. Aber ohne verheiratet zu sein.«

Adrians Grinsen wurde breiter.

»Du bist doch auch nicht verheiratet«, sagte Paula unschuldig. »Bist du auch eine heilige Jungfrau?«

Adrian prustete vor Lachen und spuckte die Hälfte seiner Cornflakes wieder aus.

»Das reicht!«, zischte ich ihm zu. Dann wandte ich mich an Paula: »Nein, ich bin keine heilige Jungfrau. Es gibt nur eine einzige, und das war die Mutter von Jesus. Schluss mit den Fragen, ihr habt noch nicht einmal aufgegessen, und wir müssen bald los. Sonst kommen wir zu spät zur Schule und zum Kindergarten.« Mein Schädel brummte, und ich wollte auf keinen Fall auch noch erklären müssen, was eine Jungfrau war. Ich trinke normalerweise höchstens ein einzelnes Glas Wein. Am Vorabend hatten Patrick und ich jedoch eine ganz Flasche geleert.

Am Samstagmorgen fuhren wir zum Supermarkt. Ich besorgte alles, was ich zum Kochen brauchte. Außerdem kaufte ich noch ein paar Sachen, die man immer im Haus haben sollte: Brot, Milch, Obst und Toilettenpapier. Am Nachmittag besuchten wir meine Eltern, die wir alle zwei Wochen sahen. Wir hatten uns immer nah gestanden, und unsere Beziehung war nach Johns Auszug noch enger geworden. Mein Vater nahm nun die Rolle eines männlichen Vorbilds ein.

Bevor ich abends schlafen ging, holte ich das Hähnchen zum Auftauen aus dem Tiefkühlgerät, stellte unser feinstes Geschirr und das beste Besteck bereit und suchte ein paar Leinenservietten heraus. Am nächsten Morgen stand ich um acht Uhr auf und fuhr mit den Vorbereitungen fort. Die Kinder wachten erst später auf. Nach dem Frühstück bat ich Adrian, sein Zimmer aufzuräumen. Er machte sich sofort ans Werk und rief mich dreißig Minuten später zu sich. Ich schnappte vor Überraschung nach Atem. »Das sieht ja super aus!«, rief ich. »Toll gemacht. Ich bin echt beeindruckt.«

Gegen elf Uhr klingelte das Telefon. Kurz fürchtete ich, Patrick würde spontan absagen. Doch es war John, der mit den Kindern sprechen wollte. Er hatte sie zu Monatsbeginn gesehen und würde sie am nächsten Sonntag erneut besuchen. Ich begrüßte ihn steif und holte dann Adrian und Paula an den Apparat. Anschließend ging ich in die Küche und kümmerte mich wieder um das Essen. Die Tür stand offen, und ich hörte, wie sie sich nach etwa zehn Minuten von ihrem Vater verabschiedeten. Dann kamen Adrian und Paula in die Küche.

»Dad hat uns gebeten, dich noch einmal daran zu erinnern, dass wir nächsten Sonntag bei ihm sind«, sagte Adrian.

»Okay, kein Problem. Ich weiß Bescheid.« Warum John mir das nicht direkt hatte sagen können, wunderte mich.

Um ein Uhr klingelte es an der Haustür, und wir waren bereit:

Das Haus war sauber und ordentlich, das Hähnchen schmorte im Ofen, und das Gemüse war geputzt und zum Anbraten vorbereitet.

»Ihr seht ja schick aus«, rief ich, als ich die Haustür öffnete. Patrick und Michael waren direkt nach dem Gottesdienst aufgebrochen und trugen beide einen Anzug samt Krawatte.

»Kleider machen Leute«, sagte Patrick grinsend. Dann drückte er mir eine Weinflasche und eine riesige Pralinenschachtel in die Hände.

»Oh, vielen Dank. Das wäre doch nicht nötig gewesen«, wehrte ich spaßhaft ab.

»Ist mir ein Vergnügen«, sagte Patrick grinsend und gab mir ein Begrüßungsküsschen.

Patrick und Michael hängten ihre Jacketts an der Garderobe auf. Dann fragte Patrick, ob es mir recht wäre, wenn sie ihre Krawatten abnahmen.

»Klar, macht das.« Michael zog seine schnell ab und öffnete den obersten Hemdknopf. Patrick tat es ihm nach und steckte dann beide Krawatten in seine Jacketttasche.

Michael rannte zu den Kindern nach oben. Patrick folgte mir in die Küche und meinte: »Das duftet ja köstlich!«

»Ich hoffe, es schmeckt auch so«, antwortete ich. »Könntest du vielleicht eben den Wein öffnen, während ich nach dem Hähnchen sehe? Der Flaschenöffner liegt in der Schublade«, ich nickte in die entsprechende Richtung, »und die Gläser sind direkt darüber.«

Patrick tat wie geheißen, während ich vorsichtig den Backofen öffnete. Ich nahm das heiße Blech heraus und bepinselte das Hähnchen mit Bratensoße. Patrick entkorkte währenddessen den Wein. Ich hörte das Ploppen, gefolgt von einem leisen Gluckern, als Patrick den Wein einschenkte. Tränen verschleierten für einen Moment meinen Blick. Diese Vertrautheit traf einen Nerv. Als

Patrick sagte: »Einen Toast«, riss ich mich zusammen und drehte mich ihm zu.

Ich stellte mich gerade vor ihm hin und sah ihn an. Er reichte mir ein Weinglas und reckte sein eigenes in die Höhe. »Hier ist noch einer meiner irischen Segenswünsche. Für Cathy: Möge Friede in deinem Haus sein und Glück in deinem Herzen.«

»Tausend Dank, das ist wunderschön«, entgegnete ich. »Das wünsche ich dir auch.«

Fünfzehntes Kapitel

Fester Freund

Der Sonntag verlief großartig. Patrick und ich saßen gemeinsam mit den Kindern am großen Esstisch und genossen das Essen wie eine ganz normale Familie. Es wurde viel geredet und gelacht, und Patrick betonte immer wieder, wie gut ihm alles schmecke. Als ich schließlich den Nachtisch servierte – es gab selbstgemachten Schokoladenpudding –, klatschten alle, und ich verbeugte mich scherzhaft. Das Wetter war schön, und so gingen wir nach dem Essen in den Garten hinaus. Patrick und ich nahmen auf einer Bank Platz und beobachteten die Kinder beim Spielen. Sie übten Handstand und Radschlagen.

»Mum, guck mal!«, riefen Adrian und Paula.

»Dad, guck mal!«, rief Michael.

»Das sieht toll aus! Besser als im Zirkus«, lobten wir.

Gegen fünf Uhr verkündete Adrian, er habe Hunger. Also machte ich Schinken-Käse-Sandwiches, die wir draußen aßen. Ich hatte auch Limonade für alle mitgebracht, und es wurde ein richtiges kleines Picknick. Gegen Abend wurde es kühl, also sammelten wir das Spielzeug ein und gingen hinein. Patrick meinte, sie müssten sich langsam auf den Heimweg machen. Er bot an, mir vorher noch beim Abwasch zu helfen, was ich ablehnte. Dann rief er ein Taxi. Zum Abschied winkten Adrian, Paula und ich. Es war ein wunderbarer Tag, an den ich mich sehr gern erinnere.

Es wurde Mai. Die Kinder und ich trafen uns nun regelmäßig mit Patrick und Michael. Am Wochenende unternahmen wir alle gemeinsam etwas, und unter der Woche trafen Patrick und ich uns zu zweit. Manchmal kam er zu uns, dann passten Nora oder Colleen auf Michael auf. Wenn ich ihn besuchte, kümmerten sich Jenny oder Rose um die Kinder. Ab und an gingen wir auch aus: spazieren am See oder ins Kino, wo wir uns mit Popcorn vollstopften und uns köstlich amüsierten. Die Pflichten des Alleinerziehenden-Daseins für ein paar Stunden vergessen zu können erlaubte uns eine seltene Unbeschwertheit. Aber auch wenn wir alle zusammen waren, war die Stimmung entspannt, und es wurde viel gelacht. Wir machten klassische Familienausflüge in den Park und ins Schwimmbad, wo ich mit den Kindern ins Becken ging, während Patrick uns vom Rand aus beobachtete. Anschließend tranken wir alle zusammen warmen Kakao.

Patrick und ich sprachen nie über seine Krankheit. Ich dachte auch nur selten daran. Er sah gut aus, wenn auch sehr hager. Aber er aß normal, und ich hoffte, dass er bald wieder zunehmen würde. Manchmal wurde er kurzatmig, aber das legte sich schnell, wenn er sich einen Moment ruhig hinsetzte. Das Krankenhaus kam nur einmal zur Sprache – nachdem Patrick für ein paar Tests hingefahren war. Er sagte, sein Arzt habe ihn dafür gelobt, dass er »nicht einfach das Handtuch werfe«. Ich lächelte und sagte: »Warum solltest du? Es geht dir doch gut.« Den negativen Unterton ignorierte ich und konzentrierte mich allein darauf, dass der Arzt Patrick gelobt hatte.

Es war wohl nur eine Frage der Zeit, bis John etwas von Patrick erfuhr. Obwohl ich nichts Falsches tat, gab er mir das Gefühl, ich würde mich nicht korrekt verhalten. Paula hatte ihm wahrscheinlich etwas erzählt, als er sie zum Sonntagsausflug abgeholt hatte. Ich konnte mir genau vorstellen, wie sie einen unschuldigen Kommentar von sich gegeben hatte und John sie daraufhin ausgefragt hatte. Am Montag nach dem Ausflug rief er mich an.

»Hallo Cathy. Hier ist John«, sagte er angespannt. »Ich muss mit dir reden.« Ich war überrascht, seine Stimme zu hören. Normalerweise rief er nur am Wochenende an, um mit den Kindern zu sprechen. Also vermutete ich, dass er über die Scheidung sprechen wollte. Ich hatte noch immer keinen Anwalt beauftragt, und das, obwohl ich wusste, dass John bald wieder heiraten wollte. Tatsächlich ging es jedoch gar nicht um die Scheidung, und er wollte auch nicht »reden«. Stattdessen stieß er heftige Anschuldigungen hervor.

»Ich hab gehört, dein neuer Freund wohnt jetzt im Haus«, fing er an. »Also werde ich entsprechend die Alimente kürzen. Ich hab auch mit meinem Anwalt gesprochen. Er meint, dass wir nun beide des Ehebruchs schuldig sind. Schließlich sind wir ja immer noch verheiratet. Ich möchte also noch einmal über die Konditionen sprechen und …«

»John!«, platzte es aus mir heraus. »Patrick ist nicht mein Freund. Er ist *ein* Freund. Außerdem bleibt er nie über Nacht.«

»Netter Versuch«, sagte John spöttisch. »Er ist noch da, wenn die Kinder ins Bett gehen.«

»Ja, manchmal kommt er abends zu Besuch. Aber er verlässt das Haus spätestens um elf Uhr.«

»Und wer kümmert sich um meine Kinder, wenn ihr zwei auf dem Sofa rummacht?«, fragte er.

»Die liegen um die Zeit ruhig im Bett. Außerdem machen wir nicht rum. Wir unterhalten uns«, entgegnete ich aufgebracht. Es fiel mir schwer, mich zu verteidigen. Dass Patrick der Vater eines Jungen war, den ich bald beherbergen würde, ließ ich außen vor. Es ging John nichts an, und in seiner Verfassung hätte das wohl auch keinen Unterschied gemacht.

»Falls ich den Eindruck bekomme, dass du dich nicht richtig um die Kinder kümmerst, bemühe ich mich ums Sorgerecht«, drohte John. Das war das Schlimmste, was er sagen konnte, und das wusste er. Mir wurde übel, und mein Herz krampfte sich vor Angst zusammen. John hatte eine ausgeprägte Kämpfernatur, und wenn er sich nun gegen mich stellte, hätte ich keine Chance.

»Den Kindern geht es gut«, versicherte ich mit bemüht ruhiger Stimme. »Du weißt, dass sie für mich immer an erster Stelle kommen. Wenn du nicht möchtest, dass Patrick im Haus ist, wird er nicht mehr hierherkommen. Ich suche mir morgen einen Anwalt und vereinbare einen Termin, damit wir den Scheidungsprozess in Angriff nehmen können.« Das schien ihn zu beruhigen.

»Also kann ich meinem Anwalt sagen, dass er bald von deinem hören wird? Und die Scheidung verläuft einvernehmlich? Der Seitensprung ist vom Tisch?«

»Ja«, antwortete ich leise.

»Gut. Ich melde mich am Wochenende wieder, um mit den Kindern zu reden. Tschüss.«

Ich blieb auf dem Sofa sitzen und legte langsam den Hörer auf. Mein Herz raste, und Tränen brannten in meinen Augen. Nicht nur die Anschuldigungen taten weh, sondern auch die Art und Weise, in der John sie hervorgebracht hatte. Ich wusste, dass ich mich nun endlich um einen Anwalt bemühen musste. Ansonsten würde John mir das Leben sehr schwer machen. Als ich so dort saß, war mir klar, dass meine Ehe endgültig vorbei war und dass es die Person, von der ich dachte, sie wäre die Liebe meines Lebens, nicht mehr gab.

Paula hatte Patrick nicht nur gegenüber John erwähnt. Als wir das nächste Mal meine Eltern besuchten, fragte meine Mutter in verschwörerischem Ton: »Wer ist denn dieser Patrick, von dem Paula erzählt hat?«

Ich lächelte. Meine Mutter wünschte sich sehnlichst einen

neuen »Gefährten« für mich, wie sie sich ausdrückte. »Das ist ein Freund«, sagte ich etwas ausweichend. Doch dann ergänzte ich: »Ein Witwer, um dessen Sohn ich mich letzten Monat gekümmert habe.«

»Ach so. Verstehe«, flötete sie. Ihre Augen schienen bei dem Gedanken an eine baldige Hochzeit aufzuleuchten. »Wann können wir ihn kennenlernen?«

»Erst mal nicht. Zunächst muss die Scheidung durch sein.«

»Und wie kam es, dass du dich um seinen Sohn gekümmert hast?«, fragte sie.

»Patrick ging es nicht gut. Er musste ins Krankenhaus, und niemand anders konnte Michael zu sich nehmen.«

»Wie traurig. Gut, dass du helfen konntest. Lieb von dir.« Das sagte meine Mutter immer, wenn ich ein Kind bei uns aufgenommen hatte. Tatsächlich fand ich es wiederum sehr lieb von meinen Eltern, dass sie jedes meiner Pflegekinder mit offenen Armen bei sich willkommen hießen.

Den ganzen Mai über hörte ich weder etwas von Jill noch von Stella. Das überraschte mich nicht. Schließlich war Michael noch nicht bei uns untergebracht. Es war allerdings unüblich, dass ich einen ganzen Monat lang kein Kind zugeteilt bekam. Es gibt viel zu wenige Pflegefamilien, sodass eigentlich immer Bedarf besteht. Weil ich als Springer für die Verpflegung Michaels im Hintergrund blieb, wurde das Bett sozusagen freigehalten. Aber da Patrick sich langsam zu erholen schien, hoffte ich, dass meine Springerfunktion bald aufgehoben werden würde.

Am ersten Sonntag im Juni unternahmen Adrian und Paula einen Ausflug mit ihrem Vater. Das Wetter war fantastisch. Die Sonne schien, keine Wolke war am Himmel, und ein sanfter Wind ging durch die Baumwipfel. Ich war im Garten, rupfte Unkraut und sog den Duft frisch gemähten Rasens ein. Dann klingelte das Telefon. Ich wischte meine Hände an der Hose ab und ging durch die Verandatür nach drinnen. Dort hob ich den Hörer ab.

»Mrs Glass?«, fragte eine männliche Stimme.

»Ja, am Apparat.«

»Ich bin ein Sozialarbeiter. Wenn ich recht verstanden habe, kümmern Sie sich um Michael Byrne?«

»Ja, aber er wohnt derzeit nicht hier. Er ist wieder bei seinem Vater«, sagte ich und wunderte mich über den Grund des Anrufs.

Nach einer kurzen Pause fragte der Sozialarbeiter: »Wann war Michael bei Ihnen?«

»Letzten Monat. Er war nur für ein Wochenende da. Warum möchten Sie das wissen?«

Er ignorierte meine Frage und fuhr fort: »Sie sind als Pflegemutter für Michael gelistet.«

»Ja, das stimmt.«

»Können Sie ihn bitte abholen? Er ist mit seinem Vater im St. Mary's Krankenhaus.«

Endlich verstand ich den Anlass des Gesprächs. »Michaels Vater geht es nicht gut?«

»Ja, er ist auf dem Rückweg von der Kirche zusammengebrochen. Ein Passant kam ihm zu Hilfe und hat den Krankenwagen gerufen. Michael ist dann mit ihm zusammen zum Krankenhaus gefahren. Wann können Sie hier sein?«

»Ich fahre direkt los. In zwanzig Minuten bin ich dort.«

»Ist gut. Ich gebe dem Krankenhaus Bescheid.«

»Danke. Sagen Sie Michael, dass ich sofort komme.«

Sechzehntes Kapitel

Das leere Haus

Ich verriegelte in Windeseile die Verandatür. Dann lief ich in die Küche und schloss die Hintertür ab. Ich stürzte den Flur hinunter, schlüpfte hastig in meine Schuhe, schnappte meine Handtasche und rannte hinaus. Mein Herz pochte heftig, und meine Gedanken wirbelten wild durcheinander. Patrick war im Krankenhaus. Der Patrick, der noch am Vorabend putzmunter geklungen hatte. Und der kleine Michael hatte seinen Vater zusammenbrechen sehen und wartete nun auf mich. Wie schlecht war es um Patrick bestellt? Der Sozialarbeiter hatte nichts weiter gesagt. Ich versuchte mich zu beruhigen, indem ich an Patricks letzten Krankenhausaufenthalt zurückdachte. Damals hatte eine Bluttransfusion geholfen.

Glücklicherweise herrscht sonntags nur wenig Verkehr, und ich traf schon fünfzehn Minuten später am Krankenhaus ein. Doch auf dem Parkplatz angekommen verlor ich kostbare Minuten mit der Suche nach einer freien Parklücke und musste anschließend auch noch ein Ticket lösen. Dann rannte ich über den Parkplatz und betrat das Krankenhaus durch die Drehtür am Haupteingang. Ich wusste nicht, wo Patrick und Michael waren. Da Patrick als Notfall eingeliefert worden war, vermutete ich jedoch, dass sie in der Notfallambulanz sein könnten. Ich folgte den Wegweisern, bis ich vor einem Rezeptionstisch stand.

Zwei Frauen in weißen Uniformen saßen hinter Computerbildschirmen am Tisch. Keine von beiden sah auf, als ich mich näherte. Hinter mir war niemand, doch es warteten bereits etliche Leute auf den Stühlen ringsherum. Ich war außer mir vor Sorge und dementsprechend ungeduldig.

»Entschuldigen Sie bitte«, sagte ich laut. Die Frauen sahen auf. »Das Sozialamt schickt mich. Patrick Byrne wurde vorhin eingeliefert, und ich soll mich um seinen Sohn Michael kümmern.«

»Wie heißen Sie?«, fragte eine der Rezeptionistinnen gleichgültig. Ihre Kollegin wandte sich wieder dem Computer zu.

»Cathy Glass. Ich bin Michaels Pflegemutter. Man erwartet mich.«

Sie sah auf den Bildschirm und tippte etwas ein. »Patrick Byrne?«, fragte sie dann.

»Ja.«

»B-y-r-n-e?«, hakte sie nach und buchstabierte den Nachnamen Buchstabe für Buchstabe.

»Ja.«

Sie tippte noch etwas ein, griff nach dem Telefonhörer und drückte eine Schnellwahltaste. »Hi, hier ist Anna von der Anmeldung«, sagte sie. »Eine Mrs Glass wartet hier. Sie kommt, um Michael Byrne abzuholen.« Sie hielt inne und wartete auf eine Antwort. Ich wartete ebenfalls, warf ihr einen nervösen Blick zu und hoffte, dass, wer auch immer am anderen Ende der Leitung war, sich beeilen möge. Eine Minute verging, dann sagte die Rezeptionistin: »Okay, danke. Ich schick sie zu euch.«

Sie legte auf und sah mich an. »Gehen Sie durch die Tür da«, ich sah in die Richtung, in die sie deutete. »Dann laufen Sie ein Stück geradeaus und biegen bei der ersten Gelegenheit rechts ab.«

»Vielen Dank«, sagte ich und lief ohne weitere Umschweife los.

Hinter der Tür befand sich ein langer Korridor mit Behandlungszimmern zu beiden Seiten. Ich bog wie instruiert rechts ab und erreichte einen kleineren Flur, der zu einem großen rechteckigen Raum führte. Inmitten des Raums befand sich das Schwesternzimmer. Von Vorhängen abgeschirmte Patientenbetten säumten die Wände. Pflegepersonal ging dort ein und aus. Am Rande einer Zelle standen ein Arzt und eine Krankenschwester und besprachen eine Patientenakte. Ich sah mich um. Michael konnte ich nirgendwo entdecken. Ich ging entschlossen zum Schwesternzimmer und wartete, bis die dort anwesende Krankenschwester ihr Telefonat beendet hatte.

»Ich suche Michael Byrne«, sagte ich. »Ich bin Cathy Glass, seine Pflegemutter.«

Sie nickte, stand auf und kam aus dem Schwesternzimmer heraus. »Kommen Sie mit. Er ist bei seinem Vater. Seit Patrick hier angekommen ist, hat Michael seine Seite nicht verlassen.« Sie lächelte traurig und führte mich zu einem Bett am hinteren Ende des Raums. Es war von einem Vorhang abgeschirmt, und die Schwester zog den Stoff beiseite, um uns Einlass zu verschaffen.

Mein Blick fiel direkt auf Patrick, und mein Herz zog sich schmerzhaft zusammen. Zwei Kissen stützten ihn. Er trug eine Sauerstoffmaske, hatte die Augen geschlossen, und seine Haut hatte einen ungesunden Grauton angenommen. In der linken Hand steckte ein Venenkatheter, kleine Pflaster hielten Kabel an seinem Brustkorb fest, die seinen Herzschlag auf ein Gerät neben dem Bett übertrugen. Auf der anderen Seite des Bettes stand ein Stuhl, der so nah wie möglich an das Kopfteil herangerückt worden war. Dort saß Michael. Er sah genauso verloren und verängstigt aus wie an dem Tag, als ich ihn von der Schule abgeholt hatte. Damals, als Patrick zum ersten Mal zusammengebrochen war.

Michael sah mich an, stand auf und eilte mir entgegen. Er umarmte mich fest und brach in Tränen aus.

Ich drückte ihn an mich und sagte sanft: »Ist schon gut, mein Kleiner. Alles wird gut.«

Ich schaute vorsichtig zu Patrick hinüber. Seine Augen waren noch immer geschlossen, und ich war nicht sicher, ob er schlief oder ohnmächtig war. Man hatte ihm das Hemd ausgezogen, um die Klebepflaster für das Herzscreening befestigen zu können. Seine nackte Brust hob und senkte sich mühsam.

»Wie geht es ihm?«, fragte ich die Krankenschwester.

»Sein Zustand ist stabil. Wir haben ihm ein Schmerzmittel gegeben. Er wird noch eine Weile schlafen.«

»Ist es wieder die Blutzellenanämie?«, fragte ich. »Bekommt er noch einmal eine Bluttransfusion? Das hat letztes Mal geholfen.« Mir war aufgefallen, dass die angehängte Transfusion kein Blut, sondern eine klare Flüssigkeit enthielt.

»Die Untersuchungen laufen noch«, sagte die Krankenschwester. »Wir benachrichtigen seine Sozialarbeiterin und die Familie, sobald wir mehr wissen.«

Anscheinend versuchte sie mir höflich mitzuteilen, dass sie mir – einer Außenstehenden – nichts weiter mitteilen durfte.

»Außer Michael gibt es keine Angehörigen. Nur eine entfernte Tante, aber es besteht kein Kontakt«, erklärte ich.

Sie nickte. »Mr und Mrs Doyle sind als die nächsten Angehörigen aufgelistet. Colleen weiß Bescheid. Sie bringt nachher ein paar Sachen für Patrick ins Krankenhaus.«

»Bleibt er nur eine Nacht?«, fragte ich. Ich versuchte, so viel wie möglich herauszufinden, um Michael besser beruhigen zu können.

»Das können wir erst morgen sagen, wenn die Laborergebnisse da sind«, erwiderte sie etwas steif. Dann zog sie den Vorhang auf, sodass Michael und ich gehen konnten.

Ich sah noch einmal zu Patrick hinüber. Seine Anzugjacke hing über der Lehne des Stuhls, auf dem Michael gesessen hatte. Ein Ärmel war staubig. Vermutlich war Patrick auf diese Seite gestürzt. Es kam mir albern vor, dass mir das in dem Moment auffiel. Aber da Patrick ansonsten immer sehr elegant gekleidet war, schien dieses Detail wichtig.

»Möchtest du deinem Dad noch einen Abschiedskuss geben?«, fragte ich Michael, der noch immer neben mir stand und einen Arm um meine Hüfte gelegt hatte.

Ich spürte, wie er sich von meiner Seite löste. Dann nickte er langsam. Wir traten gemeinsam an das Bett heran, und er küsste seinen Vater auf die Stirn. »Werd schnell wieder gesund, Dad«, flüsterte Michael. »Ich werde für dich beten, versprochen. Es tut mir leid, dass ich heute nicht richtig in der Messe mitgebetet habe. Das mache ich heute Abend wieder gut.« Als ich das hörte, schnürte sich meine Kehle zu, und meine Augen kribbelten.

Michael küsste seinen Vater noch einmal, doch Patrick rührte sich nicht. Seine Augen blieben geschlossen und sein Mund unter der Sauerstoffmaske leicht geöffnet. Als Michael vom Bett abrückte, trat ich einen Schritt vor und küsste ebenfalls Patricks Stirn. Seine Haut fühlte sich unnatürlich kühl und feucht an. »Erhol dich gut«, flüsterte ich ihm zu. »Ich kümmere mich gut um Michael, mach dir keine Sorgen.« Dann richtete ich mich wieder auf, nahm Michaels Hand und führte ihn in den Gang hinaus.

Tränen verschleierten meinen Blick, und ich konnte kaum den Weg erkennen. Michael schnaufte leise. Eine Schwester sah uns hinterher. Mir war klar, dass ich um Michaels willen stark bleiben musste. Aber da ich kaum etwas über Patricks Zustand erfahren hatte, wusste ich nicht so recht, was ich sagen sollte.

»Dein Daddy ist hier in guten Händen«, tröstete ich ihn schließlich und tätschelte Michaels Schulter. »Ich rufe Colleen nachher an, dann wissen wir mehr.«

Wir gingen den Flur entlang, durchquerten die Notfallambulanz und verließen das Krankenhaus durch den Haupteingang. Schweigend liefen wir über den Parkplatz. Als wir am Auto stehen blieben, schaute Michael mich schmerzerfüllt an: »Ich hätte in der

Kirche beten sollen«, presste er hervor. Sein Gesicht verzog sich. Offensichtlich suchte er die Schuld bei sich.

Ich legte meine Hände auf seine Schultern und sah ihm fest in die Augen. »Michael, mein lieber Schatz. Du kannst nichts dafür, dass es deinem Dad nicht gut geht. Der Gott, an den du glaubst, ist gut und gerecht. Er würde niemals einen kleinen Jungen bestrafen und seinen Vater krankmachen, nur weil er seine Gebete nicht ordentlich aufgesagt hat.«

Michael zuckte mit den Achseln und stieg dann in den Wagen. Ich setzte mich ans Steuer, fest entschlossen, später noch einmal mit ihm zu sprechen. Schuldgefühle können sich bei Kindern schnell festsetzen, insbesondere wenn die nüchterne Einordnung eines Erwachsenen fehlt. Ein zweiter Gedanke, der sich mir aufdrängte, war, dass niemand nach meinem Personalausweis gefragt hatte. Ich war einfach ins Krankenhaus gekommen, hatte mich als Cathy Glass vorgestellt, und schon wurde mir ein kleiner Junge anvertraut. Als Pflegemutter muss ich mich eigentlich andauernd ausweisen und habe meine Papiere immer griffbereit in meiner Handtasche. Michael hatte mich zwar sofort erkannt, wodurch kein Verdacht aufgekeimt war, aber dennoch hätte mich jemand – eine der Frauen an der Anmeldung oder die Krankenschwester – nach meinen Ausweispapieren fragen müssen.

Michael saß schweigend auf der Rückbank. Wir verließen den Parkplatz und bogen auf die Hauptstraße ab. Mir fiel auf, dass Michael nichts weiter bei sich hatte. Frische Kleidung könnte er von uns bekommen, aber seine Schulsachen müssten wir noch holen. Die Nachbarin Nora hatte ja einen Schlüssel vom Haus, und so würde ich morgen vorbeifahren und noch ein paar Dinge mitnehmen. Da ich Nora und ihren Ehemann Jack in der Zwischenzeit kennengelernt hatte, würden sie mir hoffentlich weiterhelfen.

»Geht's dir gut so weit, Michael?«, fragte ich und sah in den

Rückspiegel. Er nickte. »Weißt du, ob Nora zu Hause ist? Ich überlege gerade, wann wir am besten ein paar Sachen für dich holen können.«

»Sie ist bestimmt da. Dad hat gemeint, dass wir nach der Kirche zum Essen hingehen.«

»Verstehe. Weißt du, ob ihr jemand Bescheid gegeben hat, dass Patrick im Krankenhaus liegt?«

»Glaub nicht«, erwiderte Michael.

Zehn Minuten später hielten wir vor Michaels Haus. Vermutlich war es nun an mir, Nora und Jack die schlechte Nachricht von Patricks Zusammenbruch zu überbringen. Wenn man sich um ein Kind kümmert, wird man fast immer mit der gesamten Familie involviert. In diesem Fall kamen Freunde und Nachbarn hinzu.

Anscheinend hatten Jack und Nora uns kommen sehen. Sobald wir aus dem Auto ausstiegen, öffnete sich die Haustür, und Jack kam heraus.

»Dad ist im Krankenhaus, Onkel Jack«, platzte es aus Michael heraus. Er rannte zu ihm hinüber. Michael ist zwar nicht mit Jack verwandt, aber wie so viele Kinder nennt er die Freunde seines Vaters Onkel und Tante.

»Ich weiß, mein Junge«, erwiderte Jack. »Tante Colleen hat gerade angerufen.« Dann sah er mich an. »Wie geht's Patrick? Wir wollen ihn später noch besuchen.«

Ich war Michael zum Haus gefolgt, und Jack bat uns hinein. »Die Krankenschwester hat nicht viel gesagt«, meinte ich. »Nur dass die Untersuchungen noch laufen und man auf die Laborergebnisse wartet. Dad hat tief geschlafen, oder?«, fragte ich Michael aufmunternd.

Nora trat in den Flur, sie trug eine Schürze. »Hallo, Hase«, begrüßte sie Michael und breitete einladend ihre Arme aus. Michael ging schnell zu ihr hinüber und drückte sie fest.

»Wir waren eigentlich zum Essen verabredet«, erklärte Nora. »Doch dann hat Colleen angerufen und gesagt, dass Patrick im Krankenhaus liegt und dass du Michael abholst. Möchtet ihr euch vielleicht hinsetzen? Wie wäre es mit einer schönen Tasse Tee?«

Noras Gastfreundschaft rührte mich, doch leider blieb uns nur wenig Zeit. Ich konnte schwer abschätzen, wie lange es dauern würde, Michaels Sachen zu packen. Außerdem kamen Adrian und Paula manchmal früher als verabredet nach Hause zurück.

»Vielen lieben Dank«, sagte ich. »Leider müssen wir noch ein paar Dinge für Michael einpacken und dann schon wieder weiterziehen.«

»Kein Problem«, sagte Nora freundlich. »Jack, schau bitte nach dem Essen. Ich gehe eben mit den beiden nach drüben.«

Jack entfernte sich Richtung Küche. Nora nahm die Schürze ab und holte einen Schlüssel, der neben der Tür hing. Ich bedankte mich. Dann gingen wir nach nebenan, Nora schloss die Tür auf, und wir gingen hinein.

Es war seltsam, Patricks Haus zu betreten, ohne dass er da war. Meistens war ich abends zu Besuch gekommen, und das Haus hatte immer eine angenehme Wärme ausgestrahlt. Doch jetzt fühlte es sich unnatürlich still und leer an, so als sei es verlassen worden. Die Sonntagszeitung lag auf einem Beistelltischchen im Flur. Wahrscheinlich hatte Patrick sie nach dem Kirchenbesuch lesen wollen. Die Hausschuhe der beiden standen ordentlich im Flur. Michael zog automatisch seine Straßenschuhe aus und schlüpfte in seine Puschen. Dann ging er nach oben.

»Ich weiß genau, was ich brauche«, rief er.

»Wir kommen gleich nach«, antwortete Nora. »Ich suche nur eben eine Tasche für deine Sachen.«

Wir gingen zu einem Schrank unter der Treppe. Nora öffnete die Tür, schaltete das Licht an, und ich wurde sofort nostalgisch. Offensichtlich nutzte Patrick den Treppenschrank genau wie ich: um Erinnerungsstücke und selten benutzte Gegenstände aufzubewahren. In seinem Schrank standen unter anderem eine Lampe aus den 1950er Jahren, ein Staubsauger, ein Bügelbrett, eine große Porzellanvase, ein Ölgemälde, alte Pappschachteln, ein Koffer und die Reisetasche, die Michael schon bei seinem ersten Aufenthalt bei uns dabeigehabt hatte.

»Am besten nehmen wir wieder die Tasche«, sagte Nora und griff danach. »Wenn ich Michael den großen Koffer nach oben bringe, denkt er bestimmt, dass er nie wieder nach Hause kommt.«

Sie stellte die Tasche im Flur ab und sah mich besorgt an. »Patrick kommt doch wieder, oder Cathy?«, fragte sie. Ihre Augenbrauen kräuselten sich.

»Aber natürlich«, sagte ich. Dann fügte ich noch hinzu: »Und bestimmt dauert es nicht lange. Die geben ihm eine Transfusion, und dann geht es ihm wieder besser.«

»Ja, hoffentlich«, stimmte Nora zu. »Jack und ich besuchen ihn später. Wirst du auch noch mal mit Michael hinfahren?«

Ich hielt inne und dachte nach. »Heute nicht mehr, glaube ich. Vielleicht lieber morgen, wenn Patrick sich etwas erholt hat. Oder was meinst du?«

»Gute Idee. Patrick fürchtet immer, dass es Michael nicht guttut, ihn so schwach zu sehen.«

»Wenn das so ist, warte ich lieber bis morgen. Hoffentlich ist er dann wieder wach und kann sprechen. Vielleicht wird er ja auch schon wieder entlassen.«

Nora nickte. »Sollen wir heute Abend noch einmal anrufen und von unserem Besuch erzählen? Vielleicht würde sich Michael darüber freuen.«

»Sehr gern. Ich gebe dir gleich noch meine Nummer. Könntest du mir vielleicht auch eure aufschreiben?«

»Natürlich.«

Ich nahm die Reisetasche in die Hand und folgte Nora nach oben in Michaels Zimmer. Er war gerade damit beschäftigt, Spielzeug und Brettspiele aus dem Schrank zu räumen und auf das Bett zu legen. »Adrian findet den bestimmt super«, sagte er und hielt eine Actionfigur hoch. »Soll ich auch noch meine Rennbahn einpacken?«, fragte er dann. Ich war froh, dass ihn der Gedanke an Adrian abzulenken schien.

»Von mir aus gern«, sagte ich. »Was meinst du, Nora? Wäre Patrick damit einverstanden?«

»Bestimmt«, meinte sie. »Michael passt immer gut auf seine Sachen auf. Ich gebe Patrick später Bescheid. Aber Michael«, fügte sie an und sah besorgt auf den Stapel auf dem Bett, »ich glaube, dass du auch noch ein paar Kleidungsstücke einpacken solltest.«

»Oh, stimmt«, sagte Michael grinsend.

»Wie wäre es«, fuhr Nora fort, »wenn du das Spiel einpackst und Cathy und ich dir ein paar Sachen zum Anziehen heraussuchen?«

Wir gingen zum Kleiderschrank hinüber. Michael legte vorsichtig die Einzelteile seiner Rennbahn in ihre Verpackung, während Nora und ich Kleidungsstücke auswählten und in der Reisetasche verstauten. Als wir zwei Schuluniformen, Wechselsachen, Unterwäsche und Socken eingepackt hatten, rief Michael: »Das reicht. Ich komme doch bald wieder!«

Nora und ich nickten. Wir legten seine Schulschuhe in eine Extratüte, damit sie den Rest der Sachen nicht beschmutzten, dann steckten wir auch die ein. Nora holte einen Waschlappen und eine Zahnbürste aus dem Badezimmer, und ich verstaute so viele Spielsachen wie möglich in der Reisetasche. Die war schließlich zum Bersten voll, und wir stopften zu guter Letzt noch Michaels Kulturtasche in eine Seitentasche.

»Schulranzen?«, fragte ich Michael.

»Ach, klar«, sagte er. Dann zog er einen Rucksack unter dem

Bett hervor. Mir kam der Gedanke, dass Michael und Adrian ein ähnliches Ordnungssystem haben mussten: alles unter dem Bett verstecken.

Michael trug seine Rennbahn, Nora den Schulranzen und ich die Reisetasche. Unten angekommen fragte Nora: »Welchen Mantel nimmst du mit?«

Michael nahm seinen Schulblazer und eine normale Jacke von der Garderobe.

»Ich glaube, das war's«, sagte Nora und sah sich noch einmal um. »Ich kontrolliere nachher noch mal, ob irgendwelche technischen Geräte ausgeschaltet werden müssen.«

Wir verstauten Michaels Sachen im Wagen und gingen dann noch einmal zu Nora und Jack hinüber, um unsere Telefonnummern auszutauschen. Die beiden drückten Michael fest zum Abschied und umarmten auch mich, was ich sehr nett fand.

»Mach dir keine Sorgen«, rief Jack Michael hinterher. »Dein Dad ist bald zurück, und dann feiern wir zusammen.«

Siebzehntes Kapitel

Verbundenheit

Auf der Fahrt nach Hause erklärte ich Michael, dass Adrian und Paula bei ihrem Vater waren und gegen fünf Uhr zurück sein würden. Es war erst drei, und Michael sagte, dass er bis zu ihrer Rückkehr schon einmal die Rennbahn aufbauen könnte. Dann fragte er, in welches Zimmer er sie stellen dürfe.

»Wie wäre es mit deinem Zimmer?«, schlug ich vor. »Zu Hause steht sie ja auch dort. Da ist sie sicher. Adrian und Paula kommen dann zum Spielen vorbei.« Michael war einverstanden. Natürlich hätte die Rennbahn auch im Wohnzimmer stehen können, aber ich dachte, dass er sich vielleicht wohler fühlen würde, wenn etwas Vertrautes in seinem Zimmer war. Außerdem würde sie so vermutlich weniger leicht beschädigt.

Michael schwieg die restliche Fahrt über. Ich sah immer wieder zu ihm rüber. Er blickte aus dem Fenster, anscheinend tief in Gedanken versunken.

»Nora ruft an, wenn sie aus dem Krankenhaus zurückgekommen sind«, sagte ich schließlich noch einmal.

»Dad wird sich bestimmt selbst melden, sobald es geht«, meinte Michael. »Er weiß, dass ich mir Sorgen mache, wenn er fällt und nicht aufwacht.«

»Kommt das öfter vor?«, fragte ich erschrocken und warf ihm im Rückspiegel einen Blick zu.

Michael nickte. »Letzte Woche ist er zu Hause ein oder zwei Mal gefallen. Aber da ist er immer nach einer Minute wieder aufgewacht, sodass ich keinen Krankenwagen rufen musste. Nora und Jack habe ich auch nix gesagt.«

Wieder einmal wurde die große Bürde, die Michael trug, offensichtlich. Ich fragte mich, warum Patrick mir nicht gesagt hatte, dass er ohnmächtig geworden war. Hoffentlich hatte er zumindest einen Arzt benachrichtigt.

»Deinem Dad geht es bestimmt bald besser«, sagte ich.

Michael nickte und sah wieder aus dem Fenster.

Zu Hause angekommen half Michael, das Auto auszuräumen und seine Sachen reinzubringen. Er wirkte wesentlich entspannter als bei seinem ersten Aufenthalt. Wahrscheinlich profitierte er nun von unseren gemeinsamen Ausflügen. Er kannte uns und unser Zuhause inzwischen gut. Er wollte augenblicklich die Rennbahn aufbauen, und ich schlug vor, dass er es sich in seinem Zimmer gemütlich machte, während ich etwas zu essen vorbereitete. Wir hatten beide seit dem Frühstück nichts mehr gegessen. Er nickte, und ich ging in die Küche, wo ich Nudeln für uns beide kochte. Adrian und Paula aßen normalerweise mit ihrem Vater, und so würde es später nur noch ein kleines Abendessen geben.

Nachdem wir gegessen hatten, rannte Michael wieder nach oben, um den Aufbau der Rennbahn abzuschließen. Ich räumte derweil den Tisch ab. Schließlich ging ich nach oben, um nach Michael zu sehen. Letztes Mal hatte er seine Kleidung nicht in den Schrank hängen wollen. Vermutlich wirkte das zu endgültig. Ich war entsprechend überrascht, als ich feststellte, dass Michael nicht nur die Rennbahn aufgebaut, sondern auch noch seine Kleidung eingeräumt hatte.

»Du hast die Tasche ausgepackt?«, fragte ich verwundert.

Michael nickte. Er erhob sich vom Boden und ging zum Kleiderschrank, um es mir zu zeigen.

»Klasse«, sagte ich. »Das finde ich wirklich stark. Deine Reisetasche lege ich hier oben hin.« Ich nahm die Tasche vom Bett und legte sie auf den Schrank. Es freute mich, dass Michael sich inzwischen so wohl bei uns fühlte und seine Sachen selbstständig ausgeräumt hatte. »Adrian und Paula werden ungefähr in einer halben Stunde da sein«, meinte ich.

Michael hatte sich wieder zu seiner Rennbahn begeben und saß im Schneidersitz auf dem Boden. Er hatte den Kopf gesenkt und schien eins der Autos eingehend zu betrachten. Er schwieg.

»Ich bin unten, falls irgendetwas ist«, fügte ich hinzu.

Er nickte, antwortete jedoch wieder nicht.

Ich ging langsam auf ihn zu und hockte mich dann neben ihn. »Michael?«, sagte ich leise und versuchte, ihn anzusehen. »Geht es dir gut, mein Schatz?«

Er sah mich an. Sein Gesicht war ernst. »Glaubst du, es ist okay, wenn ich mit der Rennbahn spiele, solange Dad im Krankenhaus ist?«, fragte er dann ängstlich.

»Ja, natürlich«, antwortete ich. Mir war nicht ganz klar, worauf er hinauswollte. »Du gehst doch immer ganz vorsichtig mit deinen Sachen um. Dein Dad hat bestimmt nichts dagegen.«

»Er nicht«, sagte Michael. »Dad möchte, dass ich spiele und fröhlich bin. Aber was ist mit Gott? Stört es ihn vielleicht?«

Ach du Schreck.

»Nein, auf keinen Fall. Gott möchte auch, dass du glücklich bist. Du musst dich nicht schuldig fühlen, wenn du spielst.« Ich fragte mich, woher diese religiösen Schuldgefühle stammten. Patrick vermutete ich nicht dahinter. In jedem Fall kam es mir aber nicht gesund vor. Michaels Nachtgebet kam mir in den Sinn: »Lieber Gott … ich hoffe, es ist in Ordnung, wenn ich Spaß habe. Ich hab meinen Daddy immer noch lieb, aber manchmal ist es schön, zu spielen.« Und im Krankenhaus war er auch besorgt gewesen, dass seine mangelnde religiöse Hingabe den Zusammenbruch seines Vaters verursacht haben könnte. Obwohl ich nicht viel über den Katholizismus wusste, war ich mir sicher, dass der Glaube nicht auf Schuld basierte.

»Ich werde heute ein zusätzliches Gebet sprechen«, fuhr Michael fort.

»Mach das. Und du kannst die Schuld ruhig auf mich schieben«, sagte ich leichthin. »Sag, dass es meine Entscheidung war, die Rennbahn hierherzubringen, und dass ich dich zum Spielen gebracht habe. Ich übernehme die ganze Verantwortung.« Das schien zu helfen. Michael grinste mir verschmitzt zu.

»Okay«, stimmte er zu. Dann setzte er beschwingt eins der Autos auf die Rennbahn. Ich verließ das Zimmer und ging nach unten. Auf dem Weg dachte ich darüber nach, ob Michaels Schule vielleicht hinter seiner »Gottesfurcht« stand oder ob er die ein oder andere Predigt missverstanden hatte. Ich wollte nicht, dass er eine noch größere Last schulterte. Daher hatte ich die vermeintliche Schuld gerne auf mich genommen. Ich war mir sicher, dass ein barmherziger Gott über mich wachte, der mir im Zweifelsfall vergeben würde.

Um kurz nach fünf stand ich am Fenster und sah auf die Straße. Ich wusste zwar, dass John sich gut um die Kinder kümmerte, aber trotzdem war ich immer erleichtert, wenn sie wohlbehalten zurückkehrten. Michael hatte die Rennbahn eingerichtet, und ich konnte das Rattern der elektrischen Wagen von oben hören. Ich hatte angeboten, mit ihm zu spielen, aber er wollte lieber auf Adrian warten. Zuvor musste ich den Kindern allerdings erst einmal erklären, warum Michael bei uns war. Vorzugsweise nachdem John gegangen und die Haustür fest hinter ihm verschlossen war.

Ein paar Minuten später näherte sich Johns Wagen und kam dann vor unserem Haus zum Stehen. Ich fand es immer noch seltsam, ihn halten und aussteigen zu sehen – wohl wissend, dass er nicht hereinkommen oder bleiben würde. Sicher hinter den

Gardinen verborgen, beobachtete ich meinen Exmann und fragte mich, ob er sich ebenfalls unwohl mit der Situation fühlte. Als die Kinder den kleinen Weg zum Haus hinaufgingen, verließ ich meinen Posten und ging Richtung Flur.

»Hi!«, sagte ich und lächelte. »Hattet ihr einen schönen Tag?«

Wie üblich stürzte Paula in meine Arme. Adrian wiederum begnügte sich mit einem Lächeln.

»Wir hatten viel Spaß, oder Kinder?«, entgegnete John. Sie nickten.

»Schön«, sagte ich und lächelte John an.

»Ich mach mich auf die Socken. Melde mich nächstes Wochenende wieder«, sagte John zu den Kindern, die inzwischen ins Haus gegangen waren.

»Verabschiedet euch von eurem Vater«, erinnerte ich sie. Das war immer der unangenehmste Teil des Tages, und John tat mir ein bisschen leid. Ich hätte es nicht geschafft, mich von den Kindern für einen ganzen langen Monat zu verabschieden. Aber das war seine eigene Schuld.

Adrian und Paula kehrten noch einmal zur Haustür zurück und umarmten ihren Vater. Just in diesem Moment kam Michael die Treppe hinunter.

»Michael ist hier«, sagte ich schlicht. Die Kinder freuten sich, ihn zu sehen.

»Ist Patrick auch da?«, platzte es aus John heraus.

»Nein«, antwortete ich. »Er kommt nicht mehr hierhin.« Das schien ihn zu beschwichtigen.

»Bis bald, Kids!«, rief er Adrian und Paula nach, die Michael bereits nach oben folgten.

»Tschüss, Dad«, hallte es von der Treppe zurück.

»Auf Wiedersehen«, sagte ich betont höflich.

John ging ein paar Schritte, dann wandte er sich um. »Warst du schon beim Anwalt?«

»Mein Termin ist nächste Woche.«

Er nickte steif und ging dann weiter. Ich schloss die Tür und atmete erleichtert auf. Ich hoffte, dass der Umgang nach unserer Scheidung wieder entspannter werden würde.

Eigentlich hätte ich gern mit Adrian und Paula über Michaels Aufenthalt bei uns gesprochen, bevor sie ihn sahen. Doch dafür war es nun zu spät, also ging ich nach oben zu den Kindern. Sie waren in Michaels Zimmer und spielten mit der Rennbahn. Die Jungen hielten beide eine Fernsteuerung in der Hand, während Paula geduldig zusah und wartete, bis sie an der Reihe war.

»Patrick ist im Krankenhaus, und Michael bleibt für ein paar Tage bei uns«, sagte ich etwas lahm. Die Kinder waren bestimmt schon von selbst darauf gekommen.

Adrian nickte abwesend. Paula sagte: »Ist schon gut, Mum. Michael geht es gut bei uns.«

»Mir geht's gut«, bestätigte Michael, ohne seinen Blick von den Rennwagen abzuwenden.

Ich lächelte und verließ das Zimmer. Michael derart entspannt zu sehen war gewiss das Ergebnis unserer gemeinsamen Ausflüge. Leider bedeutete es im Umkehrschluss auch, dass Adrian und Paula Patrick in ihr Herz geschlossen hatten und sich Sorgen um ihn machten. Das wurde allerdings erst später deutlich, als die Kinder müde wurden.

Gegen sechs Uhr aßen wir zu Abend. Darauf folgten die üblichen Abendrituale, angefangen mit Paulas Bad. Ich half ihr beim Waschen. Sie war stiller als sonst.

»Ist alles in Ordnung?«, fragte ich nach einer Weile.

»Ja.« Dann platzte es aus ihr heraus: »Schläft Patrick im Krankenhaus auch in einem Bett?« Paula hatte noch nie ein Krankenhaus gesehen.

»Ja«, antwortete ich. »Im Krankenhaus gibt es ganz viele Betten. Jeder Patient – so nennt man die Menschen im Krankenhaus – hat sein eigenes. Ganz wie zu Hause.«

»Und nachts? Schaut jemand nach ihm?«, fragte sie.

»Ja, die Krankenpfleger. Auf jeder Station gibt es Pfleger, die Tag und Nacht nach den Patienten sehen. Du weißt, was ein Krankenpfleger oder eine Krankenschwester ist, oder?«

Sie nickte. »Gibt es auch Klos?«

»Ja, richtige Badezimmer. Du machst dir Sorgen wegen Patrick, oder?«

»Nein …« Kurz darauf fragte sie: »Bekommt Patrick auch was zu essen im Krankenhaus?«

»Ja, Spatz. Mach dir bitte keine Sorgen. Er bekommt dort ganz viel zu essen.«

Sie dachte nach, dann sagte sie: »Ich wünschte, Patrick wäre nicht im Krankenhaus. Es wäre besser, wenn er zu Hause oder bei uns wäre.«

»Ich weiß, mein Schatz. Aber manchmal müssen Menschen ins Krankenhaus, wenn es ihnen nicht gut geht. Man kümmert sich dort bestens um sie.«

Paula war fertig, und ich half ihr aus der Wanne. Als ich sie abtrocknete, fragte sie etwas besänftigt: »Wann sehen wir Patrick?«

»In ein paar Tagen. Sobald er das Krankenhaus verlässt.«

»Gut. Ich mag Patrick. Also, ich liebe Daddy, aber ich mag Patrick. Das ist okay, oder?«

»Natürlich«, sagte ich lächelnd. »Das ist vollkommen in Ordnung.«

Adrian und Michael waren als Nächstes dran. Sie duschten nacheinander und gingen dann in ihr jeweiliges Zimmer. Ich ging zunächst zu Michael, um ihm eine gute Nacht zu wünschen. Er wirkte sehr entspannt. Seine Sachen waren ausgepackt, die Rennbahn ordentlich verstaut, und er schien sich ganz wie zu Hause zu fühlen. Als ich das Zimmer betrat, kniete er gerade neben dem Bett und sprach ein schnelles Gebet: »Gott segne Mummy, Daddy, Nora, Jack, Colleen, Eamon, meinen Freund David aus der Schule, Cathy, Adrian, Paula und ihren Daddy. Amen.« Dann sprang er ins Bett.

»Was für ein schönes Gebet«, sagte ich. Es war erleichternd, dass er nicht um Vergebung gebeten hatte. »Schlaf gut«, fügte ich hinzu und küsste ihn auf die Stirn.

»Gute Nacht, Cathy«, sagte er grinsend. »Kannst du die Vorhänge vielleicht noch einmal ein bisschen auseinanderziehen, damit ich die Sterne sehen kann? So wie beim letzten Mal?«

»Mache ich.« Ich ging zum Fenster hinüber und schob die Gardinen etwas auseinander. Die Sterne waren noch nicht zu sehen, da es noch nicht ganz dunkel war. »Gut so?«, fragte ich.

Er lächelte und nickte. »Dad macht das Gleiche«, sagte Michael. Der Gedanke schien ihn zu trösten. Ich wünschte noch einmal eine gute Nacht und warf Michael einen letzten Blick zu. Er lag zufrieden lächelnd im Bett und sah aus dem Fenster.

In Adrians Zimmer herrschte eine gänzlich andere Stimmung. Er lag zwar im Bett, aber an seiner Miene erkannte ich, dass ihn etwas bedrückte. Im Gegensatz zu Paula würde er seine Sorgen jedoch nicht so einfach offenbaren.

»Du siehst ein bisschen traurig aus«, sagte ich und setzte mich auf die Bettkante. »Bedrückt dich etwas?«

Er zuckte mit den Schultern. Das hieß »Ja«.

»Möchtest du mir sagen, was?«, fragte ich. Wieder zuckte er mit den Schultern. »Du kennst doch den Spruch: Geteiltes Leid ist halbes Leid. Es wird dir bestimmt helfen, darüber zu reden.«

Nach einem kleinen Moment purzelte es aus Adrian heraus: »Es ist wegen Patrick. Und dir.«

Ich sah ihn verblüfft an. »Patrick und mir? Was ist denn los? Kannst du mir das genauer erklären?«

Er zupfte nervös an der Bettdecke herum. Offensichtlich fiel es ihm schwer, darüber zu sprechen. Meine Gedanken wirbelten wild durcheinander.

»Adrian, kannst du es bitte versuchen?«, versuchte ich es erneut. »Dann kann ich dir helfen.«

Er atmete tief ein und sagte dann ohne mich anzusehen: »Michael hat gesagt, dass sein Daddy Lungenkrebs hat.«

»Ja, das stimmt.« Ich hatte den Kindern nicht erzählt, welche Krankheit Patrick hatte. Es war mir ausreichend erschienen, ihnen zu sagen, dass es etwas Schlimmes war.

»Michael sagt, dass sein Dad früher geraucht hat und deshalb Lungenkrebs bekommen hat«, sagte Adrian ängstlich.

»Das kann sein«, antwortete ich. »Man weiß inzwischen schon viel mehr über die Risiken als früher.«

Stille. Dann fuhr Adrian fort: »Dad meinte, dass du früher mal geraucht hast. Kriegst du jetzt auch Lungenkrebs?«

Na, danke. Toll gemacht, John. »Nein«, entgegnete ich. »Das ist schon lange her, und ich habe auch nie viel geraucht. Es geht mir gut. Außerdem kann es sein, dass Patricks Krankheit gar nicht vom Rauchen kommt. Manchmal bekommen auch Menschen, die nie geraucht haben, Lungenkrebs.« Ich wollte auf keinen Fall, dass Adrian Patrick für seine Krankheit verantwortlich machte. »Wann hat Dad dir gesagt, dass ich mal geraucht habe?«, fragte ich.

»Vor ein paar Monaten. Wir haben ein paar Jungs im Park gesehen, die geraucht haben, und Dad hat uns davor gewarnt. Ich hab gesagt, dass ich niemals rauchen werde. Es ist ekelig und stinkt.«

»Gut«, meinte ich. Anscheinend war mein Sohn vernünftiger als ich damals.

Dann sah Adrian mich an und fragte leise: »Mum, Patrick wird das Krankenhaus wieder verlassen, oder?«

Ich ergriff seine Hand. »Ja, natürlich wird er das. Sobald die Untersuchungen abgeschlossen sind, kann er wieder nach Hause.«

»Gut«, sagte Adrian erleichtert. »Ich mag Patrick und Michael.«

»Ich auch, Schatz.«

Es war schon halb neun, als ich schließlich nach unten ging. Ich räumte noch ein wenig auf und machte mir dann eine Tasse Tee. Die Besuchszeit im Krankenhaus endete um acht Uhr, und ich hoffte, dass Nora sich bald melden würde. Als um zehn Uhr das Telefon klingelte, wusste ich, dass etwas nicht stimmte. Die Arme klang schrecklich erschöpft.

Achtzehntes Kapitel

Wenig Neues

»Entschuldige bitte, dass ich mich nicht eher gemeldet habe.« Noras Stimme klang angespannt. »Ich bin gerade erst heimgekommen. Colleen und Eamon waren auch im Krankenhaus, und wir haben noch gewartet, um mit der Pflege zu sprechen.«

»Wie geht es Patrick?«, unterbrach ich ungeduldig.

Sie seufzte. »Wir haben leider nur wenig Neues erfahren. Es hieß immer noch, man müsse auf die Laborergebnisse warten. Aber ich …« Nora hielt inne und suchte nach den richtigen Worten. »Dir kann ich's ja erzählen, Cathy. Du wirst Michael ja nichts sagen. Also, ich habe ein ganz schlechtes Gefühl und frage mich allmählich, wie es tatsächlich um Patrick bestellt ist.«

»Wie meinst du das?«, fragte ich. Ein Schauer lief über meinen Rücken.

»Ich glaube, dass Patricks Krankheit weiter fortgeschritten ist, als er uns wissen lässt. Jack vermutet das auch.«

»Du meinst, er hat es absichtlich verschwiegen?«

»Ja. Vielleicht irre ich mich, aber Patrick ist immer sehr besorgt um andere, insbesondere um Michael.«

»Hm … Ich weiß nicht«, sagte ich zweifelnd. »Ich hab Patrick in letzter Zeit oft gesehen, und es schien ihm gut zu gehen. Wie kommst du darauf, dass es schlimmer sein könnte als gedacht?«

»Schwer zu sagen. Er hat sich kaum bewegt, als wir da waren. Zwei Stunden lang lag er starr im Bett. Auch seine Hautfarbe sieht übel aus. So schlimm hat er noch nie ausgesehen, nicht einmal nach seinen Zusammenbrüchen. Vielleicht liegt es an den Medikamenten, aber als ich ihn so da habe liegen sehen, hat er mich sehr an meinen Vater kurz vor seinem Tod erinnert.«

Mein Magen krampfte sich schmerzhaft zusammen. »Er ist gar nicht aufgewacht, als ihr da wart?«, fragte ich.

»Einmal kurz. Er hat nichts gesagt und seine Augen schnell wieder geschlossen. Wir sind bis zum Ende der Besuchszeit geblieben, aber ich glaube nicht, dass er davon viel mitbekommen hat. Wie geht's denn Michael?«, sagte Nora.

»Den Umständen entsprechend ganz gut. Er schläft schon, und wir hatten einen ruhigen Abend. Morgen bringe ich ihn zur Schule. Was soll ich ihm dann sagen?«

Nora seufzte wieder. »Am besten machst du ihm Mut. Zumindest, bis wir mehr wissen. Patrick würde bestimmt nicht wollen, dass wir ihn grundlos beunruhigen. Hoffentlich bekommt er nach Erhalt der Laborergebnisse die richtigen Medikamente, damit er schnell wieder auf die Füße kommt.«

»Rufst du mich an, sobald du was Neues hörst?«, fragte ich. »Vom Krankenhaus erfahre ich nichts. Schließlich bin ich nicht als Angehörige gelistet.«

»Ich auch nicht. Obwohl Jack und ich ein enges Verhältnis zu Patrick haben, gelten wir schlichtweg als Nachbarn. Colleen und Eamon sind als Kontaktpersonen hinterlegt. Colleen wird morgen im Krankenhaus anrufen und sich dann bei mir melden. Danach hörst du von uns, okay?«

»Vielen Dank«, sagte ich. »Gott sei Dank hat Patrick Freunde wie euch.«

Wir verabschiedeten uns, und ich legte auf. Ich saß still auf dem Sofa und starrte in die Leere. Gedanklich ging ich noch einmal alles durch, was Nora gerade erzählt hatte. Es war nicht viel, und ich versuchte, etwas Positives zu entdecken. Ich wusste genau, was Nora gemeint hatte, als sie sagte, Patrick sei sehr still und blass.

Das war mir ebenfalls aufgefallen. Normalerweise hatte Patrick einen rötlichen Teint, doch er hatte nahezu grau ausgesehen. Es war mir unnatürlich vorgekommen, den sonst so aktiven Mann so still zu sehen. Ob es ihm wirklich schlechter ging, als er uns hatte wissen lassen, vermochte ich nicht zu beurteilen. Ich wusste auch nicht, wann Michael seinen Daddy das nächste Mal besuchen könnte, und war mir sicher, dass er am Morgen zuallererst danach fragen würde. Schweren Herzens erhob ich mich schließlich, schaltete den Fernseher aus und ging ins Bett. Ich hoffte, dass der nächste Tag bessere Neuigkeiten mit sich bringen würde.

Ich schlief nicht. Der Gedanke an Patrick im Krankenbett und den kleinen Michael, der so verloren danebengesessen hatte, ließ mich nicht ruhen. Immer wieder kam mir Patricks schmutziges Jackett in den Sinn, das er normalerweise sofort abgeklopft und vom Staub befreit hätte. Ich stellte mir vor, wie Patrick bewusstlos auf der Straße gelegen hatte. Michael war nicht von seiner Seite gewichen, bis ich im Krankenhaus eingetroffen war. Dann erinnerte ich mich daran, was Michael bei seinem ersten Aufenthalt bei uns gesagt hatte: »Wenn die Zeit für meinen Dad gekommen ist, werden Engel aus dem Himmel kommen und ihn mitnehmen. Dann sind er und Mummy wieder zusammen.« Als ich an das Gebet dachte, das er danach gesprochen hatte, stiegen mir Tränen in die Augen: »Lieber Gott, ich weiß, dass du meinen Daddy willst. Aber ich bin nur kurz bei Cathy und habe mich noch nicht verabschiedet. Bitte schick deine Engel noch nicht.«

»Bitte sende sie noch nicht herab«, sagte ich leise und nahm das Gebet auf. »Keiner von uns hat sich verabschiedet.«

Als ich Michael am nächsten Morgen weckte, fragte er als Erstes: »Hat Nora angerufen? Wie geht's Dad?«

»Ja, sie hat sich gemeldet«, sagte ich fröhlich. »Sie, Jack, Tante

Colleen und Onkel Eamon haben gemeinsam deinen Dad besucht. Nora meinte, dass er viel geschlafen hat, aber einmal kurz aufgewacht ist. Sie hat ihm gesagt, dass es dir gut geht und dass du bei mir bist. Er lässt dir Grüße ausrichten.« Das hätte er bestimmt tatsächlich getan, wenn seine Verfassung es zugelassen hätte.

»Wann kann ich ihn sehen?«, fragte Michael.

»Sobald es ihm etwas besser geht. Tante Colleen und Nora melden sich nachher noch einmal, wenn sie mit dem Arzt gesprochen haben.«

»Okay«, sagte Michael beruhigt und stand auf. »Auf in die Schule.«

Während er seine Schuluniform anzog, ging ich zu Paula hinüber.

»Geht's Patrick besser?«, fragte sie, sobald sie aufgewacht war.

»Die Pfleger kümmern sich um ihn«, sagte ich ausweichend und legte ihre Kleidung zurecht.

»Wann kommt er aus dem Krankenhaus?«

»Hoffentlich schon bald.«

»Gut.«

Dann ging ich zu Adrian hinüber. Er begrüßte mich mit: »Gibt's was Neues?«

»Nora rief gestern an und meinte, es ginge Patrick so weit ganz gut. Sie meldet sich wieder, sobald seine Laborergebnisse da sind.«

Ich verließ das Zimmer, damit Adrian sich in Ruhe anziehen konnte. Dann sah ich noch einmal nach Paula und ging anschließend nach unten, um das Frühstück vorzubereiten. Wie immer verlief der Morgen etwas hektisch, und ich musste die Kinder mehrfach erinnern, ihr Frühstück zu essen und weniger zu quatschen. Glücklicherweise schafften wir es einigermaßen pünktlich aus dem Haus.

Wir trafen um 08.05 Uhr an Michaels Schule ein, verabschiedeten uns auf dem Pausenhof und fuhren dann zu Adrians Schule weiter. Dann brachte ich Paula zum Kindergarten und fuhr anschließend direkt nach Hause.

Obwohl es noch zu früh für einen Anruf war, sah ich direkt nach, ob Nachrichten auf dem Anrufbeantworter eingegangen waren. Fehlanzeige! Dann zog ich meine Schuhe und Jacke aus und versuchte, mich mit Hausarbeit abzulenken. Montags ist immer besonders viel zu erledigen. Zunächst einmal wollte ich eine Bewerbung fertigstellen. Paula würde ab September in die Schule gehen, und ich könnte somit wieder in Teilzeit arbeiten. Also suchte ich nach einer Stelle, die mit den Schulzeiten gut vereinbar war. Leider war ich nicht die Einzige: Auf einen Job als Schulassistenz hatten sich schon 175 andere beworben und als Teilzeit-Bürokraft 200.

Ich füllte nun eine Bewerbung für eine Stelle im Supermarkt aus. Da meine Gedanken nicht ganz bei der Sache waren, musste ich immer wieder Fehler mit Tipp-Ex korrigieren. Schließlich brach ich auf, um Paula vom Kindergarten abzuholen. Als wir zurückkehrten, war es bereits 12.15 Uhr. Noch immer waren keine Nachrichten eingegangen. Ich machte uns ein Paar Sandwiches. Nachdem wir gegessen hatten, spielte Paula, und ich setzte mich wieder an die Bewerbung. Ich war nervös. Die Testergebnisse müssten doch inzwischen da sein? Nora hatte gesagt, dass Colleen morgens im Krankenhaus anrufen würde. Nun ja, der Morgen war seit zwölf Uhr offiziell vorbei. Ich wollte sie nicht anrufen und bedrängen, aber allmählich war ich ernsthaft besorgt. Da ich nichts Neues hörte, malte ich mir das Schlimmste aus.

Um ein Uhr klingelte schließlich das Telefon. Vor lauter Eile fiel ich beinahe über einen Stuhl, als ich hinrannte.

»Hallo?«

»Cathy, hier spricht Jill. Stella hat mich gerade angerufen. Wenn ich recht verstehe, ist Michael bei euch?«

Ich hätte lieber mit Nora gesprochen, doch ich versuchte nun, etwas Neues über Jill herauszubekommen. »Ja, ich habe ihn gestern abgeholt. Hast du schon was Neues gehört?«

»Stella hat heute Morgen beim Krankenhaus angerufen. Ihr wurde mitgeteilt, dass man noch auf ein paar Testergebnisse warten muss«, sagte Jill.

»Ja, das war auch mein letzter Stand.«

»Wie geht's Michael? Er braucht bestimmt ein paar Sachen.«

»Die habe ich gestern auf dem Rückweg vom Krankenhaus abgeholt. Eine Nachbarin hat mich reingelassen. Entschuldige bitte, ich hätte mich melden und es dir erzählen sollen. Die ganze Situation ist ziemlich belastend. Haben die Ärzte nichts anderes gesagt? Ist Patrick immer noch bewusstlos?«

»Stella hat nur erzählt, dass Patrick einen Zusammenbruch erlitten hat, im Krankenhaus ist und dass man nun auf die Laborergebnisse wartet. Was hast du denn Michael erzählt?«

»Dass man sich gut um seinen Dad kümmert und dass wir heute mehr erfahren. Es geht ihm so weit ganz gut. Adrian und Paula lenken ihn ab.«

»Gut. Wie geht es dir und den Kindern?«, fragte Jill.

Ihre Nachfrage rührte mich. »Wir sind natürlich sehr besorgt. Hoffentlich erfahren wir bald mehr.«

Stille. »Cathy«, sagte Jill schließlich. »Es kann gut sein, dass die Laborergebnisse negativ ausfallen. Vielleicht solltest du Michael langsam darauf vorbereiten, dass er sich bald von seinem Dad verabschieden muss.«

»Ich möchte vorerst lieber optimistisch bleiben«, sagte ich knapp und wenig professionell. »Lass uns erst mal abwarten, was das Krankenhaus sagt.«

»In Ordnung«, antwortete Jill gelassen. »Aber vergiss nicht, was ich gesagt habe. Und melde dich bitte, sobald du etwas Neues hörst. Du hast Kontakt zu Patricks Freunden, richtig?«

»Ja.«

»Gut. Und Cathy?«

»Ja?«

»Dir und den Kindern wird im Fall der Fälle ebenfalls ein Trauertherapeut zur Verfügung stehen.«

»Danke, Jill«, antwortete ich steif. »Merke ich mir.«

Ich war von Emotionen und Gedanken überwältigt, als ich schließlich auflegte. Ich wusste zwar, dass Jill es nur gut meinte, aber in einer solchen Situation von Trauerarbeit zu sprechen erschien mir denkbar unpassend. Jill hatte Patrick nur einmal gesehen. Sie kannte ihn nicht und wusste nicht, wie es ihm ging. Hätte sie ihn besser gekannt, dann wüsste sie, wie stark er war und dass er sich nicht so schnell würde unterkriegen lassen.

Jills Kommentare hatten mich beunruhigt, doch das versuchte ich so gut wie möglich vor Paula zu verbergen. Ich setzte mich wieder an meine Bewerbung, doch die Konzentration war endgültig dahin. Von Jill hatte ich nichts Neues erfahren, und Nora hatte sich noch immer nicht gemeldet. Es war inzwischen halb zwei, und ich würde schon bald aufbrechen müssen, um Michael von der Schule abzuholen. Mir war klar, dass er enttäuscht wäre, wenn es dann keine Neuigkeiten gäbe. Also beschloss ich, Nora notfalls kurz vor meinem Aufbruch zur Schule anzurufen. Paula und ich spielten Karten. Dann ging sie in ihr Zimmer und widmete sich ihren Puppen. Endlich klingelte das Telefon. Es war Nora.

»Wie geht's ihm?«, fragte ich, sobald ich ihre Stimme hörte.

»Unverändert. Colleen hat endlich jemanden im Krankenhaus erreicht. Wir haben gerade aufgelegt. Patrick leidet erneut unter einer Anämie und hat weitere Transfusionen erhalten. Damit er nicht dehydriert, bekommt er außerdem eine Salzlösung verabreicht. Colleen und ich fahren später ins Krankenhaus und hoffen, dass er bis dahin aufwacht.«

»Michael würde ihn gerne sehen, aber ich bin mir nicht sicher, ob das eine gute Idee ist. Was meinst du?«

»Ich würde lieber damit warten. Falls Patrick heute wach ist, könnt ihr besser morgen hinfahren. Ich rufe dich nachher auf jeden Fall noch einmal an.«

»Danke. Und Colleen hat nichts weiter gesagt?«

»Nein, nur dass er eine gute Nacht hatte und dass er heute oder morgen einen Scan bekommt.«

Ich bedankte mich noch einmal bei Nora. Dann verabschiedeten wir uns. Es waren zwar nicht die guten Nachrichten gewesen, die ich mir erhofft hatte – dass Patrick wach war, etwas aß und mit den Schwestern Witze riss –, aber immerhin waren es auch keine schlechten Nachrichten gewesen. Wie verabredet rief ich Jill an und erzählte ihr, was Nora gesagt hatte.

»Danke, Cathy. Ich gebe Stella Bescheid. Du meldest dich, wenn es etwas Neues gibt, ja? Und noch etwas, Cathy … Wegen der Sache, die ich vorhin gesagt habe. Natürlich hoffen wir alle, dass es Patrick bald besser geht. Aber manchmal muss ich einfach pragmatisch denken.«

»Ich weiß, Jill. Danke.«

Neunzehntes Kapitel

Die Macht des Gebets

Mit Paula und jeder Menge lustiger Kinderlieder an Bord fuhr ich gegen drei Uhr zu Michaels Schule. Dort warteten wir mit einigen anderen Müttern und Betreuern auf dem Pausenhof auf das Läuten der Schulglocke. Ich überlegte fieberhaft, was ich zu Michael hinsichtlich des Gesundheitszustandes seines Vaters sagen sollte. Er war so ein lieber Junge und anderem in seinem Alter an Reife weit voraus. Michael verdiente eine ehrliche und trotzdem kindgerechte Antwort. Von Noras (und Jacks) Vermutung, Patrick könne es schlechter gehen als bisher angenommen, einmal abgesehen, blieb nur noch die Tatsache, dass sein Zustand unverändert war. Das würde ich auch Michael sagen, sobald er zu uns kam.

Die Glocke läutete, und das Schulportal wurde von innen geöffnet. Kurz darauf stürmten Kinder aus dem Gebäude und liefen ihren Eltern und Betreuern entgegen. Als Michael hinaustrat, erschien der Priester neben ihm, den ich von meinem ersten Schulbesuch kannte. Seine Hand ruhte auf Michaels Schulter, und die anderen Anwesenden warfen ihnen neugierige Blicke zu.

Paula drückte meine Hand. »Ich mag den Mann nicht«, flüsterte sie leise. »Er ist gruselig.«

»Pst«, zischte ich.

»Mrs Glass«, sagte der Priester, als er näher kam.

»Guten Tag, Vater. Ist alles in Ordnung?« Ich lächelte Michael zu, der nicht traurig, sondern vielmehr beschämt dreinblickte. Ich vermutete, dass ihm die Begleitung unangenehm war.

»Michael hat erzählt, dass sein Vater erneut ins Krankenhaus eingewiesen wurde und er so lange bei Ihnen wohnt?«, fragte der Priester.

»Stimmt. Leider hat Patrick gestern einen Zusammenbruch erlitten und wurde in die Notfallambulanz gebracht.«

»Und wie geht es ihm inzwischen?«, fragte der Priester weiter. Michael sah mich an.

Ich adressierte meine Antwort an beide: »Patrick schläft. Es werden noch einige Tests gemacht, und er erhält Bluttransfusionen, die hoffentlich helfen werden.«

Der Priester runzelte besorgt das Gesicht. Michael hingegen lächelte.

»Dad hat letztes Mal auch eine Transfusion bekommen«, sagte Michael. »Danach ging es ihm wieder gut.«

»Dann hoffen wir mal, dass das wieder hilft«, erwiderte der Priester vorsichtig.

»Das mache ich«, meinte Michael. »Ich bete dafür.«

Der Priester lächelte und fuhr Michael sanft durchs Haar. »Du bist ein guter Junge. Gott wird deinen Gebeten gewiss Gehör schenken.« Dann wandte er sich um und ging in Richtung eines anderen Erwachsenen. Sein Talar flatterte hinter ihm her.

»Ich wünschte, er würde das lassen«, sagte Michael und fuhr sich durch die Haare. Ich dachte zunächst, er würde sich über die Haar-Sache beschweren, doch dann fügte er hinzu: »Erst ruft er mich beim Appell auf und sagt, dass er wegen Dad noch mit mir sprechen möchte. Alle haben geguckt. Dann kommt er auch noch mit raus … Komm, Cathy. Gehen wir.«

Michael ergriff Paulas andere Hand und steuerte dann den Ausgang an. Ich konnte mir ausmalen, wie es ihm ging. Kinder hassen es, auf diese Art im Mittelpunkt zu stehen. Der Gedanke dahinter mag dabei noch so gut sein. In der Schule wollte Michael einfach nur ein normales Kind sein und die Sorgen um seinen Vater für ein paar Stunden vergessen.

Sobald wir im Wagen waren, erzählte ich Michael, dass Colleen und Nora am Abend ins Krankenhaus fahren würden. Ich sagte auch, dass wir ihn am besten erst später besuchen sollten. Hätte Michael widersprochen, hätte ich natürlich eingelenkt. Doch er stimmte meinem Vorschlag zu.

»Ja, es ist wohl besser, wenn wir noch ein bisschen warten. So lange, bis Dad sich wieder besser fühlt«, sagte er zuversichtlich. Ich hatte bewusst keinen konkreten Zeitpunkt genannt, da wir schließlich nicht wissen konnten, wann Patrick wieder bei Bewusstsein war.

Michael und Paula begleiteten mich zu Adrians Schulhof. Danach fuhren wir vier direkt nach Hause. Es hatte inzwischen zu regnen begonnen, und die Kinder spielten drinnen, während ich das Abendessen zubereitete. Trotz der schwierigen Situation wirkten sie so fröhlich und unbeschwert, wie nur Kinder es angesichts großer Schwierigkeiten sein können. Beim Essen rissen Adrian und Michael zahlreiche »Klopf-klopf«-Witze:

Klopf, klopf. Wer ist da? Anna. Anna wer? An 'ner Tür hat wer geklingelt. Klopf, klopf. Wer ist da? Theo. Theo wer? Tee oder Kaffee? Klopf, klopf. Wer ist da? Inge. Inge wer? In geraumer Zeit wirst du lachen.

Die Jungs explodierten förmlich vor Heiterkeit.

Gegen sieben Uhr startete erneut unsere Abendroutine: Baden, Umziehen, Gutenachtsagen. Ich wusste, dass Nora und Colleen jetzt bei Patrick waren. Wenn er wieder schlafen würde, würde Nora vielleicht eher gehen und mich früher anrufen. Also interpretierte ich es als gutes Zeichen, als es immer später wurde und ich immer noch nichts von ihr gehört hatte. Vielleicht war Patrick wach, und Colleen und Nora blieben bis zum Ende der Besuchszeit! Michael gegenüber erwähnte ich davon nichts.

Ich öffnete seine Vorhänge erneut eine Handbreit, sodass er den Nachthimmel sehen konnte. Vor dem Zubettgehen kniete er sich wieder auf den Boden und betete. Sein Gebet spiegelte die gute Stimmung des Abends wider: »Lieber Gott, du weißt ja, dass mein Dad im Krankenhaus ist. Ich weiß, dass Schlafen ihn gesund macht. Aber könnte er vielleicht in ein paar Tagen wieder aufwachen? Mittwoch oder Donnerstag wäre gut. Bitte beschütze Mummy, Daddy, Nora, Jack, Colleen, Eamon, Cathy, Adrian und Paula. Amen.«

»Schönes Gebet«, sagte ich und schüttelte die Bettdecke auf. Ich überlegte, ob ich Michael den Unterschied zwischen »schlafen« und »bewusstlos« erklären sollte, entschied mich aber dagegen. Michael hatte seine Sorgen Gott anvertraut und fühlte sich dadurch besser. Alles Weitere konnte ich ihm später noch sagen. Wir wünschten einander eine gute Nacht, und ich ging zu Adrian hinüber. Zu guter Letzt sah ich noch einmal nach Paula, die schon friedlich schlief.

Gegen neun Uhr ging ich ins Wohnzimmer hinunter und machte es mir vor dem Fernseher gemütlich. Wenige Minuten später rief Nora an.

»Leider nichts Neues«, sagte sie niedergeschlagen. »Und er bekommt keine weiteren Bluttransfusionen.«

»Aber warum ist er dann noch bewusstlos?«, fragte ich. »Haben sie dazu was gesagt?«

»Die Schwester hat gesagt, dass das ein psychischer Schutzmechanismus sein könnte. Jack hat gefragt, ob Patrick sich vielleicht den Kopf bei seinem Kollaps gestoßen haben könnte. Sie meinte, darauf würde nichts hindeuten.«

»Und wovor schützt sein Körper sich dann?«

»Vermutlich vor der Krankheit.«

»Verstehe«, sagte ich langsam. Tatsächlich war ich einigermaßen verwirrt, aber Nora schien nicht mehr sagen zu können.

»Wie geht es Michael?«, fragte Nora.

»Ganz gut. Er glaubt fest daran, dass sein Dad in ein paar Tagen aufwachen wird. Hoffentlich behält er recht.«

»Das hoffe ich auch«, erwiderte Nora. »Oder wir müssen stark … umdenken.« Ich wusste, was sie damit meinte. Niemand von uns war darauf vorbereitet, dass Patrick vielleicht nie wieder zu Bewusstsein kommen würde.

Nora versprach, dass sie sich melden würde, sobald es Neuigkeiten gab. Spätestens nach dem nächsten Krankenhausbesuch würde sie wieder anrufen. Wir verabschiedeten uns, und ich ging noch einmal hoch, um nach den Kindern zu sehen. Adrian und Paula schliefen fest, doch Michael lag mit offenen Augen im Bett und sah in den Nachthimmel.

»Geht es dir gut, mein Spatz?«, fragte ich sanft und kam langsam näher. Er nickte. »Nora hat gerade angerufen. Sie und Colleen waren wieder im Krankenhaus. Dein Dad schläft noch.«

Michael nickte wieder. »Er wird Mittwoch oder Donnerstag aufwachen«, sagte er bestimmt. »Danach habe ich in meinem Gebet gefragt.« Seine Überzeugung beeindruckte mich. Zeitgleich hatte ich jedoch auch Sorge, was passieren würde, wenn Michaels Gebet nicht erhört werden würde. Doch aus dem gleichen Grund, weshalb ich den Unterschied zwischen Schlaf und Bewusstlosigkeit nicht erklärt hatte, schwieg ich auch jetzt.

»Ich bete auch, dass er bald aufwacht«, sagte ich stattdessen schlicht.

Dienstag und Mittwoch kamen und gingen. Patricks Zustand blieb unverändert. Allmählich fragte ich mich, ob ich Michael (und Adrian, Paula und mich selbst) auf das Schlimmste vorbereiten musste: die Möglichkeit, dass Patrick nie wieder zu Bewusstsein kommen würde. Allein beim Gedanken daran traten Tränen in meine Augen. Nora rief am Mittwochabend an und klang furchtbar bedrückt. Sie meinte, dass Patricks Zustand offiziell unverändert sei, aber sie selbst fände, dass er noch schlechter als zuvor aussähe. Dann fügte sie hinzu, dass Michael sich vielleicht am Wochenende von seinem Vater verabschieden sollte. Ihre Stimme brach. Schließlich sagte sie noch, dass Jack und Eamon sie und Colleen am nächsten Abend ins Krankenhaus begleiten würden.

Am Donnerstagmorgen fragten mich Adrian und Paula wie inzwischen üblich, wie es Patrick ging. Ich sagte, dass es nichts Neues zu berichten gäbe und er immer noch bewusstlos sei. Nach dem Gespräch mit Nora hatte ich beschlossen, klar zwischen Patricks Zustand und natürlichem Schlaf zu differenzieren. Adrian und Paula sahen mich traurig an und schwiegen. Als ich Michael weckte, sagte er mit Nachdruck: »Dad würde nie gehen, ohne sich von mir zu verabschieden.« Mir war nicht klar, ob es eine Ansage, ein Ausdruck seines Glaubens oder ein verzweifelter Wunsch war.

»Nein«, sagte ich leise.

Später rief Jill an. Sie hatte mit Stella gesprochen, die mit Patricks Doktor geredet hatte: Patrick ginge es gut, aber sein Zustand sei unverändert. Jill meinte, Stella würde benachrichtigt werden, sobald sich etwas täte. In der Folgewoche gäbe es ein Gespräch hinsichtlich des weiteren Vorgehens. Falls sich bis dahin nichts verändert hätte, würde Patrick in ein Pflegeheim oder Hospiz verlegt werden. Ich legte auf und ließ meinen Tränen freien Lauf. In den letzten Tagen hatte ich mich bemüht, für Michael stark zu sein, und mir gewünscht, dass seine Gebete erhört werden würden. Nun schien nur noch die Hoffnung zu bleiben, dass Michael sich noch von seinem Vater verabschieden konnte. Doch das schien unter den gegebenen Umständen schwierig.

Am Nachmittag hing ich gerade Wäsche im Garten ab, als

drinnen das Telefon klingelte. Ich rannte sofort ins Haus, ließ in der Eile ein Handtuch fallen und griff nervös nach dem Hörer.

»Hallo?«, meldete ich mich atemlos. Niemand antwortete. Stattdessen ertönte ein leises Rascheln. »Hallo?«, sagte ich noch einmal. »Wer ist da?«

Stille. Rascheln. Dann sagte eine heisere Stimme: »Hallo, Cathy.«

Ich konnte es kaum glauben. »Patrick?«, rief ich. »Bist du das?«

»Ja. Entschuldige bitte, mir ist der Hörer aufs Bett gefallen. Ich kann leider kaum sprechen, mein Hals ist stark geschwollen. Könntest du Michael heute Abend ins Krankenhaus bringen?«

»Ja, natürlich. Wie geht's dir? Ich kann gar nicht sagen, wie sehr ich mich freue, deine Stimme zu hören.«

»Mir geht es ganz gut, danke.« Er atmete tief ein. »Bis später. Mach's gut, meine Liebe.«

Zwanzigstes Kapitel

Besuch

Vollkommen überwältigt legte ich auf. Bestand doch noch Grund zur Hoffnung? Noch vor ein paar Minuten hatte ich geglaubt, dass Patrick nie wieder zu Bewusstsein kommen würde. Und nun hatte er angerufen. Mit aufgeregt pochendem Herzen griff ich erneut nach dem Telefon und wählte Noras Nummer. Es war besetzt. Ich drückte die Fünf, damit ein neuer Anruf durchging, sobald die Leitung frei wurde. Ich hockte mich auf das Sofa und beobachtete Paula, die im Garten spielte. Patrick war wach! Ich konnte es fast nicht glauben. Michael würde sich unheimlich darüber freuen. Ich konnte es kaum erwarten, ihn von der Schule abzuholen und sein *»Wie geht's Dad?«* endlich mit *»Er hat angerufen, und wir fahren nachher hin«* zu beantworten. Ich sah sein kleines Gesicht schon vor mir: glücklich und erleichtert.

Als das Telefon schließlich klingelte, erschrak ich.

»Nora, bist du das?«

»Hallo Cathy! Patrick hat gerade angerufen. Er hat erzählt, dass er schon mit dir geredet hat. Ist das nicht unglaublich? Ich war so überrascht. Ich kann es nicht erwarten, Jack davon zu erzählen.«

»Ja, unfassbar«, sagte ich. »Patrick hat mich gebeten, heute Abend mit Michael ins Krankenhaus zu kommen.«

»Ich weiß, das hat er gerade noch einmal wiederholt. Also werden Jack, Colleen, Eamon und ich bis sieben Uhr mit unserem

Besuch warten. Dann haben Patrick und Michael ein bisschen Zeit für sich. Hat Patrick sonst noch was gesagt?«

»Nein, nur dass ich Michael vorbeibringen soll. Er klang ziemlich schwach.«

»Stimmt. Er wollte uns wohl nur Bescheid geben, dass er wach ist. Er hat mich auch gebeten, Colleen anzurufen.«

Ich grinste. »Ich freu mich riesig, Michael die gute Neuigkeit zu überbringen.«

»Das glaube ich. Dann sehen wir uns später. Ich suche mal Jack. Der ist irgendwo draußen und werkelt im Garten. Das Telefon scheint er nicht gehört zu haben.«

Wir verabschiedeten uns, und ich legte auf.

In Anbetracht von Patricks Gesundheitszustand beschloss ich, Adrian und Paula nicht mit ins Krankenhaus zu nehmen. Also rief ich kurzentschlossen bei meiner Freundin Jenny an und bat sie, auf die Kinder aufzupassen. Sie erklärte sich sofort bereit, sich um die beiden zu kümmern. Ich bedankte mich herzlich. Als alleinerziehende Pflegemutter sind Freunde wie Jenny Gold wert. Ohne sie wäre ich manchmal verloren.

Ich ging in den Garten hinaus und erzählte Paula, dass Patrick wach war und vom Krankenhaus aus angerufen hatte. »Das ist gut«, rief sie fröhlich grinsend. »Ich mag Patrick. Michael wird sich freuen.«

Etwa zehn Minuten vor Glockenläuten kamen wir bei Michaels Schule an. Dort warteten wir auf dem Pausenhof. Sobald Michael in unserer Nähe war, rief ich: »Gute Nachrichten! Dein Dad ist aufgewacht. Er hat vorhin angerufen, und ich bringe dich nachher zu ihm.«

»Juhu!«, brach es aus ihm heraus. Er umarmte Paula und mich stürmisch. »Ich hab's gewusst! Mein Dad ist wieder wach!«

Er und Paula gingen Hand in Hand zum Auto, und ich erklärte, was passiert war: Das Telefon hatte eine Stunde vorher geklingelt, und ich war so überrascht gewesen, seinen Vater zu hören. Ich warnte Michael, dass sein Dad noch sehr schwach klang, und deutete an, dass wir vielleicht nicht bis zum Ende der Besuchszeit würden bleiben können. Michael nickte verständnisvoll.

»Und wann kann ich Patrick sehen?«, fragte Paula, sobald wir im Wagen saßen.

»Vielleicht am Wochenende«, sagte ich. »Falls es Patrick dann gut genug geht.«

»Wann ist Wochenende?«

»Übermorgen«, erklärte Michael und schnallte Paula an. »Ich bringe dir die Wochentage bei, wenn du möchtest.«

»Ja, bitte«, antwortete sie und lehnte den Kopf an seine Schulter. Die restliche Fahrt verging mit dem Aufsagen und Wiederholen der Wochentage.

Wir warteten gemeinsam auf Adrian. Sobald er neben uns stand, erzählte Michael ihm aufgeregt von den guten Neuigkeiten: »Dad ist wach, und ich sehe ihn heute noch!«

»Cool«, sagte Adrian. Das war sein neues Lieblingswort.

»Und wir fahren am Wochenende hin«, ergänzte Paula.

»Wenn Patrick sich bis dahin gut genug fühlt«, schob ich schnell nach.

Zu Hause verging die Zeit wie im Flug. Als wir uns gerade an den Esstisch gesetzt hatten, rief Jill an und erzählte mir, was ich bereits wusste: dass Patrick wach war. Das Krankenhaus hatte sich anscheinend bei Stella gemeldet, die wiederum Jill angerufen hatte. Ich brachte Jill auf den neuesten Stand: Patrick hatte mich ebenfalls kontaktiert, und Michael und ich würden später ins Krankenhaus fahren.

»Ich geb Stella Bescheid«, sagte Jill. »Bei dir melde ich mich morgen wieder, dann können wir über den Besuch sprechen.«

»Ja, in Ordnung.«

Normalerweise erhält die Betreuungsperson Informationen vom Sozialamt und der entsprechenden Sozialarbeiterin. Doch da ich in regem Austausch mit Patrick und seinen Freunden stand, erfuhr ich oft zuerst, was es Neues gab, und gab die Informationen dann an Jill und den Betreuungsdienst weiter.

Ich aß auf, fütterte unsere Katze Toscha, gab den Kindern einen kleinen Nachtisch, spülte ab, zog mich um und räumte noch ein wenig auf. Um 17.40 Uhr traf Jenny ein. Die Kinder wussten Bescheid, also verabschiedete ich mich nur kurz und verließ mit Michael das Haus. Er sah sehr schick aus, trug dunkelblaue Hosen und einen dazu passenden Pullover. Im Auto fiel es ihm schwer, still zu sitzen. Er rutschte aufgeregt hin und her, sah immer wieder aus dem Fenster und plapperte fröhlich vor sich hin. »Es ist schon ewig her, seit ich Dad gesehen habe«, sagte er immer wieder. »Sonntag liegt schon so lange zurück. Ich hab immer gewusst, dass er wieder aufwachen wird. Meine Gebete wurden erhört, oder Cathy?«

»Ja, mein Schatz. Das wurden sie.«

Ich hielt auf dem Krankenhausparkplatz, fütterte einen Automaten mit Ein-Pfund-Münzen und platzierte anschließend den Parkschein auf dem Armaturenbrett. Als Michael und ich zum Krankenhaus hinübergingen, erinnerte ich ihn noch einmal daran, dass sein Vater möglicherweise noch sehr müde sein könnte und vielleicht nur wenig sprechen würde. »Kein Problem, dann rede ich eben«, sagte er strahlend.

Im Krankenhaus angekommen fiel mir auf, dass ich nicht wusste, auf welcher Station Patrick nun lag. Am Sonntag war er gerade erst eingeliefert worden und befand sich dementsprechend in der Notfallambulanz. Doch in der Zwischenzeit war er bestimmt verlegt worden.

»Ich frage mal eben, wo wir deinen Dad finden«, sagte ich zu Michael und ging mit ihm zur Anmeldung.

Dort angekommen nannte ich Patricks Namen und Einlieferungsdatum. »Intensivstation«, sagte die Empfangsdame. »Folgen Sie dem Hauptgang bis zur Treppe. Die Intensivstation befindet sich im zweiten Stock.«

Ich bedankte mich und ging mit Michael den Korridor bis zur Treppe hinunter. Dann weiter in den zweiten Stock, bis wir schließlich auf der Intensivstation angekommen waren. Der Raum war lang und beherbergte eine Vielzahl an Patienten. Jedes Bett war belegt und nur durch einen dünnen Vorhang voneinander getrennt. Michael und ich gingen langsam durch das Zimmer und hielten nach Patrick Ausschau.

»Da ist Dad!«, rief Michael und rannte los. Ich folgte ihm, so schnell ich konnte. Als ich ankam, lag Michael bereits auf dem Bett und umarmte und küsste seinen Vater stürmisch.

Ich wollte nicht stören und wartete geduldig. Patrick hatte beide Arme um Michael gelegt und sein Gesicht eng an ihn gepresst. Er erhielt noch eine Infusion, und ich war etwas besorgt, dass Michael versehentlich an dem dünnen Schlauch ziehen könnte. Ich zog ihn vorsichtig etwas zurück. Einen Moment lang sprachen weder Vater noch Sohn. Sie hielten sich einfach nur fest in den Armen, so als wollten sie sich nie wieder loslassen. Ihre Gesichter waren verborgen, aber ich konnte mir vorstellen, wie viele Gefühle sich darauf widerspiegelten.

Schließlich sah Patrick auf und lächelte mir zu. »Hallo Cathy«, sagte er leise. »Schön, dich wiederzusehen.«

»Gleichfalls«, antwortete ich, lehnte mich vor und küsste Patrick vorsichtig auf die Wange.

Michael lag noch immer auf dem Bett und presste sich eng an

seinen Vater. Ich zog einen Stuhl heran und setzte mich so nah wie möglich neben das Bett. Patricks Hand öffnete sich, und ich ergriff sie.

»Wie geht es dir?«, fragte ich.

»Nicht schlecht. Und jetzt, wo ich euch sehe, noch besser.« Er grinste noch einmal und hielt dann kurz inne, um Luft zu holen. »Ich erinnere mich nur noch daran, dass wir die Kirche verlassen haben. Das war Sonntag. Und heute soll schon Donnerstag sein?«

»Es ist tatsächlich Donnerstag.«

»Wie die Zeit vergeht«, witzelte Patrick, scheinbar ganz der Alte.

Er hatte in den letzten Tagen stark an Gewicht verloren. Seine Haut sah besser aus, aber sein Atem klang schwer, und man merkte, dass es ihn sehr anstrengte, zu sprechen. Allein die Tatsache, dass er wach war und mit uns redete, war jedoch ein kleines Wunder.

»Wir haben uns solche Sorgen um dich gemacht«, sagte ich und streichelte seine Hand. »Adrian und Paula lassen dich ganz herzlich grüßen.«

»Ist jemand bei ihnen?«, fragte er umsichtig wie immer.

»Jenny.«

Er nickte.

»Wenn ich richtig verstanden habe, kommen später noch Nora, Jack, Eamon und Colleen vorbei?«

»Ja. Sie haben sich wirklich rührend um mich gekümmert.«

Wir unterhielten uns noch ein bisschen. Hauptsächlich sprachen wir über Michael. Patrick musste zwischendurch immer wieder innehalten und nach Atem ringen, und Michael berührte wiederholt sein Gesicht, so als müsse er sich versichern, dass sein Vater noch da war. Irgendwann musste Patrick die Sitzposition wechseln, und Michael stieg vom Bett. Wir halfen gemeinsam, Patrick bequem umzulagern, und ich schüttelte die Kissen hinter ihm auf.

»Ah, jetzt ist es besser«, seufzte Patrick. Dann wandte er sich an mich: »Du hättest Krankenschwester werden sollen.«

Ich lachte. »Hab tatsächlich mal drüber nachgedacht.«

»Du wärst gut gewesen«, sagte Patrick grinsend.

Michael hatte sich wieder auf das Bett gesetzt und erzählte seinem Vater nun von seiner Schulwoche. Patrick fragte ihn, wie er im Unterricht zurechtkam und ob er sich trotz allem gut konzentrieren könne. Michael bejahte, und Patrick lobte ihn. Michael erzählte ihm dann, dass wir die Rennbahn zu mir nach Hause gebracht hatten, und fragte, ob das in Ordnung gewesen sei.

»Ja, sicher«, bestätigte Patrick. »Hol dir ruhig alles, was du brauchst. Hast du genug Kleidung eingesteckt? Könnte sein, dass ich noch ein bisschen länger hierbleiben muss.«

Michaels Gesicht verdüsterte sich bei dieser Vorstellung. Vermutlich hatte er angenommen, dass Patrick direkt wieder nach Hause kommen könnte.

»Vielleicht fahren wir am Wochenende noch einmal vorbei und holen mehr zum Anziehen«, sagte ich. »Sobald Nora kommt, frage ich sie, wann es ihr passt.«

Patrick nickte. »Erinnere mich bitte daran, sie nach dem Kühlschrank zu fragen. Hoffentlich ist nichts drin, das vergammelt.«

»Mach dir keine Sorgen«, sagte ich. »Ein paar faule Eier tun nicht weh. Konzentrier du dich lieber aufs Gesundwerden.«

»Solange du kein faules Ei bist«, stichelte Patrick und wuschelte seinem Sohn spaßhaft durch die Haare.

Wir wandten uns leichteren Themen zu: dem Wetter, den Nachrichten, Spiele, die Adrian und Michael mochten, und Michaels Hausaufgaben.

»Ich werde in der Schule Bescheid geben, dass wir heute Abend bei deinem Dad waren und du die Hausaufgaben deshalb am Wochenende nachholst«, sagte ich zu Michael. Abends würde es zu spät werden.

Um Punkt sieben blickte Patrick hinter mich. »Da sind sie«, sagte er.

Ich drehte mich um und entdeckte Nora, Jack, Colleen und Eamon, die langsam näher kamen. Sie sprachen angeregt miteinander und hatten Süßigkeiten, Obst und Blumen dabei. Ein bisschen erinnerten sie an fröhliche Partygäste. Andere Patienten und Besucher wandten sich zu uns um, als wir einander lautstark begrüßten. Patrick grinste und bedankte sich für die Geschenke. Seine Augen glänzten feucht.

Ich stand auf und bot Nora meinen Sitzplatz an. Eamon sah sich nach einem Stuhl für Colleen um und sprach schließlich einen jungen Mann im Nebenbett an, der alleine war. »Darf ich den Stuhl leihen?«, fragte er.

»Logo«, sagte der junge Mann. »Meine Freundin kann heute eh nicht kommen. Wegen des Kleinen.«

»Danke«, sagte Eamon und zog den Stuhl näher. »Sag uns Bescheid, wenn wir zu laut sind.«

»Kein Ding«, beruhigte der junge Mann. »Schön, wenn hier mal was los ist. Ist wie 'ne Leichenhalle hier drin.«

Beim Hereinkommen hatte ich ein Schild gesehen, auf dem stand, dass nur zwei Besucher pro Patient erlaubt wären. Das Pflegepersonal ignorierte freundlicherweise, dass wir nun zu sechst um Patrick herumstanden – und dabei nicht gerade leise waren. Michael saß neben Patrick auf dem Bett und freute sich über die Aufmerksamkeit. Nora und Colleen saßen auf einer Seite, während Jack, Eamon und ich auf der anderen standen. Es herrschte nahezu Feierlaune, und Jack und Eamon rissen einen Witz nach dem anderen. Wir aßen einige Weintrauben und Süßigkeiten. Patrick fragte Michael über die Schule aus, und Nora zog schließlich eine große Tasche unter dem Stuhl hervor. »Ich dachte, Michael könnte vielleicht noch ein paar Sachen gebrauchen«, sagte sie und reichte die Tasche herüber.

»Vielen Dank«, antwortete ich erfreut. »Du scheinst Gedanken lesen zu können.«

»Eine Fahrt weniger«, entgegnete Nora zwinkernd. An Patrick gewandt fuhr sie fort: »Mit eurem Haus ist alles in Ordnung. Die Post lege ich auf den Tisch im Flur. Ich hab mir gedacht, dass du hier drinnen nicht damit gestört werden möchtest. Die Milchlieferung und Tageszeitung habe ich vorerst abbestellt. Sobald du zurückkommst, wird wieder geliefert.«

»Vielen Dank«, sagte Patrick. »Ich werde wahrscheinlich eine Weile hierbleiben. Momentan komme ich alleine kaum hoch, und an Treppensteigen ist gar nicht zu denken.« Das war das erste Mal, dass Patrick seinen Zustand angesprochen hatte, und dankenswerterweise blieb das Gespräch locker. Die innige Freundschaft der Gruppe rührte mich, und ich war froh, nach so kurzer Zeit von den anderen akzeptiert zu werden.

Gegen acht Uhr läutete eine Glocke. Die Besuchszeit war vorüber.

»Das ging ja schnell!«, rief Nora. »Schon acht?«

Sie und Colleen standen auf, um sich zu verabschieden. Eamon stellte den Stuhl ans Nachbarbett zurück. »Danke«, sagte er noch einmal und gab dem jungen Mann eine Handvoll Süßigkeiten.

»Danke, Mann!«, sagte dieser. »Nett von Ihnen.« Es tat mir leid, dass ihn niemand besucht hatte. Er sah sehr jung aus, und man konnte sich kaum vorstellen, dass er Vater war.

Nora und Colleen küssten Patrick zum Abschied, und Eamon und Jack schüttelten fest seine Hand und umarmten ihn. Patrick sah müde aus, aber seine Wangen waren vom Sprechen und Lachen gerötet, was ihm ein gesünderes Aussehen verlieh.

»Schlaf jetzt«, befahl Colleen. »Am Wochenende sehen wir uns wieder.« Die vier winkten noch einmal und gingen. Nun musste sich auch Michael verabschieden. Er umarmte seinen Dad und sagte immer und immer wieder, wie sehr er ihn vermissen und dass er bald wiederkommen würde. Patrick stiegen Tränen in die Augen.

Ich lehnte mich nun auch vor, küsste Patrick auf die Wange und spürte, dass er mich leicht umarmte. »Tausend Dank für alles, was du tust«, sagte er leise. »Ich wüsste nicht, was wir ohne dich machen würden.«

Ich gab ihm einen weiteren Wangenkuss und richtete mich langsam auf. »Sollen wir morgen wiederkommen?«, fragte ich.

»Ja, bitte.«

»Ich hab überlegt, Adrian und Paula am Wochenende mitzubringen. Was hältst du davon?«

Er zögerte. »Offen gestanden würde ich damit lieber noch ein wenig warten, bis ich fitter bin. Sie würden sich hier bestimmt langweilen. Ist das in Ordnung?«

»Aber natürlich.«

»Grüß sie lieb von mir.«

»Mache ich.«

Michael umarmte seinen Dad noch einmal, dann zog ich ihn sanft fort. Wir gingen gemeinsam zum Ausgang der Station, drehten uns immer wieder um und winkten. Patrick winkte zurück. Als wir an der Tür angekommen waren, winkten wir ein letztes Mal und gingen dann hinaus.

»Bist du in Ordnung?«, fragte ich Michael und berührte ihn sanft an der Schulter.

Er nickte. »Wieso will Dad nicht, dass Adrian und Paula am Wochenende mitkommen?«, fragte er dann nachdenklich.

»Weil er sich noch ein wenig erholen möchte.«

Wir gingen weiter. Michael schwieg. Schließlich sagte er: »Hoffentlich ist das der Grund.«

»Wie meinst du das?«, fragte ich und sah ihn entgeistert an. »Was für einen Grund könnte es denn sonst geben?«

»Ich weiß nicht.« Er zuckte mit den Schultern. »Sowas würde er normalerweise nicht sagen.«

»Vergiss nicht, dass er krank ist. Ich kann schon verstehen, dass ihm danach nicht der Sinn steht.«

Aber Michael sollte recht behalten: Es gab noch einen Grund, weswegen sein Dad nicht wollte, dass Adrian und Paula mit ins Krankenhaus kamen. Doch das fand ich erst viel später heraus. Und es brach mir das Herz.

Einundzwanzigstes Kapitel

Unterstützung

Es war schon 20.30 Uhr, als wir schließlich zurückkehrten. Ich stellte die Kleidertasche im Flur ab, schickte Michael ins Bad und verabschiedete mich von Jenny. Sie erzählte, dass der Abend ruhig verlaufen war, Paula nun schlafe und Adrian im Bett lese. Dann erkundigte sie sich, wie es Patrick ging, und ich sagte, er sei noch schwach, erhole sich aber.

Schließlich fragte ich: »Jenny, ich hoffe, dass das nicht zu viel verlangt ist, aber könntest du morgen Abend vielleicht noch einmal nach den Kindern sehen? Es wäre ein bisschen zu viel für Patrick, wenn ich sie mit ins Krankenhaus bringen würde, und er würde Michael gern bald wiedersehen. Ich werde dich danach auch erst mal in Ruhe lassen, und du kannst natürlich Nein sagen.« Es war mir furchtbar unangenehm, diese Bitte zu stellen.

»Kein Problem«, meinte Jenny nur. »Ich helfe gern. Vielleicht bringe ich meine Jungs mit. Am Freitag wäre es ja nicht so schlimm, wenn sie mal ein bisschen später ins Bett kommen.«

»Vielen, vielen Dank«, erwiderte ich. »Ich schulde dir was.«

»Ach, Quatsch«, beruhigte sie mich. »Ist wirklich kein Problem.«

Ich bedankte mich noch einmal, dann brachte ich sie zur Tür. Zwar war ich erleichtert, dass sie noch einmal einspringen würde, aber ich wusste auch, dass ich sie danach nicht noch einmal fragen wollen würde. Vielleicht konnte Rose helfen, aber auch sie hatte Kinder. Die meisten meiner Freundinnen waren Mütter und konnten nicht ohne weiteres als Babysitter einspringen. Nicht zu wissen, wie lange Patrick im Krankenhaus bleiben würde, machte die Lage noch komplizierter.

Ich nahm die Tasche mit Michaels Sachen und trug sie nach oben. Dort stellte ich sie im Flur ab und ging in Paulas Zimmer. Sie lag auf der Seite und schlief. Ihre entspannten Gesichtszüge und das offene Haar ließen sie wie ein kleines Engelchen aussehen. Ich strich ein paar Strähnen aus ihrem Gesicht, küsste ihre Wange und schlich wieder hinaus. Die Tür ließ ich leicht geöffnet, so wie sie es mochte. Michael hatte sich inzwischen im Bad fertig gemacht und ging gerade in sein Zimmer. »Ich komme gleich«, rief ich mit gedämpfter Stimme und ging zu Adrian.

Adrian saß im Bett und las im Schein seiner Nachttischlampe. »Alles klar bei dir?«, fragte ich.

Er nickte und sah auf. »Wie geht's Patrick?«

»Ganz gut. Er lässt herzlich grüßen. Nach dem Kapitel machst du das Licht aus, ja?« Adrian las liebend gern, und ich war mir sicher, dass er die ganze Nacht weitermachen würde, wenn ich nichts sagte.

Ich gab Adrian einen Gutenachtkuss und ging hinaus. Wie immer schloss ich die Tür. Ich würde später noch einmal wiederkommen und prüfen, ob das Licht auch wirklich aus war. Dann nahm ich die Reisetasche und ging zu Michael. Er hatte wahrscheinlich schon sein Abendgebet gesprochen und lag nun im Bett. Sein Blick war in den Nachthimmel gerichtet.

»Das packe ich morgen aus«, sagte ich und stellte die Tasche ab.

»Cathy«, fragte Michael, »wie lange wird Dad noch im Krankenhaus bleiben?«

»Das kann ich dir leider nicht sagen. Ich würde schätzen, dass er noch mindestens eine Woche da ist«, sagte ich und hockte mich auf die Bettkante.

»Ich hab nachgedacht«, fuhr er fort. »Wenn du, Adrian, Paula und Toscha in unser Haus ziehen würdet, könnten wir uns zusammen um Dad kümmern. Vielleicht könnte er dann eher nach Hause. Er hat gesagt, du wärst eine gute Krankenschwester, und ich glaube das auch.«

Ich lächelte. »Das ist lieb von dir. Ich werde auf jeden Fall, so gut ich kann, helfen, wenn dein Dad aus dem Krankenhaus kommt. Aber vorerst sollten sich lieber richtige Ärzte und Pfleger um ihn kümmern, die wissen, welche Medizin er braucht.«

»Oder wir ziehen zu euch? Wir haben ja keine Katze. Das wäre also leichter.«

Ich legte meine Hand sanft auf seinen Arm. »Mach dir bitte keine Sorgen, Süßer. Man kümmert sich bestens um deinen Dad. Sobald er das Krankenhaus verlassen darf, möchte er ganz bestimmt nach Hause, und Nora, Jack, Colleen, Eamon und ich werden alle helfen. Alles wird gut. Die Erwachsenen kümmern sich darum.« Das schien ihn zu beruhigen. Er gähnte, drehte sich auf die Seite und bat um einen Gutenachtkuss. Als ich zehn Minuten später noch einmal nach ihm sah, schlief er tief und fest. Auch Adrian hatte das Licht gelöscht und schlummerte friedlich.

Am nächsten Tag schickte ich eine Nachricht an Michaels Schule und erklärte, dass er am Vorabend seinen Dad im Krankenhaus besucht hatte und daher die Hausaufgaben am Wochenende nachholen würde. Als ich Michael später abholte, gab er mir einen Brief von seiner Lehrerin. Ich las ihn auf dem Weg zum Auto:

Liebe Mrs Glass, vielen Dank für Ihren Brief. Die Schuldirektion hat mich bereits über die Krankheit von Michaels Vater informiert. Selbstverständlich kann Michael die Hausaufgaben zu einem späteren Zeitpunkt nachholen. Mit freundlichen Grüßen, Jane Wilson.

Michael hatte den Brief ebenfalls gelesen und bemerkte feixend: »Miss Wilson hat gesagt, ich kann die Hausaufgaben zu einem späteren Zeitpunkt machen. Also nicht unbedingt am Wochenende!«

»Aber am Wochenende hast du genug Zeit, dich darum zu kümmern«, hakte ich ein.

»Wer weiß?«, sagte Michael und hüpfte neben mir her. »Ich muss Dad besuchen.«

»Ja, natürlich«, entgegnete ich. »Aber du wirst trotzdem noch genug Zeit für deine Hausaufgaben haben, dafür werde ich schon sorgen.«

Er verzog das Gesicht und schwieg für einen Moment.

»Ich kann dir helfen, wenn es schwierig ist«, fügte ich hinzu.

»Ist es nicht«, grummelte er. »Ich hab einfach keine Lust.«

Paula warf ihm einen schrägen Blick zu. Sie hatte Michael noch nie so widerspenstig erlebt.

»Dein Dad hält die Schule für sehr wichtig und ich auch«, stellte ich klar und öffnete die Autotür.

Michael stieg ein. Seine schlechte Laune hielt noch etwa fünf Minuten an, dann war die Sache erledigt. Er war kein Dickkopf, und viele Jungen in seinem Alter spielen lieber, als dass sie Hausaufgaben machen.

Ab und an stehe ich vor einem Problem, und plötzlich taucht wie von Zauberhand eine passende Lösung auf. So kam es auch dieses Mal. Ich grübelte hin und her, wie ich die Kinderbetreuung am Wochenende organisieren sollte. Am Freitag würde Jenny noch einmal vorbeikommen. Auf dem Weg zum Kindergarten kam mir eine Idee: Ich würde meine Eltern am Samstag zu uns bitten und sie abends zum Essen einladen. Wir wollten uns ohnehin bald treffen, und Patrick hatte vorgeschlagen, dass Michael ihn am Wochenende nachmittags zwischen zwei und vier Uhr besuchen könnte. Sobald ich wieder zu Hause war, rief ich meine Eltern an. Meine Mum sagte sofort zu und freute sich über die Einladung zum Abendessen. Etwa zwanzig Minuten später klingelte das Telefon. Es war Colleen. Nachdem wir die üblichen Nettigkeiten ausgetauscht hatten, sagte sie: »Ich habe gerade mit Nora über die Krankenhausbesuche gesprochen. Wir glauben, es ist besser, wenn wir uns abwechseln. Patrick hat gestern ziemlich müde ausgesehen. Vielleicht sind vier Besucher auf einmal ein bisschen viel. Eamon und ich würden gerne Sonntagnachmittag hinfahren und Nora und Jack Sonntagabend. Sollen wir Michael vielleicht einfach mitnehmen? Normalerweise gehen wir sonntags zur Kirche. Michael könnte mit zum Gottesdienst kommen, bei uns essen und später mit uns ins Krankenhaus fahren. Danach würden wir ihn zurück zu euch bringen. Was hältst du davon?«

»Klingt nach einer guten Idee. Wenn es euch nicht zu viel wird?«

»Nein, auf keinen Fall. Eamon und ich mögen Michael sehr. Wir sind seine Taufpaten, und er war schon öfter bei uns.«

»Michael wird bestimmt einverstanden sein. Und für mich ist es offen gestanden eine Erleichterung. Ich hab mir schon den Kopf darüber zerbrochen, wie ich die Betreuung von Adrian und Paula am Sonntag organisieren soll.«

»Hör mal, Cathy«, sagte Colleen freundlich, »wenn wir irgendwie helfen können, tun wir das gern. Du musst uns nur Bescheid geben. Ich weiß echt nicht, wie du das alles schaffst. Du musst wirklich ein Herz aus Gold haben.«

Wie immer war mir das Lob ein bisschen unangenehm. »Danke«, sagte ich leise.

»Der Gottesdienst beginnt um 10.15 Uhr. Sollen wir Michael eine halbe Stunde vorher abholen?«

»Klingt gut. Ich fürchte allerdings, dass sein Anzug nicht hier ist. Ich schaue aber noch einmal in der Tasche nach, die Nora uns mitgegeben hat.«

»Kein Problem«, meinte Colleen. »Zur Not kann er auch mal

ohne Anzug gehen. Gott will schließlich unsere Seelen, nicht unsere Kleidung.«

Ich lachte. »Okay. Danke noch mal und bis Sonntag!«

Obwohl ich mir nicht vorstellen konnte, dass Stella etwas gegen Colleens Vorschlag einzuwenden hatte, musste ich ihre Erlaubnis einholen. Da Michael auf freiwilliger Basis bei mir war, griffen relativ entspannte Regeln. Wäre es nicht so gewesen, hätte jeder, der alleine Zeit mit Michael verbrachte und älter als zwölf Jahre alt war, eine umfassende Prüfung durch das Sozialamt erdulden müssen. Viel Aufwand, aber immerhin zum Wohl des Kindes.

Ich rief Jill an und erzählte ihr vom Krankenhausbesuch. Dann fragte ich bezüglich der Sonntagsplanung.

»Das sollte kein Problem sein«, antwortete sie. »Ich rede gleich mit Stella und melde mich noch einmal, falls es Einwände geben sollte. Aber das kann ich mir nicht vorstellen. Ist ja echt nett, dass die beiden ihre Hilfe angeboten haben. Michael wird sich bestimmt freuen.«

»Ja, das denke ich auch«, bekräftigte ich.

Jill hielt kurz inne und sagte dann: »Cathy, ich glaube, du könntest etwas mehr Unterstützung vertragen, solange Patrick nicht möchte, dass Adrian und Paula mit ins Krankenhaus kommen. Soll ich mich darum kümmern? Einer unserer Mitarbeiter könnte nach Adrian und Paula sehen, wenn du und Michael bei Patrick seid.«

Ich wusste, dass die Möglichkeit bestand, hatte aber gar nicht daran gedacht, danach zu fragen. Zu Beginn meiner Tätigkeit als Pflegemutter hatte ich oft um Unterstützung gebeten. Doch inzwischen war ich so erfahren, dass ich ganz gut alleine zurechtkam. Bis jetzt. Ich brauchte tatsächlich Hilfe und nahm Jills Angebot dankend an. Sie versprach, sich noch einmal bei mir zu melden, und wir legten auf.

Erleichtert ging ich nach oben und kümmerte mich um die Reisetasche, die Nora uns mitgegeben hatte. Sie hatte Michaels Sonntagsanzug tatsächlich eingepackt, und ich hängte ihn in den Schrank. Auch die übrige Kleidung – Freizeitklamotten, Schuhe und ein zweiter Schlafanzug – räumte ich ein. Zwanzig Minuten später rief Jill an und sagte, dass Helen Lewis in der kommenden Woche auf Adrian und Paula aufpassen könnte. Darüber freute ich mich sehr. Wir kannten Helen. Sie und ihr Ehemann Pete waren ein nettes Paar um die sechzig und kümmerten sich normalerweise um Säuglinge und Kleinkinder. Ihr letzter Schützling hatte zwei Jahre lang bei ihnen gelebt und war vor kurzem adoptiert worden. Nun gönnten sie sich eine kleine Pause. Ihre eigenen Kinder waren schon erwachsen und lebten nicht mehr zu Hause. Wir standen bereits in Kontakt, also bedankte ich mich bei Jill und versprach, Helen am Wochenende bezüglich des weiteren Vorgehens anzurufen.

Um zwölf Uhr holte ich Paula vom Kindergarten ab. Auf dem Rückweg kaufte ich eine große Schachtel Pralinen als Dankeschön für Jenny. Dann erklärte ich Paula, wer wann auf sie und Adrian aufpassen würde.

»Adrian und ich kommen nicht mit ins Krankenhaus?«, fragte Paula schlussendlich.

»Nein, Patrick ist noch sehr müde und muss sich noch ein bisschen besser erholen.«

Paula nickte. »Kriegen wir dann noch mehr Eis?« Zum Trost, dass sie nicht hatten mitkommen dürfen, hatten die beiden am Vorabend ein Eis bekommen.

»Ja, okay«, sagte ich grinsend. »Dann brauchen wir aber dringend Nachschub. Weißt du, wie viel?«

Paula dachte nach und zählte an ihren Fingern ab, wie viele Eishörnchen auf sie und Adrian zukamen. Dann rief sie stolz: »Sechzehn!«

»Vierzehn«, korrigierte ich.

Sie runzelte die Stirn. »Nein, sechzehn. Ich bin mir ganz sicher.«

»Nee, vierzehn.« Ich musste das Lachen verkneifen. »Am Sonntag gibt es kein Eis, weil ich da mit euch zu Hause bleibe.«

»Ach, Mum!«, rief sie und knuffte mich lachend an die Seite.

Später sprach ich mit Michael und erklärte ihm die Wochenendplanung. Er war einverstanden. Als ich Adrian von der Schule abholte, ging ich die Planung ein drittes Mal durch. Dass ich nicht allen Kindern gleichzeitig davon berichtet hatte, war mir schleierhaft. Vielleicht, weil ich jedem Kind individuell entgegenkommen möchte. Adrian freute sich, den Samstag mit seinen Großeltern zu verbringen.

Am Freitagabend durchliefen wir das gleiche Prozedere wie am Vorabend. Wir aßen früh zu Abend, da Jenny um 17.40 Uhr eintreffen würde. Sie brachte ihre Söhne mit, die sechs und acht Jahre alt waren. Adrian und Paula waren völlig aus dem Häuschen und vergaßen sogar, mir einen Abschiedskuss zu geben. Michael war etwas enttäuscht, nicht mit den anderen Kindern spielen zu können. Aber er freute sich auch, seinen Vater zu sehen.

»Grüßt Patrick herzlich von mir!«, rief Jenny zum Abschied.

»Machen wir. Vielen Dank noch einmal. Fühlt euch ganz zu Hause.«

Um Punkt sechs Uhr hielten wir auf dem Krankenhausparkplatz. Ich löste ein Parkticket, und wir gingen gemeinsam hinein. Im Krankenhauskiosk kaufte ich eine Tageszeitung, eine Packung Kekse und einen Schokoriegel für Michael.

Als wir auf der Station eintrafen, sah Patrick uns sofort. Scheinbar hatte er schon die Tür beobachtet. Er saß aufrecht im Bett und winkte uns herüber. Nach den üblichen Begrüßungsküsschen fragte ich, wie es ihm ging. »Nicht übel«, sagte er. Tatsächlich sah er schon viel besser aus.

Michael setzte sich wieder zu seinem Vater auf das Bett, und ich zog einen Stuhl heran. Es freute mich, dass der junge Mann im Nachbarbett nun auch Besuch hatte. Eine junge Frau und ein Kind waren bei ihm, vermutlich seine Freundin und ihr gemeinsamer Sohn. Patrick bedankte sich für die Zeitung und die Kekse und dafür, dass ich Michael einen Schokoriegel gekauft hatte.

»Ich muss dir dringend was überweisen«, sagte er. »Ich weiß ja, wie viel der Junge isst.«

»Das geht schon in Ordnung«, sagte ich. »Ich bekomme eine finanzielle Beihilfe vom Amt.«

»Ich weiß. Aber irgendwie erscheint mir das nicht richtig. Als ich zum ersten Mal mit Stella gesprochen habe, habe ich ihr gleich gesagt, dass ich für Michaels Unterbringung aufkommen möchte. Aber sie meinte, dass das nicht geht. Das kommt mir blöde vor.«

Ich stimmte zu. In der Vergangenheit hatte ich öfter gedacht, dass vermögende Eltern für den Aufenthalt ihrer Kinder aufkommen sollten oder zumindest etwas dazuzahlen könnten. Andererseits waren die wenigsten Kinder freiwillig in Pflegefamilien untergebracht, und es war natürlich problematisch, Eltern von ihren Kindern zu trennen und sie anschließend zur Kasse zu bitten. Das Thema war schwierig, Patricks Fall sehr speziell und sein Angebot selten großzügig.

An jenem Abend waren wir Patricks einzige Besucher. Nach einer Stunde erlahmte das Gespräch etwas. Patrick schien erschöpft und hörte lieber zu, anstatt zu plaudern. Um sieben Uhr wusste Michael nichts Neues mehr zu berichten und kuschelte sich an seinen Vater. Ich bemühte mich, das Gespräch am Laufen zu halten. Nach einer Weile döste Patrick ein. Seine Augenlider sanken langsam herab, dann riss er die Augen auf.

»Sorry!«, sagte er. »Ich bin einfach weggetreten. Wie unhöflich!«

»Schlaf ruhig ein bisschen«, meinte ich gelassen. »Michael freut sich, einfach bei dir zu sein.«

»Und du?« Patrick griff nach meiner Hand. »Freust du dich auch, bei mir zu sein?«

»Natürlich.« Ich lächelte.

Bis acht Uhr döste Patrick friedlich in seinem Bett. Dann klingelte lautstark die Besucherglocke, und er wachte auf. Er entschuldigte sich erneut und versicherte uns, dass er bei unserem nächsten Besuch hellwach sein würde. Ich sagte noch einmal, dass er sich keine Sorgen machen brauche. Dann verabschiedeten Michael und ich uns. Patrick winkte, bis wir zur Tür hinaus waren.

Als wir zu Hause eintrafen, waren die Kinder bester Laune. Paula war im Schlafanzug, aber so aufgedreht, dass sie meine Rückkehr gar nicht bemerkte. Michael schloss sich dem Versteckspiel der anderen sofort an, und Jenny und ich gingen in die Küche, wo ich den Teekessel aufsetzte. Wir sagten den Kindern, dass die Küche vorerst tabu wäre und sie uns nur im Notfall stören dürften. Dann setzten wir uns und unterhielten uns angeregt. Gegen zehn Uhr kündigte Jenny schließlich an, dass sie langsam gehen müssten, und rief nach ihren Jungs. Ich bedankte mich noch einmal und gab ihr die Pralinen.

»Das wäre aber nicht nötig gewesen!«, meinte sie.

»Ich bin dir wirklich unendlich dankbar«, antwortete ich. »Ohne dich hätte ich das nicht geschafft.«

Zu viert winkten wir Jenny und ihren Söhnen nach. Die Kinder waren erschöpft, und ich schickte sie direkt ins Bett. Der Abend war ein schöner Abschluss einer Woche voller Unsicherheit und Angst gewesen. Jetzt freute ich mich auf das Wochenende. Patrick erholte sich langsam, würde das Krankenhaus bald verlassen, und ich konnte endlich wieder entspannen.

Zweiundzwanzigstes Kapitel

Genesung

Am Samstagmorgen schliefen wir aus. Es war schon zehn Uhr, bis wir aufgestanden und angezogen waren. Nach dem Frühstück sagte ich Adrian und Michael, dass nun ein guter Zeitpunkt für das Erledigen ihrer Hausaufgaben sei.

»Später ist auch noch Zeit«, wehrte Adrian ab. Michael nickte zustimmend.

»Also willst du Hausaufgaben machen, wenn Omi und Opa da sind?«, fragte ich Adrian. »Und du nimmst deine Schulsachen mit ins Krankenhaus zu deinem Dad?« Die Frage ging an Michael.

Dem konnten sie nichts entgegensetzen. »Los, bringen wir's hinter uns«, gab Michael auf, und Adrian nickte wortlos.

»Gute Entscheidung«, bekräftigte ich.

»Beeilt euch«, bat Paula. »Dann können wir draußen spielen.«

Es war ein warmer Junitag, und ich wusste, die Jungs würden dieser Bitte zu gerne nachkommen. Adrian und Michael holten ihre Schulsachen und setzten sich an den Esstisch. Adrian hatte ein paar Matheaufgaben zu erledigen, und Michael musste einen Aufsatz zum Thema »Leben in einem fernen Land« schreiben.

»Sind die Kanalinseln damit gemeint?«, fragte ich witzelnd. Michael grinste. »Wohl eher Afrika. Dort leben einige Missionare. Das haben wir im Religionsunterricht gelernt.«

»Was ist ein Missionar?«, wollte Paula wissen.

Michael erklärte: »Das ist jemand von der Kirche, der in ferne Länder geht. Dort verrichtet er oder sie gute Arbeit und versucht die Menschen, die dort leben, vom christlichen Glauben zu überzeugen, sodass sie konvertieren.« Scheinbar hatte er im Unterricht gut aufgepasst.

»Konvertieren?«, hakte Paula nach.

Michael dachte nach. »Menschen zum Umdenken bewegen«, sagte er nach einem Moment.

»Was? Meinst du, so wie wir Mum manchmal zum Umdenken bewegen, damit wir nach dem Essen noch fernsehen dürfen?«

Michael und Adrian lachten. »Nicht ganz«, sagte Michael. »Die Missionare versuchen die Menschen dazu zu bringen, ihre Ansichten hinsichtlich der Religion zu überdenken und unserem Gott zu huldigen.«

»Gibt es denn noch andere Götter?«, fragte Paula.

»Vielleicht«, fuhr ich dazwischen. Dieses Gespräch würde bestimmt nie enden, und bevor eine theologische Diskussion anbrach, bat ich Paula, mir bei der Hausarbeit zu helfen. So konnten Adrian und Michael in Ruhe weiterarbeiten.

Eine Stunde später hatten sie ihre Hausaufgaben erledigt. Ich sah alles durch, dann verstauten die Jungs sämtliche Hefte in ihren Schulrucksäcken und stellten die Tornister in den Flur. Anschließend gingen sie in den Garten, und ich fing an, das Abendessen vorzubereiten. So würde nach dem Krankenhausbesuch keine Hektik aufkommen.

Mum und Dad trafen gegen ein Uhr ein und wirkten wie immer überglücklich, uns zu sehen. Michael hatten sie bisher noch nicht kennengelernt, kannten ihn aber vom Telefon.

»Was für ein lieber Junge«, sagte Mum zu mir, als wir ein Sandwich im Garten aßen. »Der arme Vater.«

Ich hatte meinen Eltern nur wenig über Patricks Krankheit erzählt. Zum einen aus Vertraulichkeitsgründen, aber auch weil ich nicht wollte, dass sie sich aufregten. Trotzdem waren sie sehr um Michael besorgt.

»Was haben denn die Ärzte gesagt?«, fragte meine Mutter leise.

»Dass er eine Bluttransfusion braucht«, antwortete ich. Mehr wusste ich auch nicht.

Um 13.40 Uhr verabschiedeten Michael und ich uns und fuhren zum Krankenhaus. Es herrschte reger Betrieb, und wir brauchten ein paar Minuten, bis wir einen Parkplatz fanden. Auch im Foyer ging es hektisch zu. Im Shop kaufte ich erneut einen Schokoriegel für Michael und eine Tageszeitung für Patrick.

Als wir die Station betraten, waren Patrick und sein Bettnachbar gerade in ein Gespräch vertieft. Sobald sie uns erblickten, winkte der junge Mann. Patrick sah etwas traurig aus. Als sein Bettnachbar wenige Minuten später Kopfhörer einsteckte und Musik hörte, sagte Patrick leise zu mir: »Er ist erst einundzwanzig und hat eine seltene Blutkrankheit. Er wartet nun auf eine Knochenmarktransplantation, kann nicht arbeiten und muss eigentlich ein kleines Kind ernähren. Und ich klage über meine Situation!«

Patrick klagte nicht, aber ich wusste, was er meinte. Je jünger die Person ist, desto ungerechter scheint eine schwere Krankheit zu sein. Es freute mich, als wenig später seine Freundin mit dem Baby eintraf. Sie waren junge Eltern, wirkten aber sehr verantwortungs- und liebevoll.

Patrick schien es immer besser zu gehen. Sein Atem wirkte entspannter, und er erzählte, dass er bereits mehrere Male alleine aufgestanden sei. »Morgen dusche ich allein!«, verkündete er. »Ich kann es kaum erwarten. Die Schwester meinte, dass ich erst entlassen werde, wenn ich alle Treppen hochsteigen kann.«

»Wann ist das?«, fragte Michael.

»Hoffentlich Ende nächster Woche«, antwortete Patrick.

»Haben das die Ärzte gesagt?«, wollte ich wissen. »Dass du dann nach Hause kommst?«

»Mehr oder weniger«, wich Patrick aus.

Dieses Mal wurde er nicht so schnell müde. Vielleicht lag es daran, dass es erst Nachmittag war, oder vielleicht zeigte die Transfusion Wirkung. Das Gespräch verlief entspannt, und wir hatten einander viel zu erzählen. Ich kündigte an, dass Colleen und Eamon am nächsten Tag mit Michael kommen würden, und Patrick zeigte sich von der Idee begeistert. Dann richtete ich Grüße von meinen Eltern aus.

»Ich grüße freundlich zurück«, sagte Patrick grinsend.

»Hoffentlich lernt ihr euch eines Tages kennen. Vielleicht, wenn du aus dem Krankenhaus entlassen wirst«, meinte ich. Patrick nickte zögerlich. Vermutlich fiel es ihm angesichts der Situation schwer, Pläne zu schmieden.

Michael aß ein paar der Kekse, die wir am Tag zuvor mitgebracht hatten. Ich erzählte, dass mir eine Babysitterin von der Pflegeagentur zur Seite gestellt wurde.

»Was für eine Erleichterung«, sagte Patrick. »Ich habe schon überlegt, wie es wohl weitergeht.«

Die zweistündige Besuchszeit ging wie im Nu vorüber. Um vier Uhr läutete die Glocke. Patrick gab Michael einen Kuss und verabschiedete sich: »Bis morgen, Großer. Sprich ein Gebet für mich mit in der Kirche, okay?« Zu mir sagte er: »Ich rufe dich morgen an. Bis Montag, Cathy. Danke für alles, und Gott segne dich.«

Um 16.30 Uhr trafen wir zu Hause ein. Sobald wir reinkamen, fragte Mum, wie es Michaels Dad ging.

»Schon besser, danke«, antwortete Michael höflich und verzog sich dann, um mit Adrian und Paula zu spielen.

Mum half mir beim Kochen, während Dad im Garten Unkraut jätete und nach den Kindern sah. In der Küche fragte sie mich, ob es Patrick tatsächlich besser ging. Ich bejahte und sagte, dass er schon viel besser ausgesehen habe und hoffentlich in der kommenden Woche entlassen werden würde.

»Das sind ja gute Neuigkeiten«, sagte Mum. »Es ist wirklich fantastisch, was die Ärzte heutzutage alles machen können.« Genau wie ich waren meine Eltern überzeugte Optimisten und versuchten immer, das Positive zu sehen.

Das Abendessen verlief ausgesprochen gesellig. Es tat mir nur leid, dass Patrick nicht dabei sein konnte. Nach dem Essen war es noch angenehm warm draußen, und wir beschlossen, einen Kaffee im Garten zu trinken. Ich plauderte mit meinen Eltern, und die Kinder spielten. Später bestand meine Mutter darauf, mir beim Aufräumen zu helfen.

Gegen neun Uhr verabschiedeten wir uns. Paula schlief fast im Stehen ein, und ich brachte sie direkt ins Bett. Die Jungen waren auch ziemlich erschöpft. Adrian hatte schon das Licht ausgeschaltet, als ich zum Gutenachtkuss hereinkam, und Michael schaffte es gerade noch, gähnend seinen Anzug für den Folgetag herauszulegen.

Dann kniete er vor dem Bett nieder und betete. »Lieber Gott, danke, dass es Daddy besser geht. Bitte mach, dass es so weitergeht und dass er Ende nächster Woche nach Hause kommt. Danke. Amen.«

»Wunderbar«, sagte ich.

Michael gähnte noch einmal, stieg ins Bett, und ich gab ihm einen Gutenachtkuss.

»Schlaf gut, Cathy«, sagte er und drehte sich auf die Seite. »Danke für den schönen Tag. Ich mag deine Eltern. Schade, dass ich keine Großeltern mehr habe. Ihr habt wirklich Glück.«

»Ja, das stimmt.«

Am nächsten Morgen stand ich früh auf und weckte Michael, der später von Colleen und Eamon abgeholt werden würde. Ich schlug vor, dass er im Schlafanzug frühstücken und den Anzug erst später anziehen sollte. »Ja, so machen wir das immer«, stimmte er zu. »Damit er sauber bleibt.«

Am Sonntag gab es immer ein warmes Frühstück bei uns, und Michael wünschte sich ein Bacon-Sandwich mit Ketchup. Während er duschte, briet ich Speck und Eier an. Kurz darauf kamen er, Adrian und Paula die Treppe herunter. Der Geruch hatte auch sie geweckt.

Nach dem Frühstück ging Michael nach oben, um die Zähne zu putzen und seinen Anzug anzuziehen. Wenig später kam er nach unten. In Anzug, Hemd und Krawatte sah er sehr elegant aus. Es war genau das Outfit, dass er getragen hatte, als er und Patrick wenige Wochen zuvor direkt nach der Kirche zum Mittagessen vorbeigekommen waren. Ich dachte gern an den Tag zurück. Patrick ging es so viel besser damals. Ich hoffte, dass es bald wieder so sein würde.

Michael saß kerzengerade auf dem Sofa und wartete auf Colleen und Eamon. »Wollen wir spielen, bis sie kommen?«, fragte Paula und deutete auf ihren Spielzeugbauernhof.

Michael überlegte. »Solange ich den Anzug anhabe, kann ich nicht spielen«, sagte er schließlich. Davon hatte ich nichts gesagt, also schien es eine Regel von Patrick zu sein.

Um 9.45 Uhr klingelte es, und Colleen war an der Tür. Sie trug ein elegantes hellblaues Ensemble. Eamon wartete im Wagen und winkte zu mir herüber. Ich rief Michael, der noch im Wohnzimmer war. Adrian und Paula begleiteten ihn zur Haustür. Colleen begrüßte alle und fragte, wie es ihnen ging.

»Gut«, meinte Michael. Paula lächelte schüchtern, und Adrian antwortete für sie beide. »Sehr gut, vielen Dank.«

Colleen versprach, gegen halb fünf wieder da zu sein. Ich bedankte mich, und wir winkten zum Abschied. Dann schloss ich die Haustür und sagte Adrian und Paula, dass sie sich vor dem Spielen waschen und anziehen sollten.

Wenn ich Kinder mit Verhaltensauffälligkeiten bei uns beherberge, kommt es ab und an vor, dass ich mich auf eine kurze

Auszeit freue, damit ich mich ungestört um Adrian und Paula kümmern kann. Bei Michael war das nicht der Fall. Sobald sich die Haustür hinter ihm schloss, hatte ich das Gefühl, dass jemand fehlte. Es war in etwa so, wie wenn Paula und Adrian bei ihren Freunden oder ihrem Vater waren. Ich freute mich zwar, wenn sie Spaß hatten, aber ich vermisste sie auch, und im Haus schien etwas nicht zu passen. Genauso war es nun auch mit Michael, und es ging nicht nur mir so. »Wann kommt Michael endlich?«, fragten Adrian und Paula immer wieder und sahen auf die Uhr.

Als Colleen und Eamon schließlich mit Michael zurückkehrten, kamen sie noch auf eine Tasse Tee mit ins Haus. Michael zog sich um, und die Kinder spielten mit seiner Rennbahn. Wir Erwachsenen machten es uns im Wohnzimmer gemütlich. Colleen erzählte, dass sie einen sehr schönen Tag mit Michael verbracht hatten und dass er von mir und den Kindern geschwärmt hatte. Das freute mich sehr. In der Kirche habe der Pfarrer Patrick außerdem ins Gebet eingeschlossen, und alle hatten nach ihm gefragt. »Hat sich also endlich mal gelohnt, hinzugehen«, schloss Eamon und sah zu seiner Frau. Dem entnahm ich, dass sie die treibende Kraft hinter den Kirchenbesuchen war.

»Gehören Nora und Jack auch zu eurer Gemeinde?«, fragte ich.

»Nein«, antwortete Colleen. »Sie sind nicht katholisch.«

»Die Glücklichen«, murmelte Eamon, was Colleen ignorierte.

Colleen richtete Grüße von Patrick aus und meinte, dass er schon viel besser aussähe. Eamon bekräftigte das. Sie boten an, Michael am kommenden Wochenende wieder mit ins Krankenhaus zu nehmen, falls Patrick aller Hoffnungen zum Trotz noch dableiben müsse. Ich bedankte mich.

»Ist schon gut«, sagte Eamon. »Wir haben Michael gern bei uns.« In dem Moment dachte ich, wie schade es war, dass die beiden keine eigenen Kinder hatten. Sie wären bestimmt gute Eltern gewesen.

Ich schenkte noch einmal Tee nach. Gegen halb sechs meinte Colleen, dass sie allmählich aufbrechen müssten, da sie noch verabredet seien. Ich rief die Kinder nach unten. An der Tür verabschiedeten wir uns. Colleen umarmte Michael noch einmal fest und wiederholte: »Denk dran, Cathy: Du kannst uns jederzeit anrufen, wenn wir Michael zu Patrick bringen sollen.« Ich nahm das Angebot dankend an.

Kurz darauf begann es zu regnen, und die Kinder verlegten ihre Spiele nach drinnen. Nach dem Abendessen machten sie sich wie üblich bettfertig. Ich sah immer wieder auf die Uhr. Es war inzwischen 20.30 Uhr. Patrick hatte versprochen, dass er nach Noras und Jacks Besuch anrufen würde. Die Besuchszeit war seit einer halben Stunde vorbei. Als es neun Uhr wurde, gestand ich mir ein, dass Patrick sich vermutlich nicht mehr melden würde. Vielleicht war er zu müde, unterhielt sich mit seinem Bettnachbarn oder hatte es einfach vergessen. Ich war etwas enttäuscht. Zumindest ein kurzes Gespräch wäre schön gewesen.

Gegen zehn Uhr setzte ich Toscha in ihr Körbchen, schaltete unten das Licht aus und ging hoch. Ich sah noch einmal nach den Kindern, duschte und ging schließlich auch ins Bett. Ich schlief sofort ein und wachte erst auf, als am nächsten Morgen der Wecker klingelte.

Dreiundzwanzigstes Kapitel

Sorgenzeit

Eine neue Abendroutine etablierte sich. Nachmittags holten Paula und ich Michael und Adrian von der Schule ab. Dann bereitete ich ein frühes Abendessen zu und half Paula, ihren Schlafanzug anzuziehen. Gegen 17.40 Uhr traf Helen ein, Adrian und Paula bekamen ihr Eis, und Michael und ich fuhren zum Krankenhaus, wo ich einen Schokoriegel für ihn und eine Tageszeitung für seinen Dad kaufte. Am Dienstag lag ein anderer Mann in Patricks Nachbarbett. Er war taub. Der junge Mann war für ein paar Tage nach Hause entlassen worden. Patrick verbrachte die meiste Zeit damit, Radio zu hören, fernzusehen und auf der Station auf und ab zu laufen, damit er bald wieder fit genug war, um entlassen zu werden.

Im Laufe der Woche sah Patrick immer besser aus. Seine natürliche Gesichtsfarbe und seine Ausdauer kehrten zurück. Am Mittwoch empfing er uns aufrecht im Bett sitzend, und am Donnerstag sagten die Ärzte, dass er das Krankenhaus am nächsten Tag verlassen dürfe.

»Fantastisch!«, rief ich, und Michael sprang auf und umarmte seinen Vater. »Soll ich dich am Freitag abholen und nach Hause fahren?«

»Vielen Dank, aber ich bin schon versorgt. Jack hat angeboten, mich nach Hause zu fahren. Ich wäre dir allerdings sehr dankbar, wenn du Michael abends zu mir bringen könntest.«

»Ja, kein Problem«, sagte ich. »Adrian und Paula werden sich freuen, dich wiederzusehen.«

Patrick zögerte. »Cathy«, murmelte er schließlich und wandte sich leicht von Michael ab. »Würde es dir etwas ausmachen, wenn die Kinder morgen nicht mit dabei wären? Könnte Helen vielleicht noch einmal nach ihnen sehen?«

»Ich denke schon«, antwortete ich etwas verwirrt. Es war nachvollziehbar gewesen, dass Patrick die Kinder nicht hatte im Krankenhaus dabeihaben wollen. Aber weshalb sie nicht mitkommen sollten, um Michael nach Hause zu bringen, war mir ein Rätsel.

»Vielleicht könntest du danach noch auf eine Tasse Tee bleiben?«, fuhr er fort. »Ich würde gerne unter vier Augen mit dir sprechen.«

Ich sah ihn forschend an, konnte seiner Miene jedoch nichts ablesen. »In Ordnung«, willigte ich schließlich ein. »Ist alles okay?«

»Ja«, erwiderte er, schaute mich jedoch nicht an.

Patrick legte sich auf das Bett und ließ sich langsam in die Kissen sinken. Michael legte sich wie inzwischen üblich eng daneben. »Freust du dich, dass ich nach Hause komme?«, fragte Patrick.

Michael nickte. »Ich kann's kaum erwarten.«

»Ich packe die Sachen morgen, wenn er in der Schule ist. Dann sind wir nachmittags schnell abfahrbereit«, sagte ich. »Um wie viel Uhr soll ich ihn bringen?«

»Sobald Helen da ist, bitte«, meinte Patrick. »Und Cathy: vielen, vielen Dank für alles. Ich kann dir gar nicht sagen, was deine Unterstützung für mich bedeutet.« Er lehnte sich nach vorne und küsste mich auf die Wange.

Ich kann nicht genau sagen, was es war, aber an diesem Abend überkam mich ein komisches Gefühl. Vielleicht bildete ich es mir auch nur ein, aber Patrick schien meinem Blick auszuweichen, so als ob er ein Geheimnis für sich bewahren wolle. Michael schien davon allerdings nichts zu bemerken und plapperte wie üblich fröhlich vor sich hin. Während der nächsten beiden Stunden schien Patrick sich fast ausschließlich Michael zu widmen – was natürlich vollkommen in Ordnung ist, da es schließlich sein Sohn war – aber irgendwie wirkte es so, als wollte er nicht mit mir reden.

Um acht Uhr läutete die Glocke. Patrick und Michael standen auf, und Patrick begleitete uns bis zum Ausgang der Station. Er lief wieder, und auch seine Atmung schien sich stabilisiert zu haben. *Er muss aber noch dringend zunehmen*, dachte ich. Wir verabschiedeten uns. »Bis morgen«, sagte Patrick und winkte uns solange es ging hinterher.

Michael hüpfte neben mir her, doch als wir das Auto erreicht hatten, wurde er still.

»Ist alles in Ordnung?«, fragte ich und sah ihn an.

Er nickte, sagte jedoch nichts.

»Sicher?«, hakte ich nach.

»Ja. Ich freue mich riesig, dass Dad nach Hause kommt. Aber ich werde euch alle vermissen. Das Spielen fehlt mir jetzt schon, und auf das Kochen und Putzen habe ich überhaupt keine Lust. Es war wie Urlaub.«

Ich lächelte traurig. Es war zwar ein schönes Kompliment, dass Michael den Aufenthalt bei uns so angenehm wie einen Urlaub empfunden hatte, aber es tat auch weh zu hören, wie viel Verantwortung er normalerweise zu tragen hatte.

»Wir sehen uns bestimmt bald wieder«, sagte ich.

»Nach der Kirche am Sonntag vielleicht?«, schlug Michael vor.

»Mal sehen. Dein Dad ist wahrscheinlich noch etwas erschöpft so kurz nach dem Krankenhausaufenthalt. Vielleicht steht ihm danach nicht der Sinn. Ich werde ihn morgen fragen.«

Als wir zu Hause ankamen, war Paula noch wach. Helen hatte mit ihr gespielt und vorgelesen. Michael verkündete die frohe Botschaft, und ich fragte Helen, ob sie am nächsten Abend noch einmal nach den Kindern sehen könne. Sie sagte umgehend zu, und ich bedankte mich. Dann verabschiedeten wir uns.

Ich merkte gleich, dass Adrian und Paula Michaels Abschied mit gemischten Gefühlen entgegensahen. »Das ist schön, Michael«, sagte Paula vorsichtig. »Aber kommst du bald wieder zu uns?«

Michael zuckte mit den Schultern. Das war eine schwierige Frage. Schließlich würde er erst wieder zu uns kommen, wenn es seinem Vater schlecht ging. Ich antwortete für ihn: »Falls es Patrick am Sonntag gut genug geht, kommen er und Michael zum Essen vorbei.« Die Kinder nickten.

Adrian fragte mich: »Können wir morgen noch einmal mit der Rennbahn spielen, bevor Michael nach Hause muss?«

»Ich denke schon. Alles andere werde ich aber schon einmal einpacken, damit wir startklar sind, sobald Helen kommt.«

»Wir kommen nicht mit?«, wollte Adrian wissen.

»Nein. Patrick möchte erst mal in Ruhe zu Hause ankommen.« Das schienen die drei zu akzeptieren.

Am Abend wünschten sich die Kinder mehrfach eine gute Nacht. Es war vorerst das letzte Mal, da Michael ja ab dem kommenden Tag wieder zu Hause schlafen würde. Nachdem er sich im Bad fertig gemacht hatte, ging ich zu ihm, um eine gute Nacht zu wünschen. Er kniete neben dem Bett und betete. Der viele Dank rührte mich: »Danke, Gott, dass mein Daddy wieder gesund genug ist, um nach Hause zu kommen. Danke, dass du Cathy gesandt hast, um nach mir zu sehen. Danke, dass ich so viel Spaß mit Adrian und Paula haben durfte. Danke, dass meine Mummy sicher bei dir im Himmel ist. Danke für alles. Amen.«

»Und danke, dass wir Michael bei uns haben dürfen«, fügte ich lächelnd hinzu. »Er ist ein toller Junge, und wir sind gern mit ihm zusammen.«

Michael grinste und umarmte mich, bevor er ins Bett stieg.

»Michael«, sagte ich und deckte ihn zu. »Denk dran, dass du mich jederzeit anrufen kannst, wenn ihr Hilfe braucht, okay?« Er nickte.

»Ich weiß, dass du auch noch Nora und Jack nebenan und Tante Colleen und Onkel Eamon hast, aber vergiss nicht, dass wir auch da sind, falls irgendetwas ist.«

»Vergesse ich nicht«, sagte er und lächelte wieder.

Ich gab ihm einen Gutenachtkuss und ging nach unten. Dort holte ich das Bügelbrett hervor und begann, Michaels Kleidung zu bügeln. Ich wollte, dass seine Sachen im besten Zustand nach Hause zurückkehrten. Anschließend sah ich noch ein wenig fern und ging dann ins Bett. Meine Bedenken hinsichtlich des letzten Krankenhausbesuchs waren verpufft. Allerdings fragte ich mich noch, worüber Patrick mit mir unter vier Augen sprechen wollte. Wir hatten einige vertrauliche Gespräche geführt über die Entwicklung unserer Kinder, Schulsachen, Essen, Schlafen und so weiter, daher war ich gänzlich unvorbereitet auf das, was Patrick mir letztendlich sagte …

Am Freitagmorgen merkte ich sofort, dass Michael wieder die Last der Verantwortung drückte. Schon vor dem Anziehen sorgte er sich, dass er nachmittags nicht mehr genug Zeit zum Packen haben würde, und schlug vor, dass er das Frühstück ausfallen und stattdessen lieber seine Sachen einräumen würde. Und das, obwohl ich schon versprochen hatte, mich darum zu kümmern.

»Zieh dich an und iss dein Frühstück. Ich kümmere mich um alles, während du in der Schule bist«, sagte ich noch einmal.

»Aber bleibt dir auch genug Zeit dafür?«, fragte er besorgt. Auf den Gedanken wären Adrian und Paula nie und nimmer gekommen, da sie – wie die meisten Kinder – ganz automatisch annahmen, dass ich mir die Zeit in jedem Fall nehmen könnte.

»Ja«, bekräftigte ich noch einmal. »Mach dir keine Sorgen. Alles ist vorbereitet, wenn du nach Hause kommst. Versprochen!«

»Soll ich zumindest die Rennbahn einpacken?«

»Nur wenn du möchtest. Ich dachte, ihr wollt nachher noch eine letzte Partie spielen? Es dauert ja nicht lange, sie in die Verpackung zu räumen.« Das schien ihn zu überzeugen.

Er wusch sich, zog sich an und machte sich schulfertig. Am Küchentisch plagten ihn allerdings neue Sorgen. »Können wir auf dem Rückweg am Supermarkt Halt machen? Vielleicht brauchen wir Milch und Brot zu Hause.«

Adrian und Paula sahen Michael verständnislos an. Die beiden hatten sich noch nie solche Sorgen gemacht, weil sie in einem Haushalt lebten, in dem selbstverständlich alles von Erwachsenen geregelt wurde.

»Nora kümmert sich darum«, beruhigte ich ihn. »Sie hat die Milch- und Zeitungslieferung wieder aktiviert und füllt den Kühlschrank für das Wochenende auf. Sie und Jack schauen regelmäßig vorbei, und falls du etwas brauchst, kannst du jederzeit bei ihnen klingeln.«

Michael biss in seinen Toast. Dann sagte er: »Ich hoffe, dass Dad seine Medikamente im Krankenhaus bekommt. Einmal bin ich mit einem Rezept in die Apotheke gegangen und durfte die Sachen nicht mitnehmen, weil ich noch minderjährig bin.«

»Ich frage nach und gehe notfalls selbst zur Apotheke.«

Michael schien – vorerst – beruhigt und ging nach oben. Einige Minuten später kam er mit seiner Zahnbürste und einem Waschlappen die Treppe herunter. »Soll ich das schon einmal einpacken?«, fragte er. »Sonst vergesse ich es vielleicht später.«

»Wenn du möchtest«, sagte ich. »Leg die Sachen in deine Kulturtasche und stell sie in dein Zimmer.«

Im Auto plagten Michael weitere Zweifel: »Was ist, wenn Dad heute doch nicht nach Hause kommt?«

»Dann ruft Nora mich an«, sagte ich. »Und du bleibst noch eine Nacht bei uns.«

»Ich glaube, wir brauchen neuen Sauerstoff«, fuhr er fort. »Die

Flasche war nur noch zu einem Viertel gefüllt, als ich gegangen bin.« Er sprach von dem Sauerstofftank neben dem Bett seines Vaters.

»Ich rufe Nora an und bitte sie, danach zu sehen«, sagte ich. »Wobei dein Dad in letzter Zeit keine Sauerstoffmaske tragen musste.«

»Aber vielleicht muss er es heute!«

»Okay. Mach dir keine Sorgen. Ich spreche mit Nora.«

Ich hoffte, dass Michael in der Schule ein wenig abgelenkt werden würde.

Sobald ich zu Hause war, begann ich Michaels Sachen einzupacken. Ich räumte den Schrank und alle Schubladen in seinem Zimmer aus und sah auch unter dem Bett nach, ob dort noch etwas lag. Sobald alles – bis auf die Rennbahn – eingepackt war, rief ich Jill an. Sie wusste noch nicht, dass Patrick das Krankenhaus verlassen durfte.

»Was für tolle Neuigkeiten«, sagte Jill. »Was genau haben die Ärzte gesagt? Weißt du Näheres?«

»Nur dass es ihm gut genug geht, um nach Hause zu gehen«, antwortete ich. »Viel mehr hat er nicht gesagt. Ich gehe mal davon aus, dass seine Untersuchungsergebnisse gut ausgefallen sind.«

»Ich rufe Stella am Montag an und setze sie ins Bild. Habt ein schönes Wochenende. Danke für alles!«

Nachdem ich Paula vom Kindergarten abgeholt hatte und sie friedlich zu Hause spielte, rief ich Nora an. Jack hob ab und sagte, dass sie Patrick vor etwa einer halben Stunde vom Krankenhaus abgeholt hatten. Nora war noch bei ihm und stellte sicher, dass er alles hatte, was er brauchte.

»Michael macht sich Sorgen«, sagte ich. »Weißt du, ob Patrick alle Medikamente hat, die er braucht?«

»Hat er«, bestätigte Jack. »Er hat sie aus dem Krankenhaus mitgebracht.«

»Das sage ich Michael. Und der Sauerstofftank? Michael glaubt, dass der mal wieder ausgetauscht werden sollte.«

»Pat bestellt eigentlich immer rechtzeitig einen neuen. Ich schau aber noch einmal nach. Falls nötig, bestelle ich einen frischen. Die werden schnell geliefert. Sag Michael, er soll sich nicht verrückt machen. Wir kümmern uns um seinen Dad. Es ist genug Essen im Kühlschrank, und Nora bereitet gerade noch einen Happen vor.«

»Danke«, sagte ich. »Ich geb ihm gleich Bescheid. Hat Patrick noch von den Untersuchungsergebnissen oder dem, was die Ärzte gesagt haben, erzählt?«

»Ja, die Blutwerte sehen gut aus, und er kann so weitermachen wie bisher.«

»Prima«, antwortete ich. Patrick schien sich tatsächlich zu erholen. Schließlich waren Jack und Nora neben Colleen und Eamon seine ältesten Freunde. Ihnen hatte er ja bestimmt die Wahrheit erzählt.

Als ich Michael am Nachmittag von der Schule abholte, fragte er als Erstes: »Ist Dad gut zu Hause angekommen?«

Ich lächelte. »Ja, natürlich. Nora und Jack haben ihn vorhin abgeholt. Er hat alles mitbekommen, was er braucht.«

»Hast du auch nach dem Sauerstoff gefragt?«, versicherte sich Michael besorgt.

»Ja. Jack sieht nach und bestellt notfalls eine neue Flasche.«

»Und meine Sachen hast du gepackt?«

»Alles bis auf die Rennbahn.«

»Und wie sieht's mit Dads Abendessen aus?«

»Nora kocht etwas. Morgen schauen Colleen und Eamon nach ihm. Mach dir keine Sorgen. Alles ist gut.«

Michael grinste und verpasste Paulas Hand einen dicken Schmatzer. Sie kicherte.

Der Abend verlief wie geplant: Die Kinder spielten, ich machte Essen. Danach spielten sie Autorennen, packten schließlich das Renn-Set ein und brachten es gemeinsam mit Michaels restlichen Sachen nach unten. Als Helen um halb sechs eintraf, waren wir abmarschbereit. Die Kinder verabschiedeten sich schlicht mit »Bis bald«. Sie gingen davon aus, dass wir alle uns am Sonntag wiedersehen würden.

Vierundzwanzigstes Kapitel

Der Nachthimmel

Gegen sechs Uhr parkte ich vor Patricks Haus. In den letzten Tagen waren wir genau zu dieser Zeit am Krankenhaus angekommen und hatten den kleinen Laden im Foyer aufgesucht.

»Hey, heute bekomme ich ja gar keinen Schokoriegel!«, witzelte Michael. »Adrian und Paula essen bestimmt gerade ihr Eis.«

»Das glaube ich auch«, sagte ich lächelnd. »Du bekommst auch noch deinen Riegel. Erinnre mich später dran.«

»Mach ich!«

Ich stieg aus und öffnete die hintere Tür, die mit einer Kindersicherung versehen war. Michael sprang aus dem Wagen und rannte zum Haus, wo die Tür schwungvoll von Patrick geöffnet wurde. Die beiden umarmten einander stürmisch. Patrick sah hoch und lächelte zu mir hinüber. Ich grinste zurück. Abgesehen von seiner hageren Figur sah Patrick gut aus, die rosige Gesichtsfarbe war zurück.

»Michael, hilf Cathy bitte beim Hereintragen deiner Sachen«, sagte Patrick schließlich.

Michael kehrte zum Auto zurück, und wir brachten seine Taschen und die Rennbahn gemeinsam zum Haus.

»Schön, dass du wieder hier bist!«, begrüßte ich Patrick und stellte Michaels Sachen im Flur ab.

»Ja, finde ich auch«, entgegnete er fröhlich und küsste mich auf die Wange. »Kommt mit ins Wohnzimmer. Ihr habt Nora knapp verpasst. Sie kommt später noch einmal vorbei und bringt Abendessen.«

Ich folgte Patrick und Michael den Flur entlang ins Wohnzimmer. Patricks Atmung schien sich normalisiert zu haben, und er ging sicher. Jetzt, da er wieder da war, wirkte das Haus wieder warm und gemütlich. Ein großer Strauß frischer Blumen stand beim Kamin, und eine aufgeschlagene Zeitung auf dem Sofa ließ mich vermuten, dass Patrick gerade eben noch gelesen hatte.

»Setz dich«, bat Patrick und legte die Zeitung beiseite. »Möchtest du etwas trinken?«

»Nein, danke. Kann ich dir irgendetwas Gutes tun?«

Patrick lächelte und schüttelte den Kopf. Er ließ sich auf dem Sofa nieder, und Michael kuschelte sich eng neben ihn. Ich nahm auf dem Sessel Platz. Patrick legte seinen Arm um Michael und umarmte ihn, während wir uns unterhielten. Michael erzählte von einer Schulversammlung, und ich berichtete stolz, dass Michaels Wäsche frisch gewaschen sei – mit Ausnahme der Schuluniform, die er gerade anhatte. Patrick bedankte sich für meine Unterstützung. Trotz seiner freundlichen Worte meinte ich eine gewisse Reserviertheit hinauszuhören. Er wirkte förmlicher als sonst, so als ob er Distanz zwischen uns aufzubauen versuchte. Nach ein paar Minuten bat er Michael schließlich, nach oben zu gehen, damit wir in Ruhe miteinander sprechen konnten.

Michael stand sofort auf und verließ das Zimmer. Im Flur rumpelte es, als er die Taschen vom Boden nahm. Schließlich rief er: »Dad, darf ich nach dem Auspacken die Rennbahn aufbauen?«

»Ja, mach das!«

Patrick stand auf und schloss die Wohnzimmertür. Dann setzte er sich wieder auf das Sofa, das im rechten Winkel zu meinem Sessel stand. Er vermied meinen Blick und sah auf seine Knie. Ich wusste zwar, dass er ein Gespräch unter vier Augen hatte führen wollen, aber ich hatte bisher noch keinen Anlass gehabt, mich davor zu fürchten. Er wirkte angespannt und nachdenklich.

»Cathy«, sagte er schließlich und sah auf. »Seit wir uns kennen, habe ich deine Direktheit und Integrität immer zu schätzen gewusst. Ich hoffe nun, dass du auch mir gegenüber verständnisvoll sein wirst, und will ganz offen mit dir sein. Hoffentlich verstehst du meine Entscheidung.«

Mein Magen krampfte sich nervös zusammen. »Entscheidung? Was denn für eine Entscheidung?«, fragte ich.

Patrick zögerte kurz und sah noch einmal nach unten, so als ob er Kraft für das Kommende sammeln musste.

»Ich denke, man kann behaupten, dass wir und unsere Familien uns in den letzten Monaten nähergekommen sind.«

Ich nickte.

»Wäre das Timing anders«, fuhr er fort, »oder die Umstände, dann hätte sich bestimmt etwas Schönes daraus entwickeln können. Ironischerweise hätten wir uns dann allerdings wohl nie getroffen, da meine Krankheit uns ja erst zusammengebracht hat ... Aber wie dem auch sei. Fest steht, dass wir Teil voneinander geworden sind. Versteh mich bitte nicht falsch: Das war wunderschön. Aber ich glaube, wir haben beide ignoriert, wie schlecht meine Aussichten sind. Mir ist das nun wieder klargeworden, und infolgedessen habe ich einige schwierige und auch sehr schmerzhafte Entscheidungen getroffen.«

Patrick hielt inne und atmete tief ein. Ich spürte Panik in mir aufsteigen, saß bewegungslos da und wartete, dass er weitersprach.

Als er mich wieder ansah, erkannte ich den Schmerz in seinen Augen schon, bevor er sprach. »Cathy«, sagte er langsam, »ich bin ein sterbender Mann. Das war schon so, als wir uns zum ersten Mal getroffen haben, und es ist leider dabei geblieben. Ich möchte die verbleibende Zeit so gut wie möglich nutzen, aber ich möchte nicht, dass du und deine Kinder mehr als nötig verletzt werdet. Ich fühle mich schuldig, dass unser Verhältnis so eng geworden ist. Es war einfach so unkompliziert und schön mit euch. Ich hoffe, ihr werdet mir diesen Wunsch nach einem letzten bisschen Freude verzeihen.«

Ich wollte etwas sagen, aber Patrick war noch nicht fertig. »Lass mich bitte ausreden, Cathy. Es ist schwer, aber ich muss das jetzt sagen.«

Mein Herz raste vor Angst. Ich sah Patrick an, der tief einatmete und dann weitersprach. »Ich glaube, dass Michael und ich von eurer Fröhlichkeit profitiert haben, ebenso wie du und die Kinder sich über … na ja, vielleicht über die Rückkehr eines Mannes gefreut haben, der seit dem Auszug Johns gefehlt hat. Aber es ist mir auch klar, dass Adrian und Paula ihren Vater und du deinen Ehemann vermissen. Ich möchte euer Leben nicht durch den Verlust eines weiteren Familienmitglieds auf den Kopf stellen. Und so habe ich mich zuletzt gefühlt.«

Er schluckte.

»Ich glaube, ich verstehe nicht recht«, meinte ich. »Was möchtest du mir eigentlich sagen, Patrick?«

Er atmete tief ein. »Vielleicht ist es besser, wenn wir uns nicht mehr sehen. Ich würde mir wünschen, dass du dich weiterhin um Michael kümmerst, aber ich werde nicht mehr dabei sein. Michael hat in dieser Situation leider keine Wahl, aber deine Kinder müssen niemanden verlieren. Ich hoffe, dass bei meinem Ableben ein bisschen Abstand im Vorfeld den Schmerz lindert. So, das ist meine Entscheidung. Ich hoffe, du kannst mich verstehen.«

Es war still im Zimmer. Nur das leise Ticken der Wanduhr war noch zu hören. Mir war heiß und kalt zugleich, und aus Angst, augenblicklich in Tränen auszubrechen, wagte ich nicht zu sprechen. Patrick wirkte traurig, aber gefasst. Ich wusste, dass ich seinen selbstlosen Wunsch, uns zu schützen, bewundern sollte. Aber ich konnte es nicht.

»Also brichst du den Kontakt komplett ab?«, fragte ich schließlich.

»So weit wie möglich. Das ist bestimmt ein Schock, aber es ist am besten so. Ich habe im Krankenhaus viel darüber nachgedacht. Es wäre einfach nicht richtig, so wie bisher weiterzumachen. So schön das auch war.«

Ich lehnte meinen Kopf an die Sessellehne und sah Patrick lange an. »Ach, Patrick«, brach es schließlich aus mir heraus. Mehr konnte ich nicht sagen. Ich weinte.

Wir schwiegen beide. Schließlich zog ich ein Taschentuch aus der Tasche und tupfte meine Augen ab. Meine Stimme zitterte, als ich die Frage stellte, deren Antwort ich eigentlich lieber nicht wissen wollte: »Was genau haben die Ärzte gesagt?«

»Dass ich höchstens noch drei Monate habe und die Zeit so gut wie möglich nutzen soll. Was ich auch zu tun gedenke.«

Mit bemüht ruhiger Stimme fragte ich: »Und das kannst du nicht mit uns?«

»Oh, doch, das könnte ich. Werde ich aber nicht. Ich weiß, dass du mir helfen möchtest, Cathy. Das kannst du aber am ehesten, indem du wenn nötig nach Michael siehst. Zu wissen, dass man sich gut um ihn kümmert, ist das Allerwichtigste für mich.«

Obwohl mein Herz schrie, dass Patrick sich irre und die Entscheidung falsch sei, wusste ich tief in mir, dass er recht hatte. Wir waren wie eine große Familie geworden. Auch an Jills Warnung erinnerte ich mich.

»Sollte ich Adrian und Paula deshalb nicht mit ins Krankenhaus bringen?«

Patrick nickte.

Ich trocknete mein Gesicht und schnäuzte. »Und wenn nur wir beide uns sehen? Also ohne die Kinder? Wir sind doch beide erwachsen. Das müsste doch zu schaffen sein.«

Patrick lächelte traurig. »Mal sehen. Mir fällt das ja auch nicht leicht. Momentan halte ich es für das Beste, wenn jeder sich auf sein Leben und seine Kinder konzentriert. Halt mich deswegen bitte nicht für undankbar.«

»Tu ich nicht.«

Ich stand auf, setzte mich neben Patrick auf das Sofa und umarmte ihn. Er hielt mich nicht zurück, und ich fühlte, wie dünn er geworden war. An seinem Körper schien kein Gramm Fett mehr zu sein. Ich konnte seine Knochen spüren. Am liebsten hätte ich ihn ewig im Arm gehalten. Der inzwischen vertraute Duft nach Seife, seine Bartstoppeln an meiner Wange und das Heben und Senken seiner Brust fühlte sich gut an. Ich wusste, dass ich weder seine Meinung noch die düstere Prognose würde ändern können. Seine Krankheit diktierte die Umstände, und Patricks Entscheidung war selbstlos und gut gemeint.

»Wir sollten uns langsam verabschieden«, sagte er schließlich sanft. »Ich muss Michael allmählich ins Bett schicken.«

Wir standen auf. Patrick suchte meinen Blick. Den Tränen nah, sagte er: »Bitte sag, dass du mir vergibst und dass du mich verstehst.«

»Es gibt nichts zu vergeben«, antwortete ich. »Und ja, ich verstehe dich.«

»Danke«, meinte er und gab mir einen Kuss auf die Wange.

»Hast du Nora, Jack, Colleen und Eamon schon Bescheid gegeben?«, fragte ich.

»Noch nicht, das mache ich noch. Wobei Nora kaum etwas entgeht.«

»Was wirst du Michael sagen?«

»Dass er und ich so viel Zeit wie möglich miteinander verbringen werden. Mehr muss er noch nicht wissen.«

Ich nickte langsam.

»Es tut mir leid«, sagte Patrick und berührte sanft meinen Arm.

Ich nahm seine Hand. »Muss es nicht. Wenn ich eins bereue, dann ist es, dass wir uns nicht schon früher kennengelernt haben.

Du hattest recht: Du hast den Kindern und mir etwas gegeben: Und zwar hast du uns den Glauben zurückgeschenkt.«

»Den Glauben an Männer?«, fragte Patrick und grinste.

»An einen bestimmten Mann.«

Patricks Blick wurde glasig, und er deutete mir, dass ich bitte gehen sollte, bevor er in Tränen ausbrach. Ich drehte mich um und ging zur Wohnzimmertür.

Patrick folgte mir bis zur Haustür. Am Fuß der Treppe hielt ich an und rief nach oben: »Mach's gut, Michael! Ich gehe jetzt.«

»Tschüss!« Michael erschien an der Brüstung. »Sag Adrian und Paula, dass ich die Rennbahn schon aufgebaut habe. Wir können bald weiterspielen.«

Ich sah zu Patrick. »Ich regle das«, flüsterte er leise.

»Gute Nacht«, rief ich.

»Schlaf gut, Tante Cathy.«

Patrick öffnete die Tür, und ich verließ das Haus.

Auf dem Weg zum Auto drehte ich mich nicht um. Ich hörte, wie Patrick die Tür zuzog, holte meinen Schlüsselbund aus der Tasche, öffnete die Wagentür und stieg ein. Als ich gerade losfahren wollte, sah ich Nora. Sie war auf dem Weg zu Patrick und trug ein Tablett. Vermutlich das Abendessen. Wir winkten uns zu. Dann fuhr ich los. Sobald ich außer Sichtweite war, hielt ich an. Dann schaltete ich den Motor aus und weinte. Ich ließ alle Hemmungen fahren und ließ mich gehen wie schon lange nicht mehr. Ich weinte wegen Patrick, wegen der Kinder und wegen der Ungerechtigkeit des Ganzen.

Mit nassen Wangen und gesenktem Kopf saß ich hinter dem Steuer. Plötzlich piepste mein Handy. Ich hatte eine SMS bekommen. Automatisch griff ich nach dem Gerät. Patrick schrieb: *Die Sterne sind kleine Löcher am Himmelszelt, durch die die Liebe Verblichener hindurchscheint. Sieh zu den Sternen, Cathy, und sei nicht traurig. Kuss, Dein Patrick.* Das half ein wenig.

Zu Hause setzte ich eine fröhliche Miene auf.

»Alles in Ordnung?«, fragte Helen zur Begrüßung.

»Ja, vielen Dank.«

Adrian und Paula sahen im Wohnzimmer einen Kinderfilm und riefen »Hi, Mum!«, als sie mich zur Tür hereinkommen hörten.

Ich bedankte mich bei Helen und verabschiedete sie. Dann ging ich zu den Kindern ins Wohnzimmer und setzte mich zu ihnen auf das Sofa. Nach dem Film schaltete ich den Fernseher aus und verkündete bemüht fröhlich: »Ich habe mir überlegt, dass wir morgen einen schönen Ausflug machen. Wer hat Lust, in den Zoo zu gehen?«

»Ich!«, rief Adrian.

»Oh, ja! Ich auch!«, stimmte Paula begeistert ein und klatschte vor Freude die kleinen Hände zusammen.

»Prima«, sagte ich und umarmte die beiden.

Ich las den Kindern noch eine Gutenachtgeschichte vor, dann nahmen wir unsere allabendliche Routine auf. Hier wurde Michaels Abwesenheit besonders deutlich.

»Ist Michael jetzt bei seinem Daddy?«, fragte Paula, als ich sie ins Bett brachte.

»Ja, Liebes.«

»Geht's seinem Daddy besser?«

»Gut genug, dass er wieder zu Hause sein kann«, antwortete ich vage. Dann fuhr ich fort: »Michael und Patrick werden demnächst viel Zeit zu zweit verbringen, um die Tage, in denen Patrick im Krankenhaus war, wettzumachen.«

»Kann ich verstehen«, stimmte Paula zu.

Als ich zu Adrian hinüberging, fragte er: »Kommt Michael morgen mit in den Zoo?«

»Nein, Schatz. Das ist noch zu anstrengend für Patrick, und er und Michael wollen ab jetzt möglichst viel Zeit zusammen verbringen.« Dagegen hatte Adrian nichts einzuwenden.

Obwohl ich mir den Kindern gegenüber nichts hatte anmerken lassen, war mein Herz schwer vor Trauer. Ich wünschte beiden eine gute Nacht, ging ins Wohnzimmer hinunter und stellte den Fernseher an. Immer wieder blickte ich aus dem Fenster und sah in die Nacht hinaus. Gegen zehn Uhr erschienen Sterne am dunklen Himmelszelt. Ich stand auf und ging in den Garten. Die Nacht war warm und die Luft schwer vom Duft der Blumen. Am Himmel standen klar die Sterne, und ich erinnerte mich an Michaels ersten Aufenthalt bei uns. Er hatte mir erzählt, wie viel Halt er in der Betrachtung des Nachthimmels fand. Die Sterne erinnerten ihn an den Himmel, wo Engel schon auf seine Mutter aufpassten und von wo aus sie eines Tages herabsteigen und seinen Vater holen würden. Ich schluckte schwer und fühlte mich demütig angesichts Michaels Kraft und Mut. Ich hoffte, dass er seinen Glauben in den nächsten Monaten beibehalten könnte. Dem Kind stand eine harte Prüfung bevor.

Fünfundzwanzigstes Kapitel

Positiv bleiben

Wir verbrachten ein geschäftiges Wochenende. Am Samstag gingen die Kinder und ich in den Zoo, und am Sonntag besuchten wir meine Eltern. Das hatte ich absichtlich so geplant. So blieb keine Zeit für Selbstmitleid, und der Montag und somit auch der Alltagstrott nahten schnell heran. Als ich die Kinder morgens zum Kindergarten und zur Schule brachte, überlegte ich, wer Michael fahren würde. Patrick wäre dazu bestimmt nicht in der Lage. Vielleicht würden Nora und Jack helfen. Colleen und Eamon waren beide berufstätig und zeitlich eingespannt. Ich hoffte im Stillen, dass Patrick wusste, dass er mich jederzeit anrufen und um Hilfe bitten konnte.

Am späten Vormittag klingelte tatsächlich das Telefon. Doch es war Jill, nicht Patrick. »Hallo Cathy. Stella hat vorhin mit Patrick gesprochen, und es gibt leider schlechte Nachrichten.« Ich ahnte schon, was nun folgen würde, ließ Jill aber in Ruhe ausreden. »Auf dem Röntgenbild zeigen sich weitere Krebsherde. Die Ärzte haben Patrick mit Schmerzmedikamenten nach Hause geschickt. Mehr bleibt nicht zu tun.«

»Ich weiß«, antwortete ich gepresst. »Das hat er mir erzählt.«

»Es tut mir so leid für dich.« Jill klang bedrückt, und ich merkte, dass sie es ernst meinte. »Wie kommt ihr damit zurecht?«

»Ich hab noch nicht mit Adrian und Paula gesprochen. Das scheint im Moment noch nicht notwendig zu sein.«

»Und wie geht es Michael?«

»Er freut sich, wieder zu Hause zu sein. Patrick wird aber auch erst mit ihm sprechen, wenn es sich nicht länger vermeiden lässt.«

»Das hat Stella auch schon angedeutet. Sie hat aber das Gefühl, dass Michael ziemlich genau weiß, wie es um Patrick bestellt ist.«

»Gut möglich. Die beiden stehen sich sehr nah.«

»Und wie geht es dir, Cathy?«

»Okay«, antwortete ich unverbindlich. »Ich mache mir hauptsächlich Sorgen um Michael. Er ist so ein lieber Junge, und mir tut das so leid für ihn. Das Leben ist manchmal wirklich nicht fair.«

»Ich weiß.« Jill verstummte. Manchmal sagt Schweigen mehr als tausend Worte. Schließlich meinte sie: »Patrick ist wirklich ein bemerkenswerter Mann. Stella hat erzählt, dass er schon mit einem Hospiz in Verbindung steht. Er möchte, wenn es so weit ist, lieber dorthin als ins Krankenhaus. Am liebsten würde er aber so lange wie möglich zu Hause bleiben. Stella hat jetzt Kontakt zum Marie-Curie-Pflegedienst hergestellt.«

Diese Worte trafen mich hart. In Großbritannien wendet man sich erst an den Marie-Curie-Dienst, wenn das Endstadium einer Krankheit eingetreten ist. Ich sagte nichts, und Jill fuhr fort: »Ich würde dich bitten, im Standby-Modus zu bleiben. Natürlich wäre es schön, wenn Michael noch eine Weile bei Patrick bleiben könnte. Aber halte dich bitte für den Ernstfall bereit. Stella und Patrick stehen in regelmäßigem Austausch, und ich halte dich entsprechend auf dem Laufenden. Trefft ihr euch auch noch?«

»Nein, nicht mehr. Das war Patricks Entscheidung.«

»Ist vielleicht am besten so.«

Und so endete unser Gespräch – traurig und etwas verhalten.

In den nächsten Tagen hörte ich nichts mehr von Patrick und Michael. Adrian, Paula und ich machten »ganz normal« weiter. Es verging allerdings kaum ein Moment, in dem ich nicht daran dachte, dass nur wenig entfernt ein Vater und sein Sohn das Beste aus den letzten gemeinsamen Wochen zu machen versuchten. Adrian und Paula fragten ständig nach Michael, schienen meine ausweichende Antwort, er habe wegen der Schule und wegen seines Vaters keine Zeit, jedoch zu akzeptieren. Die beiden hatten Patrick jetzt schon eine Weile nicht mehr gesehen, und wie von ihm erhofft, schien das die Bindung zu ihm zu schwächen. Mehrmals war ich versucht, Patrick anzurufen. Ich respektierte jedoch seinen Wunsch nach Distanz und hielt mich immer noch gerade so zurück. Falls er mit mir sprechen wollte, würde er sich melden, da war ich mir sicher. Und ich sollte recht behalten.

Am Freitagvormittag piepste mein Handy. Patrick hatte geschrieben: *Können wir reden?* Ich antwortete: *Ja!* Dann setzte ich mich ins Wohnzimmer und wartete. Eine Minute später klingelte das Telefon.

»Hallo, liebe Cathy«, schwatzte Patrick fröhlich drauflos. »Wie geht's dir?«

»Ganz gut, danke. Ich freu mich, dass du dich meldest.«

»Das höre ich gern. Was machen die Kinder?«

»Denen geht es auch gut. Und Michael?«

»Er kommt zurecht.«

Patrick wirkte bestens gelaunt, und wir unterhielten uns über die üblichen Themen: unsere Kinder, die Schule, das Wetter und so weiter. Schließlich fragte Patrick nach meinen Eltern, und ich sagte, dass es ihnen gut ginge. Er hatte sie noch immer nicht kennengelernt, jedoch einige Fotografien gesehen und schon viel über sie gehört. Patrick erzählte, dass Jack Michael zur Schule fahren und Nora täglich essen vorbeibringen würde.

»Sie verwöhnt mich wirklich nach Strich und Faden«, schloss er. »Und sie besteht darauf. Ich habe ihr schon mehrfach gesagt, dass ich durchaus noch kochen kann.«

Es war das erste Mal, dass er seine Krankheit angesprochen hatte. Ich ergriff die Gelegenheit und fragte: »Wie geht's dir denn eigentlich?«

»Ab und an bin ich etwas schwach auf den Beinen, aber die meiste Zeit läuft es trotzdem ganz gut«, witzelte er.

»Klingt gut.«

»Ja, es geht schon. Wie sagt man noch? ›Einen Tag nach dem anderen.‹ Jeden Morgen bedanke ich mich nach dem Aufwachen für einen weiteren Tag und versuche, das Beste daraus zu machen. Ich glaube, es gibt zwei Arten, mit meiner Situation umzugehen. Man kann wütend und depressiv werden und so die verbleibende Zeit verschwenden, oder man freut sich über das Leben, das man haben durfte, und genießt jede Minute, die man noch hat. Ich habe mich für den zweiten Weg entschieden und habe mich und alle anderen auf das Ende vorbereitet. Ich bin so weit.«

Ich musste schlucken. Es fiel mir schwer, so tapfer wie Patrick zu sein. Er klang fast so, als würde er zu einer großen Reise aufbrechen. Wobei das ja vielleicht sogar der Fall war. Seine würdevolle Haltung verlangte mir einiges an Respekt gegenüber seiner Lebensphilosophie ab. Ich merkte, dass er viel Kraft aus seinem Glauben schöpfte. Wir unterhielten uns noch etwa zehn Minuten. Schließlich wurde Patrick etwas kurzatmig und beendete das Gespräch mit der Bitte, mich in der folgenden Woche wieder anrufen zu dürfen. Ich bejahte, und wir verabschiedeten uns.

Nachdem ich aufgelegt hatte, blieb ich noch ein wenig auf dem Sofa sitzen. Patricks sanfter irischer Singsang und seine freundlichen Worte klangen noch in mir nach. Ich war nachdenklich, aber nicht traurig gestimmt. Patricks eigene Haltung schien keinen Raum für Mitleid und Trübsal zu lassen. Ich bewunderte seinen Mut und die unerschütterliche Ruhe, mit der er sein Schicksal hinnahm. Bestimmt half ihm die unerschütterliche Unterstützung seiner Freunde, aus jedem Tag das Beste zu machen.

Die Kinder und ich verbrachten ein ruhiges Wochenende. Am Samstag besuchten wir den nächstgelegenen Park, und den Sonntag über waren wir dann im eigenen Garten. Sonntagabend rief John an und telefonierte mit den Kindern. Zum Abschluss redeten wir noch ein paar Minuten und diskutierten den anstehenden Besuch. Er war guter Dinge, da sein Anwalt ihm mitgeteilt hatte, dass mein Anwalt sich bezüglich der Scheidung gemeldet hatte.

»Ich freu mich, dass es endlich vorangeht«, sagte er versöhnlich.

Ich antwortete nicht. Vielleicht hätte ich zustimmen oder etwas Nettes sagen sollen, doch meine Freundlichkeit gegenüber John war erschöpft. Also verabschiedeten wir uns höflich. Kurz nachdem wir aufgelegt hatten, fiel Adrian ein, dass er vergessen hatte, seinem Vater von seiner guten Diktatnote zu erzählen. Er wollte das unbedingt nachholen, und so wählte ich schließlich Johns Nummer. Eine Frau meldete sich, und für einen Moment fürchtete ich, mich verwählt zu haben. Dann registrierte ich, dass Johns neue Freundin Monica am Apparat war, und es entstand ein Moment peinlichen Schweigens. Schließlich fragte ich nach John, er kam ans Telefon, und Adrian konnte endlich seine Geschichte erzählen.

Abends sahen die Kinder und ich einen Film. Dann las ich noch ein wenig vor, die beiden badeten und gingen ins Bett.

Die Woche verlief so hektisch wie üblich: Ich meldete Paula bei der Grundschule an, die auch Adrian besuchte. Das Wetter war durchwachsen, die Kinder spielten mal drinnen und mal draußen. Es kamen Freunde zu Besuch. Und so weiter. Am Freitag schrieb Patrick: *Darf ich anrufen?* Ich antwortete umgehend: *Klar!* Wenig später klingelte das Telefon.

»Hallo, Cathy!«, sagte Patrick fröhlich. »Wie geht es dir?«

»Gut, und dir?«

»Auch gut. Immer noch am Leben.«

Ich grinste. Wir tauschten Neuigkeiten aus, dann sagte Patrick: »Wenn ich richtig gerechnet habe, sind Adrian und Paula am Sonntag bei ihrem Vater. Richtig?«

»Ja«, antwortete ich überrascht.

»Falls du noch nichts vorhast, würden Michael und ich uns über einen Besuch von dir freuen. Ich glaube, es würde ihm guttun.«

»Ich komm gern vorbei. Ist alles in Ordnung mit Michael?«

»Ja. Ich glaube nur, dass es nicht schlecht für ihn wäre, dich regelmäßig zu sehen.«

»Musst du wieder ins Krankenhaus?«

»Nein, noch nicht. Aber ich möchte, dass der gute Kontakt bestehen bleibt. Wäre es dir um elf Uhr recht? Wir gehen ausnahmsweise mal abends in den Gottesdienst.«

»Ist gut. Dann sehen wir uns am Sonntag!«

Wir verabschiedeten uns. Ich fand Patricks Vorschlag gut. Allerdings würde ich mir noch überlegen müssen, was ich Adrian und Paula über den Besuch sagen sollte. Zu guter Letzt beschloss ich, den beiden zunächst einmal gar nichts zu erzählen und das Treffen abzuwarten.

Nachdem ich Patrick gesehen hatte, war klar, was ich den beiden sagen musste.

Sechsundzwanzigstes Kapitel

Ruhepause

Kurz nachdem Adrian und Paula am Sonntag von ihrem Vater abgeholt worden waren, machte ich mich auf den Weg zu Patrick und Michael. Ich traf pünktlich ein und wurde stürmisch von Michael willkommen geheißen.

»Hey, Süßer!«, rief ich zur Begrüßung und erwiderte aus vollem Herzen seine Umarmung. Dann musterte ich ihn und stellte fest: »Ich glaube, du bist gewachsen, seit wir uns das letzte Mal gesehen haben.«

»Das hat Dad auch schon gesagt«, meinte Michael stolz.

Ich grinste. »Wo ist er denn?«

»Im Wohnzimmer.«

Wir gingen gemeinsam dorthin. Sobald wir den Raum betraten, war klar, warum Patrick nicht selbst die Tür geöffnet hatte. Sein Zustand schien sich massiv verschlechtert zu haben. Nur mit Mühe erhob er sich von seinem Sessel und hielt mir einladend seine Hand entgegen.

»Hallo, mein Lieber«, sagte ich und ging zu ihm.

Ich ergriff seine Hand und zog ihn vorsichtig in eine Umarmung. Wir sprachen nicht. Weder er noch ich schienen die Kraft dazu zu haben. Nach einer Weile löste er sich aus der Umarmung und ließ sich langsam auf den Sessel sinken. »Danke, dass du gekommen bist«, begrüßte er mich und lächelte.

Ich setzte mich zu Michael auf das Sofa und sah erst Patrick und schließlich ihn an. Bemüht ruhig sagte ich: »Es ist schön, euch wiederzusehen.« Dann legte ich meinen Arm um Michael und drückte ihn.

»Gleichfalls«, erwiderte Patrick. Seine Stimme bebte etwas.

»Wie ist es dir denn in den letzten Tagen ergangen?«, fragte ich und drehte mich in Michaels Richtung.

»Erzähl Cathy deine Neuigkeit«, forderte Patrick ihn langsam auf und ließ seinen Kopf an die Sessellehne sinken.

Michael berichtete, dass er es in die Basketballmannschaft seiner Schule geschafft hatte. Dann erzählte er noch von einem Freund, mit dem er sich getroffen hatte. Während er munter vor sich hin plapperte, warf ich Patrick einen verstohlenen Blick zu. Er sah schrecklich gebrechlich aus und erinnerte mich an einen alten Mann. Mir war nach Weinen zumute. Er hing förmlich an Michaels Lippen und schien sich so über seine kleinen Erfolge zu freuen. Ich schluckte und versuchte, mich zusammenzureißen.

Plötzlich fragte Patrick: »Ich scheine meine Manieren komplett vergessen zu haben. Möchtest du etwas trinken, Cathy?«

»Ein Glas Wasser wäre schön. Soll ich eben was holen?«

»Das mach ich!«, rief Michael und sprang auf. »Möchtest du auch was, Dad?«

»Ja, Wasser ist gut. Danke.«

Nachdem Michael das Zimmer verlassen hatte, sah Patrick mich ernst an. Dann sagte er langsam, so als ob jedes Wort ihn Anstrengung kosten würde: »Ich danke dir von Herzen, dass du gekommen bist. Es ist bestimmt nicht einfach, mich so zu sehen.«

Ich nickte und lächelte traurig. Was sollte ich dazu noch sagen? Ja, es war schrecklich, ihn so zu sehen und nichts tun zu können! Doch das behielt ich lieber für mich. Patrick und Michael zuliebe bemühte ich mich, so tapfer wie möglich zu sein, und sagte noch einmal: »Es ist wirklich schön, hier zu sein.«

Michael kehrte mit zwei Gläsern Wasser zurück und stellte sie auf den Wohnzimmertisch. Ich bedankte mich und trank einen

Schluck. Dann fragte ich, ob ich irgendetwas tun könne: Wäsche waschen, bügeln, sonstige Hausarbeit?

»Nein, danke«, wehrte Patrick ab. »Nora kümmert sich darum. Aber es ist nett, dass du fragst.«

Anschließend spielten Michael und ich eine Partie Karten, bis es um zwölf Uhr an der Haustür läutete.

»Das ist bestimmt Nora mit dem Mittagessen«, rief Michael, hüpfte vom Sofa und rannte zur Haustür.

Ich wandte mich Patrick zu. »Ich mache mich gleich auf den Weg. Dann kannst du in Ruhe zu Mittag essen. Meldest du dich, wenn irgendetwas ist?«

»Mache ich.« Patrick nickte. »Danke, Cathy.«

Noras Stimme drang aus dem Flur. »Heute gibt es selbstgemachte Tomatensuppe und Brötchen mit Eiersalat.«

»Nicht übel«, sagte ich zu Patrick. Er nickte.

Kurz darauf betrat Nora mit einem Tablett in der Hand das Wohnzimmer.

»Grüß dich, Cathy!«, sagte sie grinsend. »Ich hab dein Auto draußen gesehen. Wie geht's dir?«

»Alles bestens. Und bei dir?« Ich stand auf und begrüßte sie. Dann schob ich Patricks Wasserglas ein Stückchen zur Seite, um Platz für das Tablett zu machen.

»Alles gut, danke. Schöne Grüße von Jack«, antwortete Nora und stellte das Tablett ab. Die Tomatensuppe verströmte einen herrlichen Basilikumduft, und Michael griff sofort nach einem Löffel.

»Einen Moment noch«, bat Nora. »Patrick, wo möchtest du heute essen? Hier oder am Esstisch?«

»Hier ist es einfacher«, brachte Patrick angestrengt hervor.

Nora servierte das Essen wie geheißen und platzierte zu guter Letzt eine Serviette auf Patricks Schoß.

»Vielen lieben Dank«, sagte Patrick. Er atmete tief ein, so als ob er Kraft für das Essen seiner Suppe sammeln müsse. Mein

Herz zog sich schmerzhaft zusammen. Bisher hatte er gut gegessen. Doch sogar jetzt bewahrte er Haltung.

Michael schlürfte zufrieden seine Suppe. Patrick sah auf den Teller und dann zu mir hinüber. Ich fragte mich, ob er sich genierte, vor mir zu essen.

»Ich muss allmählich nach Hause«, verabschiedete ich mich darum rasch. Patrick nickte. Ich ging zu ihm hinüber und küsste ihn sanft auf die Stirn.

»Mach's gut, Cathy. Danke, dass du gekommen bist«, sagte Patrick.

»Pass gut auf dich auf, und ruf mich an, wenn etwas ist«, erinnerte ich ihn.

»Mache ich.«

»Tschüss, Tante Cathy«, rief Michael zwischen zwei Löffeln Suppe.

»Bis bald, Süßer. Nächstes Mal schlag ich dich beim Kartenspielen.«

Michael grinste. Nora begleitete mich noch bis zur Haustür. »Wenn die beiden zu Mittag essen, mache ich immer ein bisschen Ordnung im Haus, kümmere mich um die Wäsche und so. Danach sammle ich das Geschirr ein und gehe nach Hause. Nachmittags komme ich oft noch einmal mit Kuchen vorbei. Den isst Patrick immer noch sehr gerne. Vor allem meinen Sahnekuchen mag er sehr. Gegen halb sieben bringe ich dann das Abendessen.«

»Du bist wirklich eine Seele von Mensch«, sagte ich. »Es ist nicht auszudenken, was die beiden ohne dich machen würden.«

»Ich helfe ja nur ein bisschen«, erwiderte Nora. »Der Pflegedienst kommt auch noch vorbei.«

Ich nickte. »Mir war nicht klar, wie sehr Patrick abgebaut hat. Davon hatte er am Telefon nichts gesagt.« Tränen stiegen mir in die Augen.

»Reg dich bitte nicht auf, Liebes«, sagte Nora leise und berührte sanft meinen Arm. »Patrick würde nicht wollen, dass du seinetwegen weinst.«

»Ich weiß, aber es ist einfach so schrecklich ungerecht. Warum er? Warum Michael? Was haben sie getan, um so etwas Schlimmes zu verdienen?«

»Das sagt Jack auch ständig. Ich glaube, dass es für gläubige Menschen nicht ganz so furchtbar ist, diese Welt zu verlassen. Vielleicht wartet ja wirklich ein besserer Ort auf einen.«

»Kann sein«, sagte ich zweifelnd. »Ich finde es schwer, darin Trost zu finden. Um Michaels willen werde ich mich aber so gut wie möglich zusammenreißen.«

»Ja, das müssen wir wohl alle. Hat Patrick dir schon was wegen Colleen gesagt?« Ich schüttelte den Kopf. Wahrscheinlich würden sie und Eamon Michael wieder mit zur Kirche nehmen.

»Ah, passt schon«, meinte Nora.

»Was tuschelt ihr zwei denn so?«, rief Patrick gespielt empört aus dem Wohnzimmer.

»Wir reden über dich natürlich, worüber sonst?«, gab Nora lachend zurück.

»Tschüss!«, rief ich und ging hinaus. Die Abschiedsrufe der anderen hallten mir hinterher. Auf dem Weg zum Auto kämpfte ich mit den Tränen.

Zu Hause angekommen erzählte ich Adrian und Paula von dem Besuch. Ich beschrieb, wie gut sich Nora um die beiden kümmerte, und deutete an, dass Michael vermutlich bald wieder zu uns kommen würde.

»Supi!«, sagte Paula fröhlich. Sie freute sich, bald wieder mit Michael spielen zu können, und verstand nicht, was das bedeutete.

Adrian war älter und hatte begriffen. »Heißt das, dass sein Dad bald wieder ins Krankenhaus muss?«

Ich nickte. »Das ist sehr wahrscheinlich.«

Bald würde ich die beiden auf Patricks Tod vorbereiten müssen. Aber das schob ich noch auf. Leider blieb letzten Endes jedoch weniger Zeit dafür als gehofft.

Montag und Dienstag gingen schnell vorüber. Am Dienstag rief Patrick an, ohne vorher zu schreiben. Ich wusste sofort, dass etwas im Gange war.

»Ich werde für ein paar Tage ins Hospiz gehen. Vorerst nur zur Erholung. Stella meldet sich nachher noch bei dir, aber ich wollte dir vorab selbst Bescheid geben.«

»Verstehe. Nur für ein paar Tage, sagst du?«

»Genau. Im Moment wird mir alles ein bisschen zu viel, und die sind sehr gut darin, Schmerzen zu behandeln. Ich gehe noch heute Abend. Jack bringt Michael zu euch und fährt mich dann zum Hospiz. Wäre es gegen sechs Uhr in Ordnung?« Abgesehen von seiner Kurzatmigkeit klang Patrick so pragmatisch und optimistisch wie immer.

»Ja, wann immer es euch passt.«

»Gut, dann kommen wir gegen sechs. Vorher nehmen wir noch eine schnelle Henkersmahlzeit ein.« Ich wusste, dass das ein Witz sein sollte, mir blieb jedoch das Lachen im Halse stecken. »Sorry, das war nicht wirklich lustig, oder?«

»Nein, war es nicht.«

»Hast recht. Nun gut, ich muss jetzt auflegen. Stella meldet sich später noch einmal. Danke für deine Hilfe!«

»Schreib mir, wenn ich noch irgendetwas tun kann«, sagte ich noch schnell.

»Mach ich. Gott segne dich.«

Ich legte auf. Sofort begann das Telefon wieder zu klingeln. Wie angekündigt war Stella am Apparat. Ich dachte, sie würde Formalitäten wie Besuchszeiten für das Hospiz durchgeben. Stattdessen informierte sie mich, dass Patrick nicht von Michael im Hospiz besucht werden wollte.

Siebenundzwanzigstes Kapitel

Die Vorahnung

»Wie? Er soll gar nicht zu Besuch kommen?«, fragte ich überrascht. »Patrick und ich haben gerade noch telefoniert. Da muss ich etwas missverstanden haben.«

»Er meinte, dass er Michael lieber am Wochenende zu Hause sehen möchte.«

»Verstehe. Na ja, wenn das das ist, was er möchte …«

»So sieht's aus. Und wir müssen uns seinem Wunsch beugen.«

»Ja«, stimmte ich zögernd zu.

»Michael wird nachher von Jack, dem Nachbarn, zu dir gebracht, richtig?«

»Das hat Patrick vorhin gesagt, ja.«

»In Ordnung. Und du bringst ihn dann wieder zur Schule?«

»Genau, das lief letztes Mal ohne Probleme.«

»Prima. Danke dir, Cathy. Ich melde mich noch einmal, falls sich etwas ändert.«

»Stella«, begann ich vorsichtig. »Falls Patrick doch länger als bis zum Wochenende bleiben muss … Dann sollte Michael ihn vielleicht doch im Hospiz besuchen dürfen, oder?«

»Unbedingt. Aber Patrick ist felsenfest davon überzeugt, das Hospiz schon am Samstag wieder verlassen zu können. Er ist so ein Kämpfer, dass ich sicher bin, dass er es schafft.«

Ich erklärte Adrian und Paula, dass Patrick für ein paar Tage in ein spezielles Krankenhaus gehen würde. Sie freuten sich, Michael wiederzusehen, auch wenn es ihnen natürlich leidtat, dass es Patrick schlechter ging. Gegen sechs Uhr klingelte es, und wir öffneten zu dritt die Haustür. Jack und Michael standen davor – zu Adrians Enttäuschung hatten sie die Rennbahn dieses Mal nicht mitgebracht. Eine Einladung zum Tee lehnte Jack ab, da er Patrick ins Hospiz bringen musste. Also verabschiedete er sich von Michael, winkte uns zu und versprach, dass er oder Nora sich bald melden würden.

Da das Wetter angenehm war, schlug ich den Kindern vor, im Garten zu spielen. Sie liefen fröhlich nach draußen, und ich brachte die Reisetasche nach oben. Von Michaels Zimmerfenster aus konnte ich die Kinder im Garten beobachten. Sie spielten im Sandkasten und gingen sehr vertraut miteinander um.

Nachdem ich Michaels Tasche ausgeräumt hatte, ging ich zu den Kindern in den Garten, wo ich im Chor gefragt wurde, ob sie ein Eis haben könnten. Also kehrte ich um und holte drei Eishörnchen aus dem Tiefkühlfach.

Wir blieben noch bis sieben Uhr draußen. Dann gingen Paula und ich nach oben, um sie bettfertig zu machen. Die Jungen deckten den Sandkasten zu und räumten ihr Spielzeug auf. Michael wusste inzwischen, wo alles hingehörte, und half tatkräftig mit.

Als ich später in sein Zimmer ging, um ihm eine gute Nacht zu wünschen, fragte er: »Cathy, können wir morgen vielleicht nach der Schule zu meiner Kirche fahren? Ich würde gern eine Kerze für Dad anzünden. Ich weiß, dass du nicht katholisch bist, und du musst nicht mit reinkommen, wenn du nicht möchtest. Aber ich würde gerne ein Licht anstecken.«

»Das machen wir!«, stimmte ich sofort zu. »Was für eine schöne Idee.«

Seine Bitte rührte mich. Gleichzeitig wurde mir aber auch wieder klar, wie wenig ich mich mit den Gepflogenheiten der katholischen Kirche auskannte. Die Kinder und ich besuchten manchmal unsere anglikanische Gemeinde, aber dort wurden keine Kerzen aufgestellt. Trotz meiner Unerfahrenheit würde ich Michael natürlich begleiten.

»Ich würde gerne mitkommen, falls das für dich in Ordnung ist.«

Michael nickte. »Es kostet aber etwas.«

»Kein Problem. Ich bringe Geld mit, und du zeigst mir, wie es geht.«

Michael lächelte, zog die Vorhänge so weit zusammen, dass noch ein Spalt in der Mitte offen blieb, und kniete sich dann neben sein Bett, um zu beten. Wie immer senkte ich den Kopf und sah weg, um der Situation gebührend Respekt zu zollen. »Lieber Gott«, betete Michael. »Bitte kümmre dich gut um meinen Dad. Er ist jetzt im Hospiz, weißt du. Bitte mach, dass er sich bald besser fühlt und am Wochenende zurückkommt. Ich weiß, dass du ihn und Mummy wieder zusammenbringen möchtest, aber bitte, schick deine Engel noch nicht.«

Das Gebet erinnerte mich sehr an das allererste, das er bei uns gesprochen hatte. Wie schon damals schmerzte mein Herz vor Kummer. Michael kauerte mit gefalteten Händen neben dem Bett und sah so klein und verletzlich aus, dass ich ihn am liebsten in den Arm genommen und nie wieder losgelassen hätte.

Einen Moment später bekreuzigte er sich, öffnete die Augen und stand auf. »Cathy«, sagte er und krabbelte ins Bett. »Ich weiß, dass Dad gesagt hat, dass er am Wochenende wiederkommt. Aber falls er nicht kommt, können wir ihn dann im Hospiz besuchen?«

»Ja, natürlich«, antwortete ich.

Am nächsten Tag prüfte ich sicherheitshalber, ob ich auch genug Geld für zwei Kerzen eingesteckt hatte. Dann fuhr ich los, sammelte Paula beim Kindergarten ein und holte Michael von der Schule ab.

»Hattest du einen guten Tag?«, fragte ich zur Begrüßung. »Das Geld habe ich übrigens dabei.«

»Du hast es nicht vergessen!«, rief er fröhlich.

»Natürlich nicht«, erwiderte ich und grinste.

»Mummy vergisst nie etwas«, stellte Paula fest.

Eine neben uns wartende Mutter sah zu uns hinüber und bemerkte kichernd: »Ich wünschte, das könnte ich auch von mir behaupten!«

»Sie weiß nicht, wovon sie spricht!«, erwiderte ich lachend.

Danach brachen wir auf und fuhren zur Sacred-Heart-Kirche. Da es dort keinen Parkplatz gab, hielten wir in einer Nebenstraße und gingen den Rest zu Fuß. Ich hatte Paula erklärt, weshalb wir das Gotteshaus besuchen würden, und sie wollte natürlich auch eine Kerze anzünden.

Die Sacred-Heart-Kirche war ein einhundertfünfzig Jahre altes Gemäuer, dessen Bauweise der Gotik nachempfunden war. Neben einem hohen Glockenturm befand sich ein spitz zulaufendes, hohes Portal, über dem eine lebensgroße Skulptur von Maria, der Mutter Gottes, thronte. Das imposante Gebäude und die fehlende Vertrautheit mit den Bräuchen der katholischen Kirche machten mich etwas nervös. Paula schien es ähnlich zu gehen, und als Michael das große Holzportal öffnete, drückte sie fest meine Hand.

Die Tür schwang quietschend auf, und wir traten ein. Neben dem Eingang befand sich ein steinernes Weihwasserbecken. Michael benetzte seine Finger mit dem Wasser und bekreuzigte sich. Dann ging er weiter. Paula und ich folgten ihm. Es überraschte mich, wie hell die Kirche von innen war. Durch große Buntglasfenster strömte viel mehr Licht als gedacht. Altes war hier mit Neuem verbunden, und neben modernen Kirchbänken standen altertümliche Statuen und Gemälde. Außer uns befanden sich noch einige andere Menschen in der Kirche. Sie saßen auf den vorderen Bänken und schienen in stiller Andacht versunken zu sein. Paula sah mich an, und ich legte den Finger an die Lippen, um ihr zu zeigen, dass sie ruhig bleiben sollte. Michael war bis zum Ende des Kirchenschiffs gegangen und stand in der Nähe des Altars. Er flüsterte: »Die Gebetskerzen sind hier drüben.«

Paula und ich folgten ihm zu einem kleinen Alkoven, der wie ein eigener kleiner Raum wirkte. Unter einer Statue von Maria und dem Jesuskind brannten drei Reihen Kerzen. Linker Hand sah ich eine Kiste voll neuer Kerzen, auf der schlicht »50 Pence« stand. Ich zog mein Portemonnaie aus der Tasche und reichte Michael die entsprechende Summe. Er steckte die Münze in die Spendenbox und nahm eine Kerze.

Das Kirchenschiff wurde zwar vom Tageslicht beleuchtet, doch der Alkoven war dunkel. Hier schien nur das flackernde Licht der Kerzen ein wenig Helligkeit zu spenden, von denen etwa dreißig brannten und tänzelnde Lichtschatten über die Wände sandten. Im Hintergrund ertönte leise Orgelmusik. Die Atmosphäre war sehr intensiv, das Gefühl gelebter Spiritualität beinahe greifbar. Das Licht der Kerzen hatte wohl schon so manch eine Dunkelheit erhellt, sei es räumlich oder auch seelisch, und es war sicher nicht nur Michael, der nach ein bisschen Zuversicht in düsteren Momenten suchte.

Michael bekreuzigte sich noch einmal, entzündete seine Kerze an einer bereits brennenden und stellte sie vorsichtig ab. Dann faltete er die Hände und sah zur Statue der Jungfrau Maria. Auch ich schaute nach oben, denn auch als Nicht-Katholikin konnte ich mich der Bedeutung des Vorgangs nicht entziehen. Paula sah Michael mit offenem Mund zu. Er betete still. Das flackernde Licht der Kerzen beleuchtete sein ernstes Gesicht. Nach einer Weile senkte er die Hände, bekreuzigte sich und drehte sich in meine Richtung. Er wirkte gelöst und nahezu glücklich. »Das war's«, sagte er leise. Dann gingen wir.

Paula und ich zündeten keine Kerze an. Da ich Michaels Glauben nicht teilte, wäre es mir falsch vorgekommen, dem gleichen Ritual zu folgen. Auch Paula hatte noch nicht einmal gefragt. Wir schritten langsam zum Ausgang. Bevor wir die Kirche verließen, drehte sich Michael noch einmal zum Altar um und bekreuzigte sich ein letztes Mal.

Schweigend liefen wir zum Wagen. Es war so, als hätten wir ein Stückchen Ruhe aus der Kirche mitgenommen. Nach einer Weile fragte Paula: »Wird es deinem Daddy jetzt besser gehen?«

Es war eine ganz normale Frage für ein Kind ihres Alters, aber innerlich wand ich mich wegen der Taktlosigkeit, die sie mit sich brachte. Ich wollte gerade einlenken, als Michael sagte: »Das denke ich nicht. Aber wir fühlen uns jetzt besser. Wir wissen, dass Gott uns beschützt und wir uns vor nichts fürchten müssen.«

Meine Augen brannten, und ich spürte, wie mein Hals sich zuschnürte. Ich hakte Michaels Arm unter, und so gingen wir drei Arm in Arm zum Auto.

Abends betete Michael schlicht: »Lieber Gott, bitte segne Mummy, Daddy, Colleen, Eamon, Jack, Nora, Cathy, Adrian und Paula. Und natürlich meine Freunde. Amen.« Dann bekreuzigte er sich und stieg ins Bett. Ich wünschte ihm eine gute Nacht, ging nach unten und dachte an Patrick. Niemand hatte sich gemeldet, und ich wusste nicht, wie es ihm ging.

Um kurz nach neun Uhr rief Eamon an. Seine Stimme klang gepresst, und er sagte: »Colleen kann leider gerade nicht sprechen, sie ist zu aufgewühlt. Sie hat mich daher gebeten, dich anzurufen. Wir haben Patrick vorhin besucht. Es geht ihm sehr schlecht. Er hat keine Schmerzen, ist aber bewusstlos. Es sieht nicht gut aus, Cathy.«

Ich war entsetzt. Erst einen Tag zuvor hatte Patrick mich angerufen und von den Hospiz-Plänen berichtet. Anscheinend hatte er rapide abgebaut. »Was haben die Schwestern gesagt?«, fragte ich. Mein Mund war trocken, und mein Herz pochte schnell.

»Dass man es ihm so angenehm wie möglich macht. Sie sind sehr nett. Wahrscheinlich sind sie an solche Fälle gewöhnt. Sie haben angeboten, dass wir jederzeit vorbeikommen können. Ich habe erzählt, dass Patrick einen kleinen Sohn hat, der anderweitig betreut wird, und gefragt, ob wir ihn bringen sollen.«

»Was haben sie gesagt?«

»Dass die Entscheidung bei uns liegt.«

Ich zögerte, schluckte und fragte leise: »Geht es darum, dass Michael sich verabschiedet?« Sobald ich das gesagt hatte, füllten Tränen meine Augen.

Eamon seufzte. »Ich weiß es nicht. Patrick hat sich schon einmal erholt und ist Michael gegenüber so beschützend. Bestimmt würde er nicht wollen, dass man ihn unnötig aufregt. Es wäre ihm bestimmt nicht recht, wenn er am Wochenende doch nach Hause kommt. Also bin ich mir nicht sicher.« Er hielt einen Moment inne. »Vielleicht warten wir am besten ab, wie es morgen aussieht. Colleen, Nora, Jack und ich fahren abends wieder ins Hospiz. Lass uns danach eine Entscheidung treffen. Falls sich in der Zwischenzeit etwas verändert, meldet man sich bei uns. Wir rufen dich dann sofort an, sodass ihr rechtzeitig da sein könnt.«

»In Ordnung«, stimmte ich zu. »Wobei ich nicht weiß, was ich Michael sagen soll, wenn er nach seinem Dad fragt.«

»Das weiß ich leider auch nicht. Tut mir leid, dass ich nicht besser helfen kann, Cathy.«

Als ich an diesem Abend unsere Katze für ihren allabendlichen Spaziergang nach draußen ließ, blieb ich auf der Terrasse stehen und sah in den Nachthimmel. Es war bewölkt, und der Mond war nicht zu sehen. Ein paar Sterne schimmerten jedoch durch die Wolkendecke. Was dahinterlag, war Auslegungssache, aber ich konnte verstehen, dass der Glaube an eine bessere Welt Trost spendete. Falls es tatsächlich einen Himmel gab, würde Patrick bestimmt mit wehenden Fahnen dort einziehen. Ich hatte selten einen so herzensguten, umsichtigen und aufopferungsvollen Menschen getroffen.

Als ich am nächsten Morgen nach Michael sah, wurden meine Bedenken darüber, was ich ihm erzählen sollte, schnell zerstreut. Er war bereits wach, lag auf dem Rücken und sah traurig nach oben. Ich wollte gerade fragen, ob alles in Ordnung sei, da sagte er: »Ich glaube, die Engel werden meinen Daddy bald zu sich rufen. Sehr bald. Wahrscheinlich gegen Ende des Wochenendes.«

Ich war überrascht. Dass Michael mein Gespräch mit Eamon belauscht haben könnte, hielt ich für ausgeschlossen. Außerdem war vom Wochenende nicht einmal die Rede gewesen.

»Wie kommst du denn darauf?«, fragte ich sanft und ließ mich auf der Bettkante nieder.

Michael zuckte mit den Schultern. »Weiß nicht. Ist einfach ein Gefühl.«

Trotz dieser düsteren Vorahnung erklärte ich vorsichtig: »Onkel Eamon hat angerufen. Er und Colleen haben deinen Dad gestern besucht. Er hat die meiste Zeit über geschlafen. Heute fahren sie noch einmal hin. Vielleicht besuchen wir ihn auch bald. Bist du damit einverstanden?«

Michael nickte.

»Dein Dad hatte ja gehofft, am Wochenende wieder zu Hause zu sein«, erinnerte ich.

»Weiß ich« sagte Michael und stand auf. »Aber ich glaube nicht, dass das so kommt.«

Ich strich die Bettdecke glatt und ließ Michael dann allein, damit er sich in Ruhe die Schuluniform anziehen konnte.

Während des Frühstücks war Michael stiller als sonst, was angesichts unseres Gesprächs jedoch normal war. Ich fragte ihn ein paar Mal, ob alles in Ordnung sei, und er nickte. Nachdem ich die

Jungen zur Schule und Paula in den Kindergarten gebracht hatte, rief ich Stella an und fragte, ob es etwas Neues gäbe. Sie hatte zuletzt vor dem Hospizaufenthalt mit Patrick telefoniert und seitdem nichts mehr gehört. Ich erzählte ihr, was Eamon gesagt hatte, und deutete an, dass ich mir nicht sicher war, ob ich mit Michael zum Hospiz fahren sollte. Ich wollte mich Patricks Wünschen nicht widersetzen, aber gleichzeitig sollte Michael die Gelegenheit haben, sich von seinem Vater zu verabschieden. Stella versprach, im Hospiz anzurufen und sich anschließend noch einmal bei mir zu melden. Etwa zwanzig Minuten später klingelte das Telefon, und sie teilte mit, dass Patricks Zustand unverändert sei. Da er noch bewusstlos war, riet sie von einem Besuch ab.

»Aber Michael muss sich doch verabschieden können?«, fragte ich ratlos.

»Bleiben wir erst mal optimistisch«, meinte Stella. »Ich glaube nicht, dass es schon so weit ist.«

Ich war mir nicht so sicher. Michaels Vorahnung kam mir in den Sinn. Die beiden standen sich sehr nahe, und ich nahm seine Befürchtung entsprechend ernst.

Achtundzwanzigstes Kapitel

Vater-Sohn-Zeit

Am frühen Freitagabend rief Colleen an und berichtete, dass Patricks Zustand unverändert sei. Ich fragte, ob sie und Eamon meinten, ich solle Michael am Wochenende vorbeibringen. Sie bejahte. Dann bot sie an, Michael zum Hospiz zu bringen. Ich lehnte ab, da ich Patrick auch gerne sehen wollte. Dass ich mich außerdem verabschieden wollte, ließ ich ungesagt, aber Colleen wusste auch so, was ich meinte.

»Aber natürlich«, meinte sie. »Entschuldige bitte, ich habe nicht mitgedacht. Hast du schon einen Babysitter für Adrian und Paula?«

»Nein. Ich werde meine Eltern fragen. Wahrscheinlich fahren wir am Sonntagnachmittag zum Hospiz.«

»Klingt gut. Es gibt zwar keine festen Besuchszeiten, aber das Personal ist dankbar, wenn es um die Mittagszeit etwas ruhiger ist. Wir werden wahrscheinlich abends vorbeikommen, und Nora und Jack planen, Samstag hinzufahren.«

Dann fragte sie, ob sie noch kurz mit Michael sprechen könne. Es war erst früher Abend, und er war noch wach, also holte ich ihn an den Apparat. Sie unterhielten sich eine Weile, während ich Paula eine Geschichte vorlas. Nach dem Gespräch wirkte Michael entspannt. Es hatte ihm offensichtlich gutgetan, mit Colleen zu reden. Sie und Eamon zählten schließlich zu Patricks ältesten und besten Freunden, und Michael kannte die beiden seit seiner Geburt. Ich kündigte unseren Hospizbesuch an und sprach anschließend mit meiner Mutter. Sie bot sofort an, sich um Adrian und

Paula zu kümmern. Patricks schlechter Zustand wühlte sie sehr auf. So ist das leider oft: Die ganze Familie wird bei der Pflege involviert, und alles, was den jeweiligen Kindern widerfährt, betrifft deren Umwelt ebenfalls.

Als ich an diesem Abend zu Michael ging, um ihm eine gute Nacht zu wünschen, hatte er bereits gebetet und lag im Bett. Ich hatte vorgeschlagen, am nächsten Tag schwimmen zu gehen, und Michael war schon ganz aufgeregt. Sobald ich das Zimmer betrat, bestürmte er mich: »Ich gehe auf jeden Fall wieder mit Adrian auf die große Rutsche. Kommst du dieses Mal auch mit?«

Damit meinte er unseren letzten Schwimmbadbesuch, als er und Adrian zigmal gerutscht waren, während ich vorschob, im seichten Wasser auf Paula aufpassen zu müssen. »Ich kann nach Paula gucken, während du rutschst«, fügte er hinzu.

»Mal sehen«, wich ich aus. »Du schwimmst besser als ich.«

»Weißt du noch, als wir mit Dad im Schwimmbad waren und er uns vom Rand zugewinkt hat?«, fragte Michael gedankenverloren.

Ich lächelte. »Ich erinnere mich noch gut daran. Das war ein schöner Tag, oder?«

»Ja. Ich wünschte, wir könnten das noch einmal machen.«

Ich umarmte Michael, setzte mich an den Bettrand und hielt seine Hand, bis er eingeschlafen war.

Ins Schwimmbad zu fahren, danach essen zu gehen und den Rest des Tages im Park zu verbringen war eine gute Idee. Alle waren abgelenkt, und es blieb wenig Raum, an den kommenden Tag zu denken. Wir kehrten erst um sechs Uhr nach Hause zurück und fühlten uns alle angenehm erschöpft. Nach dem Abendessen schauten die Kinder sich einen Film an. Dann brachte ich Paula ins Bett, und die Jungen wuschen sich. Nachdem sie sich bettfertig gemacht hatten, gähnten sie theatralisch. Adrian und Paula freuten sich, am nächsten Tag ihre Großeltern zu sehen, und Michael konnte es nicht abwarten, seinen Dad zu besuchen. Colleen und ich hatten ihn allerdings vorgewarnt, dass sein Vater aller Voraussicht nach nicht wach sein würde.

»Ich würde mich freuen, wenn Dad aufwacht, wenn wir da sind«, sagte er, als ich ihn ins Bett brachte.

»Ja, das wäre schön«, pflichtete ich bei. »Wobei Colleen mehrfach gesagt hat, dass er viel schläft …«

Am kommenden Tag standen wir erst spät auf. Es war schon nach zehn Uhr, als wir den Tag begannen. Ich bereitete ein traditionelles Frühstück zu mit Würstchen, Speck, Eiern, Tomaten und Bohnen. Gegen zwölf Uhr kamen meine Eltern und wurden stürmisch von Adrian und Paula begrüßt. Michael blieb im Wohnzimmer und blätterte in einem Buch. Das wunderte mich.

»Geht's dir gut?«, fragte ich.

Michael nickte. Meine Eltern und die Kinder kamen zu uns. Dad setzte sich neben Michael.

»Alles in Butter, kleiner Mann?«, fragte er sanft.

»Ja, denke schon.« Michael zuckte mit den Schultern.

»Würdest du deinem Dad bitte herzliche Grüße von Omi und mir ausrichten?«

»Er wird wahrscheinlich nicht wach sein.«

Das wusste mein Vater. Er nickte. »Nur weil jemand nicht wach ist, heißt das nicht, dass er nichts mitbekommt. Dass die Augen geschlossen sind, bedeutet nicht, dass auch die Ohren dicht sind. Vergiss das nicht. Du kannst deinem Dad alles sagen, was du möchtest. Er hört es ganz bestimmt.«

Ich wusste, dass Dad aus Erfahrung sprach, und schluckte heftig. Er hatte ebenfalls die letzten Tage seines Vaters begleitet, ihm Geschichten erzählt und ihn beruhigt, während er langsam aus dem Leben schied.

»Mache ich«, sagte Michael und sah meinen Vater dankend an. »Ich spreche mit Dad und erzähle, was es Neues gibt. Genau wie sonst auch.«

»Guter Junge«, meinte mein Vater. »Das wird ihn freuen. Vergiss nicht, ihm zu sagen, wie sehr du ihn lieb hast.«

»Das vergesse ich bestimmt nicht«, antwortete Michael und grinste.

Michael und ich brachen gegen 13.30 Uhr auf und fuhren zum Hospiz. Ich dimmte die Radiolautstärke, und Michael sah aus dem Fenster. Da kaum Verkehr herrschte, erreichten wir nach wenigen Minuten unser Ziel. Das Hospiz befand sich in einem einstöckigen roten Backsteingebäude, das von einem wunderschönen Garten umgeben war. Gleich daneben befand sich ein kleiner Parkplatz, wo ich hielt.

»Hübsch, oder?«, sagte ich und deutete auf den Garten. Michael schwieg.

»Alles okay?«, fragte ich.

Michael nickte, sagte aber nichts. Seine Nervosität war nahezu greifbar. Mir ging es ganz ähnlich. Es lag nicht nur an Patrick, sondern auch an der neuen, unbekannten Umgebung.

Gemeinsam traten wir ein. Das Hospiz verfügte über eine große, helle Eingangshalle mit großen Topfpflanzen. Direkt dahinter lag der Empfang. Auch er war angenehm hell und in zarten Blautönen dekoriert. Teppiche, Sofas, Sessel, niedrige Tische und ein Magazinständer erinnerten an ein gemütliches Wohnzimmer. Abgesehen von uns und einer Frau am Empfang war der Raum leer. Sie lächelte zur Begrüßung und fragte: »Wie kann ich Ihnen weiterhelfen?«

Wir kamen näher. »Wir möchten Patrick Byrne besuchen«, erklärte ich.

»Patrick ist in Zimmer 8«, antwortete sie umgehend. »Am Ende des Ganges da drüben«, sie zeigte in die entsprechende Richtung. »Sein Zimmer ist links. Möchten Sie, dass jemand Sie begleitet?«

»Das ist nicht notwendig, danke.«

»Hier ist ein Lageplan für das Gebäude. Tee, Kaffee und weitere Getränke bekommen Sie in der Lounge – da drüben. Melden Sie sich, falls Sie noch etwas brauchen oder falls Sie nach dem Besuch mit jemandem sprechen möchten.« Sie lächelte Michael und mich aufmunternd an.

»Vielen Dank«, sagte ich. Der freundliche Umgangston und das helle Interieur hatten mich etwas beruhigt.

»Könnten Sie sich bitte in unser Besucherbuch eintragen?«, fragte die Dame und hielt mir ein Buch entgegen.

Ich notierte Michaels und meinen Namen sowie das Datum und gab es ihr zurück. Im Hintergrund ertönte leise Klassikmusik, die die behagliche Atmosphäre dezent unterstrich. Michael sah noch immer ziemlich aufgewühlt aus. Auf dem Weg zu Patricks Zimmer hakte er sich bei mir unter, und ich warf ihm ein aufmunterndes Lächeln zu. Die Räume waren aufsteigend nummeriert, einige der Türen standen offen, und wir konnten Teppiche, gemütliche Sessel und moderne Möbel sehen. Patricks Zimmertür war geschlossen, und ich spürte, wie Michael sich neben mir verkrampfte. Ich klopfte kurz, drückte dann langsam die Klinke herunter und öffnete die Tür.

Das Zimmer war hell, und man hatte das Bett in einem Winkel positioniert, der einen besonders schönen Blick in den Garten erlaubte. Patrick schlief allerdings. Neben dem Bett standen ein Sauerstoffkanister und zwei Sessel. »Setz dich neben deinen Dad«, ermunterte ich Michael und schob einen der Sessel etwas näher an das Bett heran. »Ich setze mich neben dich.«

Michael nahm auf dem Sessel Platz und lehnte sich nach vorn. »Hallo, Dad«, sagte er und wirkte mit einem Mal wesentlich entspannter.

Patrick rührte sich nicht, und es sah aus, als würde er schlafen. Dieses Mal war er nicht über Kabel und Schläuche mit Geräten oder Infusionsbeuteln verbunden. Sein Atem ging freier denn je, und seine Gesichtsfarbe war zwar nicht rosig, aber immerhin auch nicht grau. Seine Arme lagen zu beiden Seiten ausgestreckt auf der Bettdecke, die Hände entspannt und leicht geöffnet. Sein Ehering hing etwas gelöst am Mittelfinger. Am Ringfinger konnte Patrick ihn wegen seines Gewichtsverlusts schon lange nicht mehr tragen. Ich schob den Ehering wieder nach oben, damit er nicht abrutschte und verlorenging.

»Dad, ich bin's.« Michael berührte sacht Patricks Arm. Patrick rührte sich nicht. Wie Colleen bereits gesagt hatte, war er bewusstlos.

Ich blickte mich im Zimmer um. Die Möbel waren aus freundlichem Birkenholz, die Vorhänge passten zur Bettwäsche, und das Zimmer war außerdem mit einem Fernseher, Telefon und Radio ausgerüstet. Gemütlich, fast wie in einem schicken Hotel. Der Blick nach draußen war wirklich traumhaft schön, und ich war mir sicher, dass Patrick sich bei seiner Ankunft darüber gefreut hatte. Ich wünschte, Michael und ich hätten ihn an diesem Tag begleiten können.

»Dad?«, versuchte Michael es wieder. Patrick blieb regungslos. Nur seine Brust hob und senkte sich mit jedem Atemzug. Michael warf mir einen enttäuschten, ratlosen Blick zu.

»Denk dran, was Opa gesagt hat«, erinnerte ich ihn. »Dein Dad hört dich. Sprich mit ihm.« Michael wirkte etwas verlegen. »Soll ich anfangen?«, schlug ich vor. Er nickte.

Ich zog meinen Sessel etwas näher an das Bett heran und lehnte mich leicht nach vorne. »Hallo, Patrick. Hier ist Cathy. Es ist Sonntagnachmittag, die Sonne scheint, und die Vögel zwitschern. Durch das Fenster sehen wir eine wunderschöne Kletterrose. Du wüsstest bestimmt, wie sie heißt. Außerdem kann man noch einen Rhododendronbusch sehen, aber der ist inzwischen schon etwas verblüht und müsste dringend mal gestutzt werden. Die Woche war wie immer hektisch. Adrian und Paula geht es gut. Meine Eltern sehen heute nach ihnen. Sie lassen dich alle ganz herzlich grüßen. Michael sitzt hier neben mir, und ich weiß, dass er dir ganz viel erzählen möchte.«

Michaels Unsicherheit schien sich gelegt zu haben. Er lehnte sich nach vorne und legte los: »Hallo, Dad. Ich bin's. Ich hab dich so lieb. Am Freitag habe ich wieder Basketball gespielt. Wie haben 38 zu 35 gewonnen. Die anderen waren ein harter Gegner, aber wir haben es doch noch geschafft. Am Montag wird es eine Schulversammlung geben, und alle sollen unserer Mannschaft applaudieren. So ist das immer. Pater Murphy weiß, dass du hier bist, und möchte dich auch besuchen kommen. Oder war er vielleicht schon da? Er wollte eigentlich mit mir zusammen zu Besuch kommen, damit wir gemeinsam beten können, aber das wollte ich nicht. Ich bete lieber für mich und spreche direkt mit Gott. Wobei es mich nicht stört, wenn Cathy zuhört. Ich glaube, das verstehst du. Ach so, wir hatten auch einen Mathetest diese Woche. Ich habe eine Zwei! Das Diktat habe ich wie immer ohne Fehler geschafft.«

Michael erzählte noch mehr über die Schule, das Fernsehprogramm, unsere Katze Toscha und so weiter. Er schien sich nun sicher zu sein, dass sein Vater ihn hörte, und schwatzte wild drauflos.

Ich schaute Patrick schweigend an. Von außen merkte man ihm nicht an, dass sein Körper gegen eine aggressive Krankheit kämpfte. Er sah einfach nur müde und gealtert aus. Ab und an zuckte ein Gesichtsmuskel, aber ansonsten rührte er sich kaum. Er wirkte sehr entspannt und friedlich.

Während Michael erzählte, dachte ich an das erste Mal, als mir von Patrick berichtet worden war. Jill hatte gesagt: »Cathy, ich muss dich etwas fragen, und du solltest vorher wissen, dass du nein sagen darfst.« Dann hatte sie mir von dem Jungen erzählt, der schon seine Mutter verloren hatte und dessen Vater nun schwerkrank war. Ich erinnerte mich daran, dass ich ein wenig Zeit gebraucht hatte, bis ich mich zu einer Entscheidung durchringen konnte, und daran, wie ich Patrick das erste Mal gesehen hatte. Seine Tapferkeit hatte mich von Anfang an beeindruckt. War die Entscheidung richtig gewesen? Ja. Würde ich sie wieder treffen? Ja. Trotz der schwierigen Momente, die wir durchlebt hatten und wohl auch noch durchleben mussten, hatten wir alle durch die Begegnung mit Patrick und Michael dazugewonnen. Ich hoffte, dass es ihnen genauso ging.

Michael verstummte. Er hatte seinem Vater alles erzählt, was in den letzten Tagen passiert war. So saßen wir still Seite an Seite und betrachteten Patrick. Da klopfte es an der Tür. Eine Pflegerin betrat das Zimmer.

»Hallo, ich bin Mary. Brauchen Sie vielleicht etwas?«, fragte sie sanft, ging zum Bett und sah nach Patrick.

»Nein, danke«, sagte ich. »Patrick schläft noch immer. Wie lange ist er schon so?«

»Seit Mittwochnacht«, erwiderte Mary und lächelte. »Er hat sich kurz nach seiner Ankunft hingelegt und schläft seitdem. Ich glaube, er ist ganz schön erschöpft und benötigt die Ruhe.«

Michael nickte. Mary strich die Bettwäsche glatt. »Falls Sie nachher mit jemandem sprechen möchten, können Sie einfach am Empfang Bescheid geben. Es ist immer jemand da.«

Ich bedankte mich. Sie verabschiedete sich freundlich und ging. Ich konnte verstehen, warum Patrick sich für das Hospiz entschieden hatte. Es war deutlich persönlicher als das Krankenhaus.

Michael und ich saßen noch eine Weile neben Patrick. Gegen vier Uhr fragte ich: »Michael, möchtest du deinem Daddy noch etwas sagen? Ansonsten sollten wir allmählich aufbrechen. Was meinst du?«

»Essen wir gleich was?«

»Ja. Hast du Hunger?«

Er nickte und rieb seinen Bauch.

»Okay. Dann verabschiede dich. Morgen können wir wieder hierhinkommen, wenn du magst.«

Michael nickte. Wir standen auf und schoben die Sessel an ihren Platz zurück. Dann ging Michael zu seinem Dad, küsste ihn sanft auf die Wange und sagte: »Mach's gut, Dad. Ich gehe jetzt. Ich habe dich sehr lieb.« Das sagte er in etwa so, als würde er nur kurz nach draußen gehen.

Er trat zur Seite, sodass ich Patrick einen Kuss auf die Stirn geben konnte. »Bis bald, mein Lieber«, sagte ich. »Wir denken ganz viel an dich. Michael geht es gut, mach dir also deswegen bitte keine Sorgen. Erhol dich gut, und schlaf so viel, wie du möchtest.«

»Mir geht's gut«, wiederholte Michael noch einmal bekräftigend. Wir hielten einen Moment inne, dann küsste Michael seinen Vater noch einmal auf die Wange, und wir verließen das Zimmer.

Später wünschte ich, ich hätte Patrick noch einmal gesagt, wie viel er mir bedeutete. Oder dass ich über die schöne Zeit, die wir gemeinsam verbracht hatten, gesprochen hätte. Aber das Leben ist voller »Hätte-ich-dochs«. Was wirklich zählt, ist, dass Michael noch einmal Zeit mit seinem Vater verbringen und ihm alles Neue hatte erzählen können.

Neunundzwanzigstes Kapitel

Hell leuchtende Sterne

Mum hatte schon das Essen vorbereitet, und wir setzten uns in den Garten, um das wunderbare Wetter auszukosten. Gegen sieben Uhr verabschiedeten sich meine Eltern, und ich brachte die Kinder ins Bett. Michael freute sich auf den folgenden Tag, an dem ein Schüler-gegen-Lehrer-Kricketspiel veranstaltet wurde. Eine Schultradition, die immer kurz vor den Sommerferien stattfand. Die Priester spielten normalerweise in ihren Soutanen, und Michael freute sich schon darauf, sie in wehenden Gewändern über das Spielfeld huschen zu sehen. »Ich muss unbedingt Dad von dem Spiel erzählen«, sagte er aufgeregt.

Als ich später in sein Zimmer kam, um eine gute Nacht zu wünschen, war von der Vorfreude jedoch nichts mehr zu spüren. Michael lag im Bett und sah sehr traurig aus. Ich wusste gleich, dass er etwas auf dem Herzen hatte.

»Alles in Ordnung?«, fragte ich und ließ mich auf der Bettkante nieder.

Sein Gesicht verzog sich, und er brach in Tränen aus. »Bald kann ich meinem Dad nichts mehr über die Schule oder sonst irgendetwas erzählen, Cathy. Nie wieder! Das ist nicht fair. Die meisten Kinder haben zwei Eltern. Ich habe bald gar keine mehr.«

Ich schloss ihn in die Arme und hielt ihn fest an mich gedrückt, während er weinte. Es gab nichts, was ich hätte sagen können, um seinen Schmerz zu lindern. Michael hatte recht: Es war nicht fair, und er und sein Vater würden bald voneinander getrennt sein. Es gab keine Hoffnung mehr. Patrick würde sich nicht mehr erholen. Ich streichelte Michael über die Haare und versuchte, ihn so gut wie möglich zu beruhigen. So lange war der kleine Junge tapfer gewesen, doch nun bahnten sich all sein Leid, sein Frust und seine Wut ihren Weg. Vielleicht hatte der Besuch im Hospiz dazu geführt. Ich ahnte, wie er sich fühlte. Auch ich war den Tränen nahe. Ich hielt ihn und wiegte ihn sanft hin und her, bis seine Tränen schließlich versiegten und er nach einem Taschentuch fragte. Danach blieb ich bei ihm, bis ich Adrian rufen hörte.

»Ist es in Ordnung für dich, wenn ich kurz nach Adrian sehe?«, fragte ich.

Michael nickte und ließ sich in sein Kissen niedersinken.

Ich ging zu meinem Ältesten hinüber. Er saß ebenfalls im Bett und sah sehr besorgt aus. Anscheinend hatte er Michael weinen gehört.

»Es geht ihm etwas besser«, sagte ich darum. »Er schläft gleich.«

Adrian nickte, wirkte aber wenig überzeugt. »Darf er seinen Dad morgen sehen?«

»Ja, ich bringe ihn direkt nach der Schule zum Hospiz. Helen wird sich wieder um dich und Paula kümmern, okay?«

»Okay.«

Ich gab Adrian einen Gutenachtkuss, sah noch einmal nach Paula, die bereits friedlich schlief, und ging dann zurück zu Michael hinüber. Er hatte sich auf die Seite gelegt und die Beine dicht an den Körper gezogen. Embryonalstellung. Er blickte suchend Richtung Fenster in den dunklen Nachthimmel.

»Die Sterne funkeln heute besonders«, flüsterte er leise, als ich mich zu ihm setzte.

»Das stimmt. Es ist wirklich eine sternklare Nacht.«

»Sie leuchten für meinen Daddy«, sagte er. Ich spürte, wie viel

Trost er aus diesem Gedanken zog. »Ein Stern ist heller als alle anderen. Das ist meine Mummy. Sie wartet auf Dad.«

Ich blieb noch eine Weile bei Michael, saß am Rand seines Bettes und kraulte seinen Nacken, bis er eingeschlafen war. Dann verließ ich leise das Zimmer, sah noch einmal nach Adrian und Paula und ging schließlich nach unten. Ich machte mir eine Tasse Tee und nahm sie mit ins Wohnzimmer, wo ich Notizen über den Hospizbesuch anlegte. Als ich damit fertig war, stellte ich den Fernseher an. Den Ton drehte ich so leise wie möglich, damit ich Michael jederzeit hören konnte. Falls er aufwachen sollte, wollte ich möglichst schnell bei ihm sein. Gegen zehn und später noch einmal gegen elf Uhr sah ich abermals nach ihm. Er schlief tief und fest. Dann legte auch ich mich ins Bett und dämmerte sofort weg. Als ich am nächsten Morgen erfuhr, was passiert war, schämte ich mich für meinen ruhigen Schlaf.

Als ich Michael wecken wollte, stand er bereits am Fenster.

»Oh, du bist ja schon wach!«, rief ich überrascht. »Es ist Zeit, dass du dich anziehst. Alles okay, Süßer?«

»Ja«, sagte er leise. »Ich hole meine Uniform.«

Als Michael sich an den Frühstückstisch setzte, war er sehr ruhig, verhielt sich aber ansonsten unauffällig. Adrian und Paula waren auch stiller als sonst, aber das kam montags öfter vor. Sie brauchten immer ein wenig, um wieder in den Alltagstrott zu finden. Michael biss von seinem Toast ab, hielt dann inne und sah mich an. »Bevor du vorhin zum Wecken gekommen bist, habe ich meinen Dad gehört. Er hat gesagt: ›Aufstehen, Michael. Wir können die Priester doch nicht warten lassen.‹ So hat er mich jeden Morgen geweckt. Es klang so echt, ich dachte, er wär im Zimmer. Deshalb war ich schon wach, als du reingekommen bist.«

Adrian sah mich fragend an, und Paula erklärte: »Dein Daddy ist im Krankenhaus. Er ist nicht hier.«

Ich lächelte Michael ermutigend zu. »Wenn uns jemand sehr nahe ist, können wir seine Anwesenheit spüren. Ganz so, als wäre er wirklich da.«

Michael nickte. »Es war ein schönes Gefühl.«

Adrian und Paula schienen keine weiteren Fragen zu haben, und so setzten wir das Frühstück in Ruhe fort. Als die Kinder gerade nach oben gegangen waren, um die Zähne zu putzen, klingelte das Telefon. Ich fragte mich kurz, wer so früh anrufen würde.

»Hallo?«, meldete ich mich und vermutete, dass eine Freundin mich bitten würde, ihr Kind mit zur Schule zu nehmen.

Es war tatsächlich eine Freundin am anderen Ende der Leitung, aber sie fragte um keinen Gefallen.

»Cathy, ich bin's. Colleen.«

Ein Schauer lief über meinen Rücken. »Hallo«, wiederholte ich.

Nach einem kurzen Moment sagte Colleen: »Eine Schwester aus dem Hospiz hat gerade angerufen. Es tut mir so leid, dir das sagen zu müssen, aber … Patrick ist letzte Nacht im Schlaf verstorben.«

Tränen stiegen mir in die Augen, und mir wurde eiskalt. Ich hatte gewusst, dass dieser Anruf eines Tages kommen würde. Aber das machte es nicht einfacher.

»Könntest du es bitte Michael sagen?«, fragte Colleen. Ihre Stimme zitterte. »Sag ihm bitte, dass sein Daddy ganz friedlich eingeschlafen ist. Er wurde endlich erlöst.«

»Mache ich.« Es fiel mir schwer, zu sprechen. »Es tut mir so unendlich leid.«

»Umarm ihn bitte von uns«, fuhr Colleen fort. Nun weinte sie offen. »Könnte er mich später vielleicht anrufen? Wenn ihm danach ist? Gott segne euch.«

Ich legte auf, trocknete meine Augen und ging langsam die Treppe hinauf. Die Kinder hatten sich im Bad fertig gemacht und standen im Flur.

»Wer hat angerufen?«, fragte Adrian unschuldig.

Ich sah Michael an. »Colleen.« Ich ging zu Michael hinüber. »Es tut mir so leid …« Mehr brauchte ich nicht zu sagen.

»Er ist tot, oder?«, brach es aus Michael hervor. Sein Gesicht verzog sich vor Schmerz. »Ich wusste es, als ich heute Morgen seine Stimme gehört habe.«

Ich nahm ihn in die Arme und weinte. Adrian und Paula standen links und rechts von mir. Ich hielt Michael im Arm, und wir weinten zusammen. Normalerweise versuche ich immer, mich vor den Kindern zusammenzureißen. Aber der Schmerz war so frisch und überwältigend, dass es mir nicht gelingen wollte. Wir weinten und weinten. Niemand achtete mehr auf unsere Alltagsroutine. »Er ist ganz friedlich im Schlaf gestorben«, brachte ich schließlich hervor. »Dein Daddy hat Ruhe gefunden.«

»Daddy ist jetzt bei Mummy«, stieß Michael zwischen zwei Schluchzern hervor.

»Das ist er, Süßer. Das ist er.«

Wir weinten so lange, bis unsere Tränen versiegt waren. Dann ging ich nach unten und gab Bescheid, dass Michael und Adrian nicht zur Schule kommen würden. Paula beurlaubte ich ebenfalls kurzerhand. Die Kinder hatten sich gewünscht, bei Michael zu bleiben. Sie saßen zu dritt auf dem Sofa, Michael in der Mitte. Adrian und Paula schienen instinktiv zu wissen, wie sie ihren Freund trösten konnten. Auch sie hatten keinen Vater mehr (zumindest keinen, der bei uns lebte) und konnten Michaels Schmerz ein Stück weit nachvollziehen.

Gegen neun Uhr rief ich Jill an. Sie merkte gleich, dass etwas nicht stimmte. Mit bemüht ruhiger Stimme erzählte ich, dass Patrick im Schlaf verstorben war. Jill drückte ihr Beileid aus und fragte, wie es uns – und vor allem Michael – ging. Dann bot sie an, dass wir uns jederzeit melden konnten, und versprach, Stella Bescheid zu geben. Nachdem wir aufgelegt hatten, rief ich meine

Eltern an. Auch sie reagierten bestürzt auf die furchtbare Neuigkeit. Es war das fünfte Telefonat an diesem Morgen, und ich merkte, dass ich mit jedem Mal, dass ich jemanden von Patricks Tod erzählte, die Tatsache ein bisschen mehr zu begreifen lernte.

Zurück im Wohnzimmer saßen die Kinder immer noch eng umschlungen auf dem Sofa. Paula streichelte Michaels Hände so, wie ich es immer bei ihr machte, wenn sie traurig war. Ich schlug vor, dass Michael Colleen anrief, und bat die anderen beiden, währenddessen das Zimmer zu verlassen. Sie waren sofort damit einverstanden. Ich wählte Colleens Nummer und übergab Michael den Hörer. Ich hörte nicht, was Colleen zu Michael sagte, aber es schien ihn augenscheinlich zu trösten. Nach dem Gespräch reichte er den Hörer noch einmal an mich zurück und ging dann zu Adrian und Paula.

»Was für ein tapferer kleiner Kerl«, sagte Colleen.

Ich stimmte zu.

Colleen versprach, dass sie und Jack die Beerdigung organisieren würden. Sobald Genaueres feststand, würde sie sich noch einmal melden. Patrick hatte sich eine Feuerbestattung und eine Trauerrede von dem Priester der Sacred-Heart-Gemeinde gewünscht. Colleen versuchte nun, Patricks Tante in Wales zu erreichen.

Ich legte auf und ging zu den Kindern, die inzwischen im Wintergarten spielten. Adrian und Paula legten gemeinsam ein Puzzle. Michael spielte zwar nicht mit, aber er beobachtete die beiden und weinte nicht. Ich sah ihnen noch eine Weile zu und war unschlüssig, was ich nun tun sollte. Dann wandelte ich wie automatisch in die Küche und spülte gedankenverloren das Frühstücksgeschirr ab. Wenn man schockierende Nachrichten erhält, steht man manchmal so sehr unter Schock, dass man wie betäubt ist. Genauso erging es mir in diesem Moment.

Gegen zehn Uhr läutete das Telefon. Michaels Lehrer Pater

Murphy fragte, ob er nachmittags zu Besuch kommen könne. Ich sagte zu – wobei ich offen gestanden nicht das Gefühl hatte, dass eine Alternative bestand. Als ich Michael von dem Anruf erzählte, nickte er nur kurz und wandte sich dann wieder dem Puzzle zu.

Kurz darauf meldete sich Stella, die inzwischen von Patricks Tod erfahren hatte. Über die Monate hinweg hatte auch sie ein enges Verhältnis zu ihm aufgebaut und sie klang sehr bedrückt. Sie fragte mich nach Michael, und ich sagte, dass er unsagbar traurig, aber auch sehr, sehr tapfer sei. Stella meinte, sie würde gerne mit ihm sprechen, aber dass das noch warten könne. Vorerst solle ich ihm bitte ihr Beileid ausrichten.

Kaum hatte ich aufgelegt, riefen meine Eltern an und fragten, ob sie vorbeikommen sollten. Ich bedankte mich herzlich für das Angebot, lehnte aber vorerst ab. Stattdessen verabredeten meine Mum und ich, später noch einmal zu telefonieren. Auch auf dieses Gespräch folgte unmittelbar das nächste. Nora rief an, und sie und Jack sprachen beide mit Michael. So verging der Vormittag mit einer Welle von Beileidsbekundungen und Hilfsangeboten. Daraus zog ich viel Trost.

Gegen Mittag aßen wir Sandwiches. Niemand von uns hatte so recht Hunger. Ich sagte auch Adrian und Paula, dass später ein Priester so Besuch kommen würde, und bat sie, Michael und den Priester alleine sprechen zu lassen. Paula hatte immer noch Angst vor Geistlichen – vermutlich wegen der langen Roben, die sie ihrer Ansicht nach »wie Gespenster« aussehen ließen. Sie fragte Michael: »Ist es okay, wenn du alleine mit dem Priester bist?«

Michael nickte, und ich wiederholte auch noch einmal, dass das ganz bestimmt in Ordnung sein würde und dass der Priester kam, um Michael spirituellen Beistand zu leisten – wozu wir nicht in der Lage waren.

»Wenn was ist, rufst du uns einfach«, sagte Paula verschwörerisch. Trotz unserer Trauer brachen wir anderen in lautes Gelächter aus. Es war das erste Mal an diesem Tag, dass wir lachen mussten, und der Moment hatte etwas sehr Befreiendes an sich.

Als es an der Haustür klingelte, stürmte Paula wie von der Tarantel gestochen nach oben. Adrian folgte ihr, und ich ging alleine zur Tür und bat Pater Murphy ins Wohnzimmer, wo Michael schon auf ihn wartete.

»Hallo Vater«, sagte Michael ehrfurchtsvoll und stand auf.

»Setz dich ruhig, mein Junge«, entgegnete der Priester freundlich.

Pater Murphy ging zum Sofa hinüber und ließ sich neben Michael nieder. Ich bot ihm etwas zu trinken an, doch er lehnte ab. »Gut, dann verabschiede ich mich vorerst«, sagte ich, und der Priester nickte.

Ich schloss die Wohnzimmertür und ging nach oben, wo Adrian und Paula aus ihrem Versteck neugierige Blicke auf den Priester geworfen hatten. »Ihr zwei seid wirklich unfassbar!«, schimpfte ich enttäuscht. »Ich kann gar nicht glauben, dass ihr Michael so schnell davongelaufen seid. Was Pater Murphy wohl davon hält … Himmel, er ist ein Pfarrer, kein böser Troll!« Paula sah nicht überzeugt aus.

Pater Murphy unterhielt sich etwa eine Stunde lang mit Michael. Ich blieb währenddessen mit Adrian und Paula im Obergeschoss und räumte Wäsche ein. Als ich das Öffnen der Wohnzimmertür hörte, ging ich nach unten. Adrian und Paula folgten mir kleinlaut. Michael und der Pfarrer standen im Flur, und ich war erleichtert, als ich den Jungen lächeln sah.

»Michael würde gern morgen wieder in die Schule gehen«, sagte Pater Murphy. »Ich halte das für eine gute Idee.«

»Natürlich«, stimmte ich zu. »Wenn Michael das möchte, machen wir es so.«

Michael nickte.

»Du bist ein tapferer Junge«, sagte der Pfarrer zu Michael. Dann schüttelte er meine Hand und verabschiedete sich.

Paula sah Michael prüfend an. Auch ihr fiel auf, dass ihm der Besuch des Pfarrers gutgetan hatte. Sie fragte: »Was hat der Mann zu dir gesagt?«

»Alles Mögliche«, sagte Michael. »Und wir haben zusammen für meinen Dad gebetet.«

Bevor Paula weitere Fragen stellen konnte, schlug ich vor, dass die Kinder sich einen Film anschauen könnten. Dann bereitete ich das Abendessen vor. Michael hatte immer noch keinen Appetit, aß aber zumindest eine Kleinigkeit. Nach dem Essen las ich den dreien noch eine Weile vor. Danach brachte ich Paula ins Bett. Sie war erschöpft und schlief sofort ein. Adrian und Michael waren auch müde, kamen jedoch nicht so schnell zur Ruhe. Ich sah mehrfach nach ihnen. Adrian schlief gegen neun Uhr endlich ein, doch Michael saß auch da noch hellwach im Bett.

»Wie geht's dir, Schatz?«, fragte ich und setzte mich zu ihm.

Michael schaute mich an. »Ich denke nach.«

»Worüber denn?«

»Über Mum und Dad. Ich habe Mum eigentlich nicht kennengelernt. Sie ist gestorben, als ich noch sehr klein war. Dad war eigentlich mein Dad und meine Mum. Und Tante Colleen. Die war eigentlich auch wie eine Mum.«

»Und jetzt sind Daddy und Mummy wieder zusammen«, sagte ich vorsichtig.

»Das meinte Pater Murphy auch«, erwiderte Michael und lächelte schwach. Seine Unterlippe zitterte etwas. »Aber mir wär's lieber, wenn sie noch länger bei mir geblieben wären.«

»Ich weiß, Süßer«, sagte ich sanft und zog ihn in meine Arme.

Er weinte heftig. Ich blieb an seiner Seite und kraulte seinen Rücken. Nach einer Weile schlief Michael erschöpft ein. Ich blieb noch ein bisschen bei ihm sitzen und verließ dann auf Zehenspitzen das Zimmer. Die Tür ließ ich einen Spalt offen, damit ich hören konnte, falls er nach mir rief. Dann setzte ich mich ins Wohnzimmer. Ich war psychisch und körperlich erschöpft.

Fünf Minuten später rief Colleen an.

»Ich hoffe, es ist noch nicht zu spät?«, fragte sie.

»Nein.«

»Entschuldige bitte, dass ich mich nicht eher gemeldet habe. Wir mussten so viel erledigen. Wie geht es euch?«

»Wir halten durch. Michael ist gerade eingeschlafen. Er geht morgen wieder in die Schule.«

»Toll! Wir haben uns heute um die Bestattung gekümmert. Hast du etwas zum Schreiben da?«

Ich griff nach meinem Notizblock. »Habe ich.«

»Die Beisetzung findet nächsten Montag um elf Uhr statt. Um halb elf wird ein Trauerzug von Patrick und Michaels Haus aus starten. Wir müssen Michaels Anzug herauslegen und würden ihn dann um halb neun bei dir abholen. In Ordnung?«

»Ach, du und Eamon begleitet ihn auf die Beerdigung?«, fragte ich irritiert. Ich hatte eigentlich angenommen, dass ich ihn begleiten würde, und auch schon mit meinen Eltern gesprochen, die sich um Adrian und Paula kümmern würden.

Colleen hielt inne. Es war ihr merklich unangenehm. Dann fuhr sie fort: »Hat Stella noch nicht mit dir darüber gesprochen?«

»Worüber? Sie hat sich nur kurz am Vormittag gemeldet.«

»Dann hat sie es wohl nicht mehr geschafft. Sie sollte dir eigentlich sagen, dass Eamon und ich mit Michael zur Beerdigung gehen.« Pause. »Cathy … Es gibt ein paar Dinge, die du wissen solltest. Am besten sprichst du morgen noch einmal mit Stella.«

»Gut«, sagte ich. Ich war zu erschöpft, um zu fragen, warum sie es nicht einfach selbst sagen konnte.

Dreißigstes Kapitel

Das Treffen

Bevor ich am nächsten Tag Gelegenheit hatte, Jill anzurufen, meldete sie sich.

»Wie geht's euch allen?«, fragte sie gewohnt mitfühlend.

»Den Umständen entsprechend ganz in Ordnung, denke ich. Die Kinder sind in der Schule. Michael wollte unbedingt wieder in den Unterricht. Er kommt erstaunlich gut mit der Situation zurecht.«

»Gestern war ein Pfarrer bei euch, richtig?«

»Ja, Pater Murphy. Woher weißt du das?«

»Stella hat's mir erzählt. Sie hat mit Michaels Lehrern gesprochen. Eigentlich habe ich dich gestern auch noch anrufen wollen, aber es kam ein Notfall dazwischen, du weißt ja, wie das manchmal ist, und als der geklärt war, war es schon ziemlich spät. Stella hat ein Treffen vorgeschlagen. Wäre es dir morgen gegen zehn Uhr recht?«

»Ja, kein Problem. Warum hat sie es denn so eilig?«

»Gewisse Dinge müssen dringend besprochen werden. Aber das klären wir morgen. Falls in der Zwischenzeit noch etwas ist, rufst du mich an, okay?«

»Okay, mache ich. Danke.«

Wir verabschiedeten uns und legten auf. Dass ein Treffen zwischen Sozialarbeitern und der Betreuungsperson vereinbart wird, kommt regelmäßig vor. Mich überraschte allerdings die Eile, mit der das Meeting anberaumt worden war. Michael wohnte ja bereits bei uns, und das Einzige, was derzeit dringend benötigt wurde, war frische Kleidung aus seinem Zuhause.

Etwas irritiert machte ich mich an die Hausarbeit: Wäsche waschen und staubsaugen. Immer wieder stiegen mir dabei Tränen in die Augen. Ich musste andauernd an Patrick denken und fragte mich, wie es Michael in der Schule erging. Auch um Adrian und Paula machte ich mir Sorgen. Kinder können oft noch schwerer mit dem Tod umgehen als Erwachsene.

Ich war erleichtert, als endlich die Zeit gekommen war, Paula vom Kindergarten abzuholen. Das Haus war mir groß und leer ohne die Kleinen vorgekommen. Im Kindergarten angekommen begrüßte mich Farah, eine der Betreuerinnen. »Es tut mir so leid um Ihren Freund. Paula hat davon erzählt.«

Ich lächelte traurig. »Vielen Dank. Ist wahrscheinlich ein gutes Zeichen, dass sie darüber spricht.« Farah nickte zustimmend.

Draußen fragte Paula: »Darf ich Leuten erzählen, dass Patrick jetzt im Himmel ist?«

»Wenn du das möchtest, Schatz.«

»Das ist also kein Geheimnis?«

»Nein.« Ich sah sie prüfend an. »Wir haben keine Geheimnisse. Oder?«

Sie zögerte kurz, dann sagte sie: »Adrian hat gesagt, dass ich den anderen Kindern nichts von der Scheidung sagen soll. Er hat gesagt, dass das peinlich ist.«

Ich drückte ihre Hand. »Wenn du magst, kannst du das ruhig anderen erzählen. Man muss sich deswegen nicht schämen. Ich rede nachher noch mal mit Adrian darüber.«

Manchmal kommen ungeahnte Wahrheiten ans Licht. Adrians Gefühle überraschten und enttäuschten mich. Als ich später mit ihm sprach, gestand er tatsächlich, sich vor seinen Freunden, die alle mit beiden Elternteilen zusammenlebten, zu schämen. Ich betonte, dass wir auch so eine glückliche Familie sein konnten, und er stimmte schließlich zu. Es war offensichtlich, dass nicht nur ich Zeit brauchte, mit der neuen Situation zurechtzukommen …

Als wir Michael von der Schule abholten, wurde er von Pater Murphy begleitet. »Michael hatte einen guten Tag«, sagte er zur Begrüßung. »Melden Sie sich jederzeit, wenn ich noch einmal vorbeikommen soll.«

Ich bedankte mich, dann gingen wir zum Auto. Auf der Rückfahrt war es sehr still. Daheim angekommen wollten die Kinder nicht im Garten spielen und sahen stattdessen fern. Ich bereitete das Abendessen vor, ging aber immer wieder ins Wohnzimmer hinüber, um nach ihnen zu sehen. Michael schien tief in Gedanken versunken. Ich fragte ihn mehrfach, ob alles in Ordnung sei, und er nickte kurz. Als ich ihm eine gute Nacht wünschen wollte, saß er aufrecht im Bett und schaute aus dem Fenster. Doch im Juli bleibt es lange hell, und es waren noch keine Sterne zu sehen.

Ich sah ebenfalls nach draußen und bemerkte: »Die Sterne sind immer da, auch wenn du sie nicht immer sehen kannst.« Michael brach in Tränen aus. Ich nahm ihn tröstend in den Arm und hielt ihn, bis er nicht mehr weinte. Ich fragte, ob er reden wollte. Er lehnte ab und rollte sich stattdessen in Embryonalstellung im Bett zusammen. Obwohl die Nacht warm war, zog er die Decke über sich, so als ob er Schutz suchte. Ich blieb neben ihm sitzen, bis er schlief. Dann schlich ich auf Zehenspitzen aus dem Zimmer.

Nachts sah ich immer wieder nach ihm. Glücklicherweise schien Michael gut zu schlafen. Morgens lag er noch immer friedlich schlummernd im Bett, als ich ihn wecken wollte. Das sah ich als gutes Zeichen.

Nachdem Michael aufgestanden war und sich angezogen hatte, wirkte er munterer als am Vortag. Ich glaube, die Schulroutine half uns allen, weiterzumachen. Beim Frühstück fragte Michael, ob wir am Wochenende die Rennbahn holen könnten, und ich stimmte sofort zu. Allerdings würde ich Nora bitten, die Bahn mit mir holen zu gehen. Michael wollte ich eine Rückkehr in sein verwaistes Elternhaus noch nicht zumuten.

Nachdem ich die Kinder zur Schule und in den Kindergarten gebracht hatte, fuhr ich direkt zum Sozialamt weiter. Jill wartete bereits am Empfang und begrüßte mich mit einer langen Umarmung. Wir unterhielten uns gerade über die Kinder, als Colleen und Eamon das Gebäude betraten. »Das sind Freunde von Patrick«, erklärte ich Jill, die die beiden noch nicht kennengelernt hatte. »Kommen sie auch zu dem Meeting?«

»Ich denke schon«, meinte Jill.

Wir begrüßten uns, und ich stellte Colleen und Eamon vor. Sie fragten nach Michael, und ich erzählte ihnen, wie tapfer er war und dass er schon wieder zur Schule ging. Dann gingen wir gemeinsam zu einem Besprechungszimmer, wo Stella schon auf uns wartete.

»Guten Morgen!«, begrüßte sie uns. »Schön, dass Sie alle kommen konnten. Sollen wir mit einer kurzen Vorstellungsrunde beginnen? Ich bin Stella, Michaels zuständige Sozialarbeiterin.«

Nachdem wir anderen uns ebenfalls vorgestellt hatten, eröffnete Stella die Besprechung: »Wir alle wissen, was uns zusammenführt: Leider ist Patrick am Sonntag seiner Krankheit erlegen. Jetzt müssen wir Michaels Zukunft planen.« Sie hielt inne. »Cathy, du bist Michaels Pflegemutter, und ich weiß, dass Patrick mehr als glücklich darüber war. Deine Unterstützung gibt Michael viel Halt. Dafür spreche ich dir in Patricks, aber auch in meinem eigenen Namen größten Dank aus.« Eamon und Colleen nickten zustimmend.

Ich sah etwas peinlich berührt zur Seite. »Michael ist ein wunderbarer Junge. Wir haben ihn gerne bei uns.« Sofort stiegen mir Tränen in die Augen.

Stella warf einen Blick auf ihren Notizblock und fuhr dann fort. »Wie ihr wisst, war Patrick schon länger krank, und er hat sich sehr viele Gedanken bezüglich Michaels Betreuung gemacht. Wir standen in regem Austausch, und ich bin daher genau über seine Wünsche informiert. Uns liegt weiterhin sein Testament vor, einschließlich eines kürzlich ergänzten Nachtrags.«

Colleen und Eamon nickten wieder. Ich wusste, dass sie bestens über das Testament unterrichtet waren. Das hatte Patrick schon bei unserem ersten Treffen gesagt. Mir war der Inhalt des Testaments und auch der des Nachtrags natürlich nicht bekannt. Schließlich gab es keinen Grund dazu.

»Cathy«, sagte Stella und sah mich an. »Ich weiß, dass du angeboten hast, Michael dauerhaft bei euch aufzunehmen. Patrick hat sich über das Angebot immens gefreut. Die einzige Verwandte, eine entfernte Tante in Wales, fällt aus. Allerdings gibt es nun noch eine neue Alternative, über die wir gerade intensiv nachdenken.« Ich warf Jill einen Blick zu. Sie wirkte genauso überrascht wie ich.

»Vor einem Monat haben Colleen und Eamon angeboten, Michael dauerhaft zu sich zu nehmen und – wenn möglich – auch zu adoptieren.«

»Oh«, sagte ich.

Stella nickte. »Patrick hat die beiden gebeten, noch einmal in Ruhe darüber nachzudenken. Sie sind zwar seine engsten Freunde und kennen Michael sein Leben lang, aber Patrick war besorgt, dass die Ausnahmesituation zu einer Kurzschlussreaktion geführt haben könnte. Daher wollte er, dass die Entscheidung erst nach seinem Tod endgültig getroffen wird. Außerdem soll auch Michael befragt werden.«

Stella schwieg. Ich sah von ihr hinüber zu Colleen und Eamon, die beide zu Boden sahen. Dann merkte ich, dass Jill mich anschaute.

»Ich glaube, das ist erst mal ganz schön was zu schlucken«, sagte Jill zu Stella.

»Ja, tut mir leid. Das verstehe ich«, antwortete Stella. »Leider konnte ich vorher noch nichts sagen. Das hatte ich Patrick versprochen.«

Eamon meinte: »Cathy, ich hoffe, du denkst jetzt nicht, dass wir dich hintergehen wollten. Patrick hat uns gebeten, nichts zu sagen, bis wir uns endgültig sicher sind. Du weißt ja, dass wir keine eigenen Kinder haben. Es hat schlichtweg nie geklappt. Jetzt haben wir intensiv darüber nachgedacht und glauben, die richtige Entscheidung getroffen zu haben: Wir kennen Michael seit seiner Geburt und haben ihn von Herzen gern. Wenn er möchte, würden wir ihn gern zu uns nehmen. Colleen würde ihre Stelle aufgeben und sich um ihn kümmern. Ihn zur Schule bringen, Essen kochen und so weiter.«

»Wenn ich nur halb so eine gute Mutter wie du werde, wäre ich schon glücklich«, fügte Colleen an.

Ich lächelte schwach und sah weg. Jill hatte recht: Ich musste die Neuigkeit wirklich erst einmal verdauen!

Jill fragte Stella, wie die Situation von Rechts wegen aussah.

»Michael ist freiwillig bei Cathy platziert, was bedeutet, dass keine rechtliche Anordnung für einen Umzug notwendig ist.« Sie sah mich an. »Was meinst du, Cathy? Du kennst Michael gut. Glaubst du, er würde gern bei Colleen und Eamon leben?«

Alle sahen mich an. Ich wusste, dass ich eine möglichst objektive Antwort geben sollte. Das fiel mir sehr schwer. Ich atmete tief ein.

»Ich habe mir schon ein paar Mal gedacht, dass Colleen und Eamon bestimmt gute Eltern wären. Sie haben Michael offensichtlich sehr gern und haben ein gutes Verhältnis zu ihm. Auch kennen sie einander schon lange. Im Vergleich dazu kennen Michael und ich uns eher kurz. Mir ist auch bewusst, dass Michaels

Glaube eine zentrale Rolle in seinem Leben spielt, so wie er auch schon für seinen Dad von großer Bedeutung war. Colleen und Eamon teilen den Glauben und sind ebenfalls Katholiken. Wenn Michael bei ihnen leben möchte, ist das bestimmt die richtige Entscheidung. Ich würde ihn dabei so gut ich kann unterstützen.« Ich unterbrach mich gerade noch, bevor ich weinen musste.

Pause. Dann fragte Jill Stella: »Wann sprichst du mit Michael?«

»Je eher, desto besser. Michael braucht eine klare Perspektive«, sagte Stella. An mich gewandt fragte sie: »Kann ich morgen gegen vier Uhr bei euch vorbeikommen?«

»Ja.«

»Danke.«

»Könnte Michael noch Cathy und ihre Kinder besuchen, wenn er zu Colleen und Eamon zieht?«, fragte Jill. »Die vier haben eine enge Beziehung zueinander entwickelt.«

Colleen antwortete mit einem Lächeln: »Ja, auf jeden Fall. Wir würden uns darüber freuen. Und ich werde Cathy sicher oft um Rat bitten.«

Damit war das Meeting beendet.

Draußen war es angenehm ruhig. Vor dem Treffen hatte ich angenommen, wir würden Michaels dauerhaften Aufenthalt bei unserer Familie besprechen. Tatsächlich war es um seinen Abschied gegangen. Ich fragte mich, was Adrian und Paula dazu sagen würden.

Einunddreißigstes Kapitel

Eine schwere Entscheidung

Es erschien mir nicht angemessen, allein mit den Kindern über den Anlass von Stellas Besuch zu sprechen. Daher sagte ich einfach, dass Michaels Sozialarbeiterin vorbeikommen würde. Adrian und Paula nickten nur, und Michael sagte schlicht »Okay«. Später setzten sich Adrian und Michael an den Esszimmertisch, um ihre Hausaufgaben zu erledigen. Michaels Lehrerin hatte ihm einen Zettel mitgegeben, auf dem stand, dass er seine Hausaufgaben gegebenenfalls nachreichen durfte. Das fand ich sehr umsichtig von ihr. Michael jedoch meinte, er würde die Aufgaben lieber direkt erledigen, als sie später nachholen zu müssen und vielleicht in Stress zu geraten. So habe Patrick es ihm beigebracht.

Ich grinste. »Ich erinnere mich daran, dass er so was in der Art gesagt hat. Vernünftiger Mann, dein Dad.«

Michael grinste ebenfalls. Er hatte seinen Vater schon mehrfach an diesem Tag erwähnt, was ich als gutes Zeichen für seinen Trauerprozess deutete. Eine Freundin von mir hatte ihren Dad ebenfalls früh verloren, und es dauerte Jahre, bis sie wieder über ihn sprechen konnte und den Verlust überwand.

Später spielten Michael und Adrian Karten. Michael wirkte zwar weniger enthusiastisch als sonst, aber allein die Tatsache, dass er überhaupt spielte und ab und an dabei lachte, freute mich.

Als ich Michael später ins Bett brachte, wirkte er bedrückt.

»Alles in Ordnung, Süßer?«, fragte ich und deckte ihn zu. »Du hältst dich wirklich wacker.«

Er nickte ernst. »Ich vermisse Daddy so sehr«, sagte er leise. »Ich wünschte, er würde noch leben. Es ist einfach so unfair.«

Es war so eine ehrliche Antwort, dass ich hätte weinen können.

»Ich weiß«, erwiderte ich sanft. »Das Leben ist manchmal nicht gerecht.«

Michael nickte. Dann fragte er langsam: »Findest du es okay, wenn ich das manchmal denke? Also, dass das Leben nicht fair ist? Ich weiß, dass ich Glück hatte, so viele Jahre einen tollen Daddy zu haben. Und ich weiß, dass Jesus meinen Daddy zu sich gerufen hat, weil er ihn bei sich haben wollte. Aber ich wünsche mir trotzdem, er hätte es nicht getan. Glaubst du, Gott wird mir das verzeihen?«

»Aber natürlich«, antwortete ich. »Gott ist gütig und verständnisvoll. Es ist doch völlig nachvollziehbar, dass du deinen Daddy lieber bei dir hättest, und du darfst verletzt und, wenn du willst, auch wütend sein. Ich wäre stinkwütend, wenn ich du wäre.« Das schien Michael zu beruhigen, und er sah etwas erleichtert aus. Ich weiß, dass sein Glauben oft von Schuldgefühlen und einem schlechten Gewissen begleitet wurde, und wollte ihm zumindest diese Last so weit wie möglich abnehmen. Michael war ein kleiner Junge, der seinen Vater verloren hatte. Natürlich war das ungerecht.

»Ich habe den lieben Gott gebeten, dass er keinen mehr zu sich ruft, den ich liebe«, sagte Michael. »Also Colleen, Eamon, Nora, Jack, dich, Adrian oder Paula.«

»Mach dir keine Sorgen, Schatz. Das wird er bestimmt nicht«, meinte ich mit Nachdruck. »Wir bleiben genau da, wo wir sind.« Das brachte ihn zum Grinsen. Ich hatte zwar keine hellseherischen Fähigkeiten, aber ich war mir sicher, dass das Schicksal nicht noch grausamer zu Michael sein würde.

Bevor er einschlief, redeten wir noch ein bisschen über Patrick. Michael erzählte lustige Geschichten von früher, als Patrick noch gesund gewesen war und sie viel miteinander unternommen hatten. Schließlich sagte er, er habe im Hospiz gespürt, dass er seinen Dad das letzte Mal sehen würde. Es sei schön gewesen, noch einmal mit ihm sprechen zu können. Dann fragte er, ob er tatsächlich die Stimme seines Dads am nächsten Morgen gehört habe, und ich meinte, dass das durchaus möglich sei. Anschließend saßen wir noch eine Weile schweigend nebeneinander, und ich hielt Michaels Hand, bis er eingeschlafen war.

Am nächsten Tag ging Paula nicht in den Kindergarten. Sie klagte über Bauchschmerzen, was sie sonst nie tat. Also brachte ich die Jungen zur Schule und kehrte anschließend mit Paula nach Hause zurück. Sobald wir wieder da waren, schien es ihr automatisch viel, viel besser zu gehen. Sie sagte, dass sie mich sehr lieb habe und immer schrecklich vermisse, wenn sie im Kindergarten sei. Anschließend folgte sie mir auf Schritt und Tritt im Haus und ließ mich keinen Moment aus den Augen. Nach einer Weile fragte ich mich, ob die »Bauchschmerzen« eher ein seelisches Problem waren. Kinder können komplexe Gefühle oft nicht in Worte fassen, sodass sich ihre Sorgen ab und an in Form von Bauch- oder Kopfschmerzen bemerkbar machen. Nach allem, was in letzter Zeit passiert war, wunderte mich das nicht.

»Bedrückt dich etwas?«, fragte ich, als ich gerade die Wäsche abnahm – mit Paula im Rücken.

»Nein«, wiegelte sie entschieden ab. »Ich bin ein großes Mädchen. Im September komme ich in die Schule.«

»Ich weiß, dass du ein großes Mädchen bist. Aber auch große Mädchen machen sich manchmal Sorgen. Ich bin ein sehr großes Mädchen, und trotzdem habe ich hin und wieder Probleme.«

»Hast du?«, fragte sie überrascht.

»Ja, sicher. Das hat doch jeder. Was macht dir denn Sorgen? Ich kann dir bestimmt helfen, wenn du es mir erzählst.«

Sie sah mich einen Moment lang an, nahm dann meine Hand und sagte bedrückt: »Ich habe Angst, dass Gott dich auch zu sich ruft, so wie Michaels Mummy und Daddy.«

Das hatte sie von Michael übernommen, doch ohne seinen religiösen Hintergrund war die Vorstellung bestimmt noch beängstigender.

»Nein, das wird er ganz sicher nicht. Ich bin gesund und werde bestimmt so alt wie Omi und Opa. Mach dir also bitte keine Sorgen.«

»Isst du auch jeden Tag Obst und Gemüse? Im Kindergarten geben sie uns immer was, damit wir gesund bleiben.«

»Ja, das weißt du doch. Also zerbrich dir nicht weiter den Kopf, ja?«

»Okay«, erwiderte Paula erleichtert. Sie drückte mich fest und fügte dann hinzu: »Morgen gehe ich wieder in den Kindergarten. Ich fühle mich schon viel besser.«

»Wunderbar«, gab ich zurück.

Ich war froh, Paulas Sorgen zerstreut zu haben, und nahm mir vor, später auch noch einmal mit Adrian zu sprechen. Auch die beiden litten unter Patricks Tod, wenn auch anders als Michael.

Nachmittags kamen Jill und Stella zu Besuch. Wir setzten uns gemeinsam mit den Kindern ins Wohnzimmer und plauderten über die Schule und das Wetter. Dann bat Stella, alleine mit Michael sprechen zu dürfen. Damit hatte ich schon gerechnet, da es schwierig für ihn sein würde, sich für eine Pflegefamilie zu entscheiden, wenn eine potenzielle Pflegemutter mit im Raum war. Die Sonne schien, also schlug ich vor, dass Jill, Adrian, Paula und ich in den Garten gingen.

Draußen fragte Paula: »Worüber redet Stella mit Michael?«

»Über seine Zukunft«, erklärte ich. »Wo er wohnen wird.« Der Zeitpunkt, Adrian und Paula einzuweihen, war gekommen.

»Stella fragt Michael, wo und mit wem er am liebsten leben möchte. Entweder bleibt er bei uns, oder er zieht zu Tante Colleen und Onkel Eamon. Die beiden haben ihn sehr lieb und würden sich gerne um ihn kümmern.«

»Ich hoffe, Michael bleibt bei uns«, meinte Paula leichthin.

»Falls er zu Colleen und Eamon zieht, kannst du ihn immer noch regelmäßig sehen«, versicherte ich.

»Es ist wirklich schön, dass so viele Leute Michael bei sich haben wollen«, warf Jill ein. »Manche Kinder haben niemanden.«

Paula und Adrian nickten.

Fünfzehn Minuten später öffnete sich die Verandatür, und Stella rief: »Wir sind so weit. Könntet ihr bitte zu uns kommen?«

Wir gingen ins Haus zurück, wo Michael neben Stella auf dem Sofa saß. An seinem Gesichtsausdruck konnte ich sofort erkennen, wofür er sich entschieden hatte. Jill und ich nahmen auf den Sesseln Platz, und Adrian und Paula setzten sich auf den Boden. Stella wandte sich den beiden zu und sagte: »Ich möchte mich ganz herzlich dafür bedanken, wie lieb ihr Michael aufgenommen habt. Er hat sich hier von Anfang an sehr wohl gefühlt und hat mir gerade erzählt, dass ihr wie Bruder und Schwester für ihn seid.«

»Kein Problem, Michael ist super«, sagte Paula. »Ganz anders als der Junge, der letztes Jahr hier war. Der hat mich gebissen.«

Adrian und Michael mussten sich ein Lachen verkneifen. »Hat er wirklich!«, rief Paula. »Das konnte man sehen.«

»Stimmt«, schob ich ein. »Aber jetzt hör erst mal zu, was Stella noch zu sagen hat.«

Stella lächelte und legte einen Arm um Michael. »Also, danke noch einmal für eure Hilfe und Unterstützung. Michael und ich haben nun eine schwierige Entscheidung getroffen. Es geht darum, wo er in Zukunft leben wird. Ich weiß, dass ihr ihn am liebsten bei euch behalten würdet, aber seine Taufpaten Colleen und Eamon würden Michael auch gerne bei sich haben. Sie haben keine eigenen

Kinder und mögen Michael sehr gern. Er wäre wie ein Sohn für sie.« In dem Moment wusste ich, was nun folgen würde. »Michael und ich haben daher entschieden, dass er zu Colleen und Eamon ziehen wird. Sie werden seine Familie sein. Ihr werdet ihn aber natürlich trotzdem noch sehen können, das steht fest.«

Michael sah mich unsicher an. Ich lächelte. »Wir werden dich vermissen«, sagte ich. »Aber ich weiß, dass Colleen und Eamon sich sehr gut um dich kümmern werden. Du hast eine gute Entscheidung getroffen.« Sein Gesichtsausdruck wechselte von Schuld zu Erleichterung.

»Wann gehst du?«, fragte Adrian.

»Sonntag«, meinte Michael.

Jill und ich sahen Stella fragend an. »Das habe ich vorgeschlagen«, bestätigte sie. »Ich dachte, das wäre einfacher so, wenn Colleen und Eamon am Montag mit Michael zur Beerdigung gehen – als seine Familie.« Ich nickte. Das war einleuchtend.

»Michael wird vorerst nur die Sachen mitnehmen, die er hier hat«, erklärte Stella. »Um alles, was noch in seinem Elternhaus ist, kümmere ich mich später. Bist du einverstanden damit, Cathy?«

»Ja. Eigentlich wollten wir meine Eltern am Sonntag besuchen, aber das können wir auch auf Samstag verschieben. Um wie viel Uhr soll der Umzug stattfinden?«

»Ich spreche noch einmal mit Colleen, würde aber erst einmal ein Uhr vorschlagen?«

Ich nickte und lächelte Michael aufmunternd zu.

Danach gab es nicht mehr viel zu sagen. Michael hatte eine schwere, aber gute Entscheidung getroffen. Es war offensichtlich, wie gern Colleen und Eamon ihn hatten. Sie würden ihm die ganze Liebe und Aufmerksamkeit eines Einzelkindes zuteilwerden lassen, was angesichts seiner Lage vermutlich genau das Richtige war. Außerdem hatte Patrick dieser Entscheidung seinen Segen erteilt.

Wir verabschiedeten uns von Stella. Dann sagte Michael leise: »Ich kenne Colleen und Eamon schon mein ganzes Leben lang.«

»Ich weiß, Schatz«, antwortete ich. »Wenn ich an deiner Stelle wäre, würde ich mich genauso entscheiden. Ich weiß, dass dein Dad mit deiner Wahl zufrieden gewesen wäre.«

Michael lächelte.

»Freut ihr euch schon, Michael in seinem neuen Zuhause zu besuchen?«, fragte ich Adrian und Paula.

Sie nickten, aber dann sagte Paula: »Ich will aber, dass Michael bei uns bleibt. Ich will kein neues Kind, das mich beißt!«

Jill lachte ausweichend.

»Fahren wir am Samstag trotzdem los und holen die Rennbahn?«, fragte Michael.

»Hm«, überlegte ich. »Das macht wahrscheinlich nicht so viel Sinn, wenn du am nächsten Tag zu Colleen und Eamon ziehst. Sollen sie die Bahn vielleicht direkt abholen?«

Er nickte.

»Ich spreche mit Colleen darüber, wenn sie das nächste Mal anruft«, versicherte ich.

Dann gingen wir noch einmal gemeinsam in den Garten. Michael spielte zum ersten Mal seit dem Tod seines Vaters draußen, und ich freute mich sehr, wie viel Spaß er zu haben schien.

Schließlich stand Jill auf. »Nach der Beerdigung wird es bestimmt einfacher für Michael … Ihr werdet ihn ganz schön vermissen, oder?«

»Ja«, erwiderte ich. »Sehr sogar.«

Jill verabschiedete sich von den Kindern, und ich ging ins Haus, um das Abendessen vorzubereiten. Der Abschied würde mir tatsächlich sehr schwerfallen, und ich war froh, dass wir zumindest noch einmal gemeinsam zu meinen Eltern fahren würden, sodass sie Michael noch einmal sehen konnten.

Zweiunddreißigstes Kapitel

Himmel

Beerdigungen sind immer eine Herausforderung, und ich wusste, dass Patricks Bestattung besonders schwierig sein würde. Am Freitag gab ich der Schulsekretärin Bescheid, dass Michael wegen der Beerdigung seines Vaters am Montag nicht zur Schule kommen würde. Sie versprach, die Schuldirektion zu informieren. Pater Murphy würde die Schule bei der Beerdigung vertreten. Nach dem Gespräch gab ich in Paulas Kindergarten Bescheid, dass meine Eltern sie am Montag abholen würden.

Normalerweise gab ich immer eine kleine Abschiedsfeier, wenn ein Kind uns verließ. Doch das schien in Michaels Fall wenig angemessen. Also machten wir es uns am Freitag stattdessen mit Popcorn und Eiscreme vor dem Fernseher gemütlich. Als die Kinder nach oben gegangen waren, rief Colleen an. Sie fragte mich, ob es wegen Sonntag noch irgendetwas zu besprechen gäbe.

»Stella und ich haben uns auf ein Uhr geeinigt. Passt dir das?«

»Ja. Ich packe bis dahin Michaels Sachen und stelle sie in den Flur. Er hätte sehr gern seine Rennbahn bei sich. Eigentlich wollten wir die morgen holen, aber das scheint jetzt nicht mehr sinnvoll ...«

»Kein Problem«, meinte Colleen. »Wir können sie holen. Eamon und ich fahren morgen ohnehin zum Haus, um so viele von Michaels Sachen wie möglich mitzunehmen, bevor er am Sonntag zu uns kommt. Ich habe mit Nora darüber gesprochen, und wir glauben beide, dass er sich so schneller bei uns einlebt.«

»Oh, ganz bestimmt!«

»Das Bett haben wir schon vorbereitet«, fuhr Colleen fort, »aber ich würde lieber Bettwäsche aufziehen, die er schon kennt. Vielleicht die mit dem Superman-Motiv. Die mag er am liebsten. Eamon wird Michaels Zimmer dann noch so tapezieren, wie Michael es sich wünscht. Im Moment gibt es richtig tolle Motive.«

»Ja, stimmt. Darüber wird er sich bestimmt freuen.«

»Vorhin war ich noch einkaufen und habe Michaels Lieblingsessen gekauft. Hoffentlich habe ich nichts vergessen.«

»Er wird sich bestimmt wohl bei euch fühlen«, meinte ich beschwichtigend.

Colleens Aufregung war offensichtlich. Sie und Eamon waren tieftraurig über den Verlust ihres Freundes, aber gleichzeitig freuten sie sich auch, einen neuen Lebensabschnitt mit Michael beginnen zu können. Michael würde eine Familie bekommen und Colleen und Eamon den Sohn, von dem sie nicht mehr zu träumen gewagt hatten. Michael bekam das glückliche Ende, das ich all meinen Pflegekindern wünsche.

Wir verbrachten den Samstag bei meinen Eltern. Mein Vater werkelte mit Adrian und Michael im Garten, und Paula wich meiner Mutter wie immer nicht von der Seite. Die Stimmung war gelöst und angenehm, und ich hatte sogar Zeit, die Zeitung zu lesen. Es war ein schöner Tag, aber ich wusste, dass es meinen Eltern schwerfiel, sich von Michael zu verabschieden.

»Halt die Ohren steif«, sagte Dad zu Michael, als wir schließlich an der Haustür standen. »Du bist ein toller Junge, und ich bin mir sicher, dass du eine prächtige Zukunft vor dir hast. Grüß Colleen und Eamon ganz herzlich von mir.«

»Mache ich«, erwiderte Michael.

Mum standen Tränen in den Augen, als sie sich von Michael verabschiedete. Sie nahm ihn fest in den Arm, und es wirkte fast so, als wollte sie ihn nie wieder gehen lassen.

»Hoffentlich sehen wir uns eines Tages wieder«, sagte sie und gab Michael ein kleines Geschenk.

»Vielen Dank«, rief Michael überrascht. »Darf ich das direkt auspacken?«

»Ja.«

Michael riss das Geschenkpapier ab, und seine Augen leuchteten auf. Mum hatte ihm ein *Guinnessbuch der Rekorde* geschenkt, Adrians Lieblingsbuch, das auch Michael sehr mochte. »Oh, das hab ich mir gewünscht! Und ich hab nicht mal Geburtstag!« Mum liefen Tränen über die Wange.

Wir verabschiedeten uns, und Mum und Dad winkten, bis sie außer Sichtweite waren. Die Kinder verbrachten die Rückfahrt damit, sich die größten, dicksten und längsten Rekordhalter der Welt anzusehen.

Wir kamen später als sonst nach Hause zurück, und als ich Michael eine gute Nacht wünschen wollte, standen er und Adrian am Fenster und sahen in die sternklare Nacht. Ich stellte mich hinter die beiden und legte ihnen eine Hand auf die Schulter. Der Mond leuchtete als schmale Sichel vom Himmel. Der Anblick war wunderschön.

»Mein Daddy ist wieder bei meiner Mummy«, flüsterte Michael andächtig. »Und ich bin bald bei Colleen und Eamon. Ich werde euch sehr vermissen.«

»Wir dich auch«, meinte Adrian. »Aber du kannst immer zum Spielen vorbeikommen.«

»Das könnt ihr auch. Ich bin mir sicher, dass Tante Colleen und Onkel Eamon nichts dagegen haben.«

Ich stimmte zu. »Sie freuen sich bestimmt, wenn du von Freunden besucht wirst. Wir kommen gerne vorbei.«

Später hatte ich einen seltsamen Traum: Adrian, Paula und ich lebten mit Colleen, Eamon und Michael in einem großen Haus auf dem Land und fühlten uns vollkommen glücklich dort.

Vermutlich ein unbewusstes Zeichen, dass ich mit Michaels Entscheidung zufrieden war und hoffte, noch lange in Verbindung zu bleiben.

Am nächsten Morgen schliefen wir aus. Nachdem alle aufgestanden und angezogen waren, servierte ich ein üppiges Frühstück. Wir sprachen nicht über Michaels baldigen Abschied, aber der Gedanke war natürlich allgegenwärtig. Nach dem Essen spielten die Kinder im Garten, und ich ging hoch und packte Michaels Sachen. Seine Reisetasche stellte ich etwas verdeckt in den Flur.

Um Punkt ein Uhr klingelte es. Die Kinder waren noch draußen und hörten nichts, also begrüßte ich Colleen und Eamon allein. Sie kamen geradewegs von der Kirche und waren sehr elegant gekleidet. Wir gingen gemeinsam Richtung Garten. An der Balkontür angekommen sagte Colleen: »Ich hoffe, wir können Michael so glücklich machen wie ihr. Bei uns hat er ja leider keine Spielkameraden im gleichen Alter.«

»Das wird alles.« Ich lächelte. »Michael plant bereits die ersten Besuche. Uns hat er auch schon eingeladen.«

»Oh, prima!«, rief Colleen glücklich. »Kommt unbedingt bald vorbei.«

»Je mehr, desto besser«, stimmte Eamon zu.

Adrian hatte uns inzwischen gesehen und den anderen beiden Bescheid gegeben. Michael drehte sich um. Sobald er Colleen erkannte, rannte er den Gartenweg zum Haus hoch und sprang in ihre Arme. Sie sahen sich zum ersten Mal, seitdem er seine Entscheidung getroffen hatte. Die Begrüßung war so herzlich, dass Colleen hoffentlich frisches Selbstvertrauen für ihre neue Rolle als Mutter schöpfte. Es war deutlich, wie gerührt sie und Eamon waren.

Wir brachten Michaels Sachen zum Wagen und verabschiedeten uns. Adrian und Michael verabredeten sich für ein Telefonat, und Paula gab ihm einen dicken Schmatzer zum Abschied. Dann sagte sie: »Du bist ein toller Junge, Michael. Dein Dad wäre bestimmt stolz auf dich.« Vermutlich hatte sie das in den letzten Tagen irgendwo aufgeschnappt. Michael und Adrian kicherten, Colleen und ich hielten mit Mühe unsere Tränen zurück, und Eamon schluckte schwer.

Eamon öffnete Michael die Hintertür und half ihm beim Anschnallen. Colleen nahm auf dem Beifahrersitz Platz, und Eamon nickte uns noch einmal freundlich zu, bevor auch er sich ins Auto setzte. Dann startete er den Motor, Colleen und Michael winkten, und das Auto fuhr ab. Adrian, Paula und ich gingen ins Haus. Die Kinder sahen sehr betreten drein.

»Lust auf ein Picknick im Park?«, schlug ich vor. Sie fanden die Idee gut, also gingen wir in die Küche und stellten ein spontanes Picknick-Büffet zusammen, das wir in den nahegelegenen Park trugen.

Der Nachmittag verlief angenehm. Wir waren zwar nicht übermütig vor Glück, aber zumindest saßen wir auch nicht betrübt zu Hause herum. Es war nicht schön, dass Michael fort war, aber der Gedanke, dass er nun mit zwei Menschen, die er gut kannte und die ihn liebten, lebte, war sehr tröstend. Wir trafen auch noch ein paar Freunde im Park, und die Kinder spielten miteinander, bis es Zeit war, nach Hause zu gehen.

Als ich Paula ins Bett brachte, sagte sie: »Ich mag Michael ... Er war wie ein zweiter Bruder.«

»Ich weiß, Schatz. Du siehst ihn schon bald wieder. Und morgen holen Oma und Opa dich vom Kindergarten ab.« Darüber freute sie sich.

Als ich zu Adrian hinüberging, stand er am Fenster und sah in den Nachthimmel.

»Alles in Ordnung, Süßer?«, fragte ich und stellte mich neben ihn. Die Sterne waren noch nicht zu sehen, aber die dünne Mondsichel zeichnete sich schon am Himmel ab.

»Glaubst du, dass Michaels Daddy und Mummy wirklich im Himmel zusammen sind?«

Ich lächelte. »Wenn es einen Himmel gibt, sind sie bestimmt wieder zusammen.«

»Man muss gut sein, um in den Himmel zu kommen, richtig?«

»Ja, das glauben die Menschen.«

»Kommen wir in den Himmel, wenn wir sterben?«

»Ja, wir sind doch gute Menschen, oder nicht? Zumindest bemühen wir uns darum.«

»Was ist mit Dad? Kommt er in den Himmel?«

Das hätte ich kommen sehen müssen. »Ja, bestimmt. Gott ist gütig und verzeiht. So wie ich hoffentlich auch eines Tages.«

Adrian sah mich an und grinste. Er war inzwischen alt genug, meinen trocknen Humor zu verstehen.

»Gut«, sagte er und sprang ins Bett. »Ich weiß, dass er uns nicht hätte verlassen sollen. Aber er soll trotzdem nicht in der Hölle brennen.«

»Wird er nicht«, wiederholte ich noch einmal. Obwohl es Zeiten gegeben hatte, in denen ich nichts dagegen einzuwenden gehabt hätte. »Dein Vater liebt Paula und dich genauso sehr wie ich.«

Dreiunddreißigstes Kapitel

Abschied nehmen

Der Montagmorgen verlief wie üblich sehr geschäftig, und ich hatte kaum Zeit, an die Beerdigung zu denken. Es war allerdings komisch, Michael nicht zu wecken, ihn nicht im Bad rumoren zu hören, ihn weder am Frühstückstisch zu sehen noch zur Schule zu bringen. Ich fragte mich, wie es ihm in seinem neuen Zuhause erging. Colleen und Eamon würden ihn wenn nötig bestimmt trösten. Der Gedanke beruhigte mich.

Ich brachte Adrian zur Schule und wartete mit Paula, bis die Glocke ertönte und er im Gebäude verschwand. Es war die letzte Schulwoche vor den Sommerferien, und der Unterricht bestand fast nur noch aus Spielen. Entsprechend ausgelassen waren die Kinder auf dem Schulhof. Ein seltsamer Kontrast zu meiner Stimmung, so kurz vor der Beerdigung.

Anschließend brachte ich Paula zum Kindergarten, wo Eltern sich angeregt über die baldige Einschulung der Kinder austauschten. Ich erinnerte Farah, die Kindergärtnerin, noch einmal daran, dass meine Eltern Paula abholen würden. Dann umarmte ich meine Tochter und verabschiedete mich.

Erst als ich zu Hause ankam, spürte ich ein Gefühl der Niedergeschlagenheit. Ich hatte Angst vor der Beerdigung und wusste nicht, wie ich damit zurechtkommen würde. Zum Glück hatte ich bisher wenig Erfahrung mit Trauerfeiern, aber ich erinnerte mich noch gut daran, wie aufgebracht ich danach gewesen war. Es war mir schwergefallen, meine Gefühle zurückzuhalten. Die restliche Trauergemeinde wirkte sehr beherrscht, während ich schniefend mit einem Taschentuch und meinen Tränen kämpfte.

Ich riss mich so gut es ging zusammen, räumte das Frühstücksgeschirr auf und schrieb eine Notiz für meine Eltern. Sie hatten unsere Haustürschlüssel und würden nachher mit Paula herkommen. Mum wollte unbedingt kochen, und ich schrieb schlicht: *Tausend Dank für eure Hilfe. Der Kühlschrank ist voll – bedient euch einfach. Bis später. Alles Liebe, Cathy*. Den Zettel lehnte ich an die Kaffeedose. Dann ging ich nach oben in mein Schlafzimmer, öffnete meinen Kleiderschrank und holte meinen grauen Zweiteiler, eine hellgraue Bluse und schwarze Lederschuhe heraus. Ich zog mich schnell um, griff nach meiner Handtasche und verließ dann das Haus.

Um 10.40 Uhr kam ich beim Krematorium an. Ich hielt meinen Wagen neben einer Hecke und schaltete den Motor aus. Dann versuchte ich, mein heftig pochendes Herz zu beruhigen, und sah mich um. Es standen etwa ein Dutzend Wagen auf dem Parkplatz. Einige waren leer, in anderen saßen ein oder mehrere Personen. Wahrscheinlich warteten sie auch auf Patricks Bestattung. In einer Ecke des Parkplatzes stand eine gemischte Gruppe, die ungefähr das Alter von Patrick hatte. Es war niemand dabei, den ich kannte. Ich schnallte mich ab und kurbelte das Fenster etwas herunter, um frische Luft in den Wagen zu lassen. Es war ein warmer Tag, doch der Himmel war grau und bewölkt. Während ich wartete, kamen immer mehr Autos auf den Parkplatz. Ich sah aus dem Fenster und betrachtete eingehend die gepflegte Gartenanlage. Mir war übel, und ich fühlte mich seltsam beklemmt. Wie würde sich erst Michael fühlen? Ich spürte einen Kloß in meinem Hals.

Zehn Minuten später hielt ein Leichenwagen gefolgt von einem kurzen Trauerzug vor dem Eingangsportal. Tränen stiegen mir in die Augen. Patricks Sarg war ungeschmückt, er hatte sich Spenden für einen guten Zweck anstelle von Blumen gewünscht. Ich erkannte Michaels Gesicht in der Menge. Colleen stand neben ihm, drückte ihn an sich und flüsterte etwas in sein Ohr. Daneben standen Eamon, Nora und Jack. Außerdem erkannte ich noch Pater Murphy. Alle anderen hatte ich noch nie gesehen.

Ich atmete tief ein, öffnete die Autotür und stieg aus. Die anderen Leute verließen ihre Wagen ebenfalls. Es bildeten sich kleine Grüppchen. Gemeinsam näherten wir uns dem Trauerzug. Jack und Nora kamen mir entgegen.

»Wie geht's dir, Liebes?«, fragte Jack.

»Geht schon. Und selbst?«

»Muss ja irgendwie«, sagte Jack. Nora blieb stumm. Sie sah sehr mitgenommen aus.

Ich schaute noch einmal zu Michael hinüber. Colleen und Eamon standen links und rechts von ihm und hielten seine Hand. Er trug seinen eleganten Sonntagsanzug und sah sehr schick aus. Patrick wäre sicherlich stolz auf ihn gewesen.

Die Sargträger öffneten die Heckklappe des Leichenwagens und zogen dann vorsichtig den Sarg heraus. Mein Puls beschleunigte sich automatisch, und mein Blick wanderte zu Michael, der den Sarg anstarrte. Sein Gesicht war leer. Mit einer geschmeidigen Bewegung hoben die Sargträger den Sarg auf ihre Schultern und gingen dann langsam in Richtung einer kleinen Kapelle. Die Trauergemeinde folgte gemessenen Schritts. Jack bot mir einen Arm an und geleitete Nora und mich zur Kapelle. Wir gingen dicht hinter Eamon, Michael und Colleen, und ich fühlte mich sehr gerührt, so selbstverständlich in den Kreis der engsten Angehörigen eingebunden zu werden.

Michael wandte sich zu mir um, und ich schaffte es, ihm ermutigend zuzulächeln. Was für eine Tortur dieser Achtjährige erleiden musste! Am liebsten hätte ich ihn beschützend an mich gezogen und fest umarmt. Wir warteten, bis die Kapelltüren geöffnet wurden. Innen ertönte Orgelmusik, und der Trauerzug setzte sich langsam in Bewegung. Der Sarg war an der Spitze und schien die Gemeinde anzuführen. Wir gingen nach vorne durch, wo der Sarg auf einem kleinen Sockel niedergelassen wurde. Michael, Eamon und Colleen bekreuzigten sich und setzten sich anschließend in die erste Reihe. Nora, Jack, ich und Pater Murphy ließen uns in der zweiten Reihe nieder. Nach und nach kamen die anderen Trauergäste in die Kapelle. Schließlich war es so voll, dass einige am Rand stehen mussten. Es waren bestimmt hundert Leute gekommen. Patrick war eindeutig sehr beliebt gewesen. Die Orgelmusik endete, und der Gottesdienst begann.

Es war mein erster katholischer Gottesdienst, und ich wusste nicht recht, was auf mich zukam. Zu Beginn war es etwas steif, doch als der Pfarrer von Patricks eigener Gemeinde schließlich das Wort ergriff, übermannten mich die Gefühle. Er kannte Patrick und Michael persönlich, und das merkte man. Der Pfarrer beschrieb Patrick als ehrlich, großherzig und integer und natürlich auch als einen gläubigen Katholiken. Er betonte, dass Patrick ein in jeglicher Hinsicht vorbildlicher Vater gewesen war. Ich griff nach meinem Taschentuch. Auch andere um mich herum schluchzten und schnäuzten sich. Diese persönliche Ansprache war der schönste und rührendste Teil eines ansonsten eher förmlichen Gottesdienstes.

Michael war sehr tapfer. Erst gegen Ende der Trauerzeremonie, als der Pfarrer einen letzten Segen über Patrick sprach, brach er zusammen. Colleen stützte ihn, als er heftig schluchzte. Die Türen wurden geöffnet, und die Trauergemeinde verließ die Kapelle. Colleen flüsterte Michael etwas zu, und ich sah, dass er nickte. Gemeinsam gingen die beiden zum Sarg. Michael legte beide Hände darauf und sprach ein stummes Gebet. Dann bekreuzigte er sich, beugte sich herab und gab dem Sarg einen Kuss.

Nora und ich weinten. Das Bild des kleinen Michael neben dem Sarg seines Vaters werde ich wahrscheinlich nie mehr vergessen.

Ich ging nach draußen und hielt mich etwas abseits, um meine Gedanken zu ordnen. Schließlich fand Jack mich. »Geht's dir gut, meine Liebe?«

»Ja, danke. Geht es Nora wieder besser?«

»Sie wartet im Auto. Sehen wir uns gleich noch bei Colleen und Eamon zum Leichenschmaus?«

»Ja.«

»Kennst du die Adresse?«

Ich nickte.

»Gut, dann bis gleich.«

Als ich ankam, standen schon etliche Autos vor Colleens und Eamons Haus. Ich stieg aus und strich meinen Rock glatt. Es fiel mir nicht leicht, alleine hineinzugehen. Wieder einmal vermisste ich jemanden an meiner Seite. Wäre es nicht um Michael gegangen, hätte ich am liebsten kehrtgemacht und wäre nach Hause gefahren.

Ich klingelte, und ein unbekannter Mann, der mich wiederum zu kennen schien, öffnete. »Hallo, Cathy! Komm rein. Ich bin Eamons Bruder Sean.«

Wir reichten uns die Hand, und ich trat ein. Im Haus herrschte nahezu Partyatmosphäre. Fast alle Trauergäste schienen zum Leichenschmaus gekommen zu sein, und es war laut und gedrängt. Sean führte mich zum Büffet, wo einige Leute sich angeregt unterhielten und lachten. Er stellte mich seiner Familie vor. Alle begrüßten mich herzlich und hießen mich in ihrer Mitte willkommen.

»Möchtest du was trinken?«, fragte Sean.

In Anbetracht der Umstände und entgegen meiner Gewohnheit, tagsüber nichts Alkoholisches zu trinken, entschied ich mich für Weißwein. Sean goss mir großzügig ein, und ich blieb noch eine Weile und unterhielt mich mit ihm und seiner Familie. Irgendwann kam Colleen dazu und fragte mich, ob ich mir Michaels neues Zimmer ansehen wolle. »Er würde es dir gerne zeigen. Ist das okay?«

»Klar! Ich hab heute auch noch gar nicht mit ihm gesprochen.«

Ich stellte mein Weinglas ab und folgte Colleen in den Flur, wo Michael schon am Fuß der Treppe wartete. Er grinste, als er mich sah, und schien erleichtert, dass die Beerdigung nun vorbei war. Er umarmte mich fest.

»Schön, dich zu sehen«, ich küsste ihn auf den Scheitel.

»Komm mit! Ich zeig dir mein Zimmer!«, rief er. »Es ist super. Alle meine Sachen sind da.« Colleen grinste stolz.

»Dir nach!«, meinte ich.

»Bis später«, flüsterte Colleen und ging zu den anderen Gästen.

Michaels Zimmer war ganz oben im Haus, direkt unter dem Dach. Als wir den Raum betraten, stockte mir kurz der Atem. Colleen und Eamon hatten nie erwähnt, wie riesig das Zimmer war! Es erstreckte sich über die gesamte Etage und hatte sogar ein eigenes kleines Badezimmer.

»Das ist ja der Wahnsinn!«, rief ich. »Was bist du für ein Glückspilz.«

Michael nickte.

Das Zimmer war nicht nur groß, sondern auch hell und freundlich eingerichtet. Ein großes Fenster ging in den Garten hinaus, und da es geöffnet war, drangen die Stimmen der Gäste herauf. Colleen hatte erwähnt, dass Eamon den Raum noch neu tapezieren wollte. Tatsächlich wirkte die Deko zum Teil etwas kindlich.

»Ich war früher oft hier«, sagte Michael und grinste. »Aber jetzt hätte ich lieber eine Batman-Tapete, so wie Adrian.«

»Klingt gut.«

Kleiderschrank, Bett und sonstige Möbel waren aus dem gleichen Holz. Was mich jedoch am meisten beeindruckte – noch mehr als die Größe des Raumes –, war, dass Michaels Sachen schon dort waren. Colleen und Eamon hatten sich bestimmt abgerackert, um alles rechtzeitig herzuschaffen. Das Bett war mit Michaels Superman-Wäsche bezogen, zwei große Teddybären saßen neben dem Kissen, und sogar sein Bademantel hing an der Tür. Als Michael den Kleiderschrank öffnete, sah ich, dass sogar seine Kleidung ordentlich eingeräumt war. Bücher zierten die Regale, zwei große Spielzeugkisten standen in einer Ecke, und – das freute mich besonders – die geliebte Rennbahn war auch schon aufgebaut. »Onkel Eamon hat mit mir gespielt«, erzählte Michael. »Aber er ist nicht so gut wie Adrian. Kann Adrian bald kommen und mit mir spielen?«

»Auf jeden Fall.«

Ich setzte mich, und Michael zeigte mir weitere Spielzeuge, Puzzles und Brettspiele. Offensichtlich ging es ihm gut in seinem neuen Zuhause. Ich bewunderte alles gebührend und versuchte, eine frohe Miene aufzusetzen. Aber der Grund, weswegen Michael dieses prächtige neue Zimmer hatte, ließ sich nicht verdrängen. Ich war mir sicher, dass Michael alles dafür hergegeben hätte, seinen Dad wiederzubekommen.

Eamon gesellte sich zu uns. »Entschuldigt bitte die Störung. Mein Bruder muss allmählich los. Könnte Michael eben mitkommen und sich verabschieden?«

»Aber sicher«, sagte ich und stand auf. »Ich muss auch allmählich nach Hause.«

»Colleen würde dich gern noch ein paar Leuten vorstellen. Ist das in Ordnung?«, fragte Eamon.

Wir gingen zusammen nach unten, wo Colleen uns schon erwartete. Sie führte mich in den Garten und stellte mich ihrer Familie vor. Im Gegensatz zu Michael stammten sowohl Colleen als auch Eamon aus großen Familien, und ich lernte etliche Nichten und Neffen kennen, die mich jedes Mal mit »Hallo, Cathy! Wir haben schon so viel von dir gehört« begrüßten.

Eamon kam und brachte mir noch ein Glas Wein und etwas zu essen. Ich hatte seit dem Frühstück nichts mehr zu mir genommen und merkte plötzlich, wie hungrig ich war. Ich blieb noch eine Stunde und unterhielt mich mit den anderen Gästen. Alle waren ausnehmend freundlich, und so entwickelte sich der Nachmittag überraschend angenehm.

Gegen drei Uhr verabschiedete ich mich. »Danke noch einmal für alles«, sagte Eamon und drückte meine Hand. »Und hoffentlich bis ganz bald.«

»Bis bald!«

Colleen bedankte sich auch noch einmal herzlich. Dann umarmte ich Michael und gab ihm einen Kuss. »Mach's gut, Schatz!«

»Tschüss, Cathy!«, riefen alle drei zum Abschied. Ich winkte und ging dann zu meinem Auto. Als ich mich noch einmal umdrehte, sah ich Michael, Colleen und Eamon im Türrahmen stehen. Ich winkte ein letztes Mal und fuhr los. Es war Zeit, Michael ziehen zu lassen und zu meiner eigenen Familie zurückzukehren.

Epilog

Wir trafen uns noch oft mit Michael. Zunächst alle paar Wochen und dann, als die Jungen älter wurden und weiterführende Schulen besuchten, etwas weniger oft. Der Kontakt ist aber bis heute bestehen geblieben. Als die Kinder noch kleiner waren, blieb Michael oft über Nacht. Auch die kleine Paula freute sich immer, Michael zu sehen. Manchmal unternahmen wir auch zu sechst Ausflüge.

Etwa drei Monate nach Patricks Tod erhielt ich überraschend Post, die einen Scheck über 200 Pfund und einen Brief von Colleen umfasste. Sie schrieb:

Liebe Cathy,
Patrick hat uns mit seinem Testament betraut. Sein Barvermögen einschließlich der Erlössumme aus dem Hausverkauf erbt Michael.
Kurz vor seinem Tod hat Patrick das Testament allerdings noch ergänzt. 200 Pfund gehen an dich und deine Kinder mit der Bitte, eine elektrische Rennbahn davon zu kaufen. Patrick wusste, wie gerne Adrian und Paula mit Michaels Set spielen, und hofft, dass sie viel Freude mit ihrem eigenen haben werden. Anbei befindet sich der entsprechende Scheck.
Bis bald! Alles Liebe,
Colleen, Eamon und Michael

Ich las den Brief zweimal und musste weinen. »Danke, Patrick«, sagte ich schließlich laut. »Wie großzügig von dir! Aber das warst du ja immer.«

Als ich die Kinder von der Schule abholte (Paula war inzwischen eingeschult worden), erklärte ich ihnen Patricks Wunsch. Sie waren genauso gerührt wie ich. So zogen wir am Samstag los, um die Rennbahn zu kaufen, und natürlich waren sie ganz aus dem Häuschen. Das Set hat uns genau wie von Patrick gehofft tatsächlich jahrelang Freude bereitet. Wir spielen ab und an immer noch damit.

Als ich einige Wochen nach Erhalt des Briefes einen harten Tag hatte, piepste mein Handy. Eine Freundin lud mich zum Kaffee ein. Kurz darauf piepste das Handy erneut. Der Nachrichtenspeicher war fast voll. Ich löschte Nachricht um Nachricht, bis ich schließlich zu denen von Patrick gelangte. Eine stach besonders hervor: *Die Sterne sind kleine Löcher am Himmelszelt, durch die die Liebe Verblichener hindurchscheint. Sieh zu den Sternen, Cathy, und sei nicht traurig. Kuss, Dein Patrick.*

Ich las die Nachricht und fühlte mich automatisch besser. Abends stellte ich mich ans Fenster und sah hinaus. Der Himmel war klar, und Sterne blinzelten hinab. Ich dachte an Michael und all die Male, an denen wir gemeinsam nach draußen gesehen hatten.

Die Nachricht habe ich bis heute aufgehoben. Auch als ich ein neues Handy kaufte, habe ich Patricks Text über die SIM-Karte übertragen. Wenn ich mich schlecht fühle, schaue ich in den Nachthimmel. Die Sterne sind so schön, dass tatsächlich die Liebe Verblichener hindurchzustrahlen scheint. Der hellste Stern von allen ist ohne Zweifel die Liebe von Patrick für seinen Michael. Und vielleicht glimmt auch ein bisschen Zuneigung für mich mit.

Möge Friede in deinem Haus sein und Glück in deinem Herzen.

Eine Pflegemutter erzählt von ihrem härtesten Fall

Cathy Glass
WAS MIT JODIE GESCHAH
Die tragische Geschichte meines Pflegekindes
Aus dem Englischen von Rosie Pinhorn
336 Seiten
ISBN 978-3-404-61025-9

Als die erfahrene Pflegemutter Cathy die kleine Jodie bei sich aufnimmt, stößt sie bald an ihre Grenzen: Die Achtjährige ist aggressiv und lässt niemanden an sich heran. Nachts quälen sie schreckliche Albträume, und schnell wird klar, dass ihr Furchtbares widerfahren sein muss. Behutsam tastet sich Cathy zu ihrem Pflegekind vor und schafft es, in Jodie ein nie dagewesenes Gefühl zu wecken: Vertrauen. Stück für Stück kommt so eine grausame Wahrheit ans Licht …

Bastei Lübbe